华章经管

HZBOOKS | Economics Finance Business & Management

李定娟 著

机械工业出版社
China Machine Press

## 图书在版编目（CIP）数据

时尚买手实战技巧 / 李定娟著. —北京：机械工业出版社，2019.2
ISBN 978-7-111-61867-6

I. 时… II. 李… III. 服饰 – 采购管理 IV. F768.3

中国版本图书馆 CIP 数据核字（2019）第 009539 号

　　针对已经成为时尚买手的从业者，或者想进一步了解时尚买手职业的爱好者，本书汇集作者10多年的从业经验及技巧的总结，将理论与实操相结合，同时囊括多种类型时尚买手的经验分享，是一本真正来源于时尚行业的工作手册。本书内容分为三个部分：时尚买手基础、时尚买手实操技巧和不同类型时尚买手的实操技巧。

## 时尚买手实战技巧

出版发行：机械工业出版社（北京市西城区百万庄大街22号　邮政编码：100037）
责任编辑：袁　银　　　　　　　　　　　　责任校对：殷　虹
印　　刷：三河市宏图印务有限公司
版　　次：2019年3月第1版第1次印刷
开　　本：170mm×230mm　1/16
印　　张：20
书　　号：ISBN 978-7-111-61867-6
定　　价：69.00元

凡购本书，如有缺页、倒页、脱页，由本社发行部调换
客服热线：（010）68995261　88361066　　　投稿热线：（010）88379007
购书热线：（010）68326294　88379649　68995259　读者信箱：hzjg@hzbook.com

版权所有・侵权必究
封底无防伪标均为盗版
本书法律顾问：北京大成律师事务所　韩光 / 邹晓东

# FASHION BUYER

在中国，时尚买手这个职业是伴随着整个时装行业的发展而诞生与发展的，一直到今天，在这个所谓推陈出新的新零售时代中，还在不断地丰富、变化、发展着。在计划经济年代或者改革开放初期的20世纪，中国还没有这样一个专门的职位，商品采购的工作被业务员、采购员、购销员、业务科长之类的职位所涵盖，尤其是在那个货品相对紧俏的卖方市场中，这块工作不是很被重视，毕竟消费者能够买到商品就已经很不错了，哪里还顾得上挑三拣四呢？伴随着改革开放的纵深推进，中国消费者的财富逐渐积累，对服装服饰品牌的认知逐步提高，尤其是在进入21世纪后，中国零售市场从卖方市场逐渐过渡、转型到买方市场，商品供应极大丰富，国际品牌纷纷进入中国市场，中国的很多本土品牌也逐渐成长起来。在这样一个市场快速发展，竞争日渐残酷、激烈的情况下，不同的商家就要锁准目标客群，拿出最精彩、有独到特点的商品来吸引、满足顾客的需求，提高自己品牌的竞争力，这样时尚买手这个职业就应运而生了。不同的商家开始逐渐培养、组建这样一批对市场和产品有深入、专业研究的人员及团队，来研究、组织、营运管理服装服饰产品工作。

放在全球范围内，尤其是对标欧美发达国家时尚行业，中国的时尚买手岗位与欧美时尚行业的买手既有相似也有不同的地方。相似的地方自然是在对市场（包括目标客群、竞争对手、销售渠道、行业变迁等方面）进行深入的研究、分析后，在同一个公司内部，或者到公司外部进行货品采购，然后组织到不同销售渠道、店铺进行货品销售工作。不同的地方主要体现在时尚行业在中国还处于发展期，又随着中国市场的发展变迁、地域差异而进行着不同的差异性变化。比如，中国的百货商场普遍都是由不同的品牌进行具体的销售工作，而欧美的百货商场一般都是由专业买手从不同品牌直接采买商品；中国的零售市场普遍来说是由欧美、日韩的品牌占主导，尤其是中高端品牌，本土品牌从无到有、从小到大地艰难发展着；中国的电子商务业务在阿里巴巴、京东等电子商务平台的直接推动、带领下，表现出比欧美电子商务市场强劲得多的发展速度与势头，绝对额也已经排在世界前列，并且还在快速地发展、扩大中。而中国消费者随着财富的积累以及互联网、智能手机的普及，日益关注自身运动健康，注重个性、环保，尤其是在80后、90后消费者成为消费主力，00后顾客逐渐成为消费新军之时，出现了非常大的需求改变。在这样的零售环境巨变下，作为具体向顾客提供货品的时尚买手，在中国市场中自然一方面被市场力量所牵引，被销售生存发展的压力所裹挟；另一方面又要努力在万千竞品中展现出自己与众不同、匠心独运的产品风貌，来吸引、留住目标客群，引领、满足他们在服饰穿着方面的需求。

　　从时尚买手的具体工作内容的角度来看，正如作者在书中所提到的，商品的采买额和采购质量与销售需求是否满足、库存是否积压、企业经营利润的多少是相爱相杀的关系，如何平衡、兼顾这几者的关系是非常重要而又特别棘手的事情。所以真正的货品采买是服从一个企业的整体战略决策的，是对一个企业的供应链、整体营运管理而言非常重要且专业度很高的一环，一个企业的决策层对企业内外部环境的研判、自身销售预测能力水平的高低、对线下线上店铺进行全渠道营运管理的能力、对供应链各环节的资源整合水平的高低，都会影响商品采购额度的最终确定与订单质量的高低。所以，对于一个时尚买手从业者来说，除了必备的服装服饰行业的知识背景以外，还必须要懂销售、懂市场，充分了解公司发展战略规划，要对市场趋势敏感，与设计部、市场部、品推企划等部门充分沟通、协同作战，这样才可以真正把这份工作做好。还要特别提出的是，高科技、互联网、智能手机的发展无论是对商品本身，还是对时尚买手这个行业，都发挥着越来越重要的作用，甚至是关键的里程碑作用，任何一个行业、一个企业、一个从业人员都必须敞开心胸，积极拥抱这种变化，积极学习、实践这些全新的科技产品和与之相适应的全新思维、思路与方法，从这个角度出发，从事时尚买手这个行业大家一定要活到老学到老，不能停下创新、进取的脚步，这也许就是"时尚"这个名词背后的应有之义吧。

非常可喜的是，在现在的中国零售行业中，经过这么多年的历练和发展，已经出现了一大批有素养、实战经验丰富、有较深厚的零售与时尚理论功底的时尚买手从业者，本书作者李定娟（Echo）就是其中比较突出的一位。Echo是当年大学毕业后被我招入公司直接作为专业买手培养的，在十几年的从业经历中，她先后在我公司至今仍在经营的畷步士服装品牌，以及其他国际知名运动品牌、品牌集合店等不同公司、品牌、业态中进行时尚买手的系统历练与发展。Echo既有灵性，又能在不同的品牌、业态中坚持专注于时尚买手这个行业，这么多年下来自然会有非常丰富、实用、独到的从业见解。从本书的内容来看，整本书布局完整、内容翔实，既有理论见解、模式分享，又有作者从业多年经历的实战案例、亲身体会佐证补充，文字朴实易懂，无论是行业新人，还是实战多年、经验丰富的现在从业者，只要读完本书、认真体会，相信都会对如何开展时尚买手工作有一个系统的了解和提升。本书称得上"良心出品"。

最后，祝愿 Echo 在实现梦想的道路上坚持走下去，既活出自己精彩的人生，也写出更多的感悟与大家分享；同时祝愿时尚买手行业在中国蓬勃发展，人才辈出、繁荣兴旺，带动整个中国时尚行业的发展与进步，进而能够让中国的整个时尚产业在世界范围内独树一帜、稳立潮流，实现几代中国时尚从业者的梦想！

孙庆辉

北京天达华联服装服饰有限公司董事长

# FASHION BUYER

想要紧跟流行趋势、了解时尚格局、体验零售发展,做个买手是个不二选择。作为买手既要回望过往也要前瞻未来,而且不能以个人的好恶来评判商品,需要结合地域、商圈、季节、事件综合考量,并且要站在消费者的角度制订买货计划。有时选不对商品后果很"严重",达不到预期售罄率和销售目标,就会影响周转率、利润率和现金流。谁不希望将商品以最快的速度、最大量在最高的价格区间卖出呢?买手界有句俗话:香蕉上的褐瘢,不会随着时间的推移而消失。过季的商品会逐渐贬值,最终只能以促销或折扣的方式出清。所以买手的专业度会直接影响一个公司盈利与否。

通常在品牌公司或零售公司中,主要有四大核心职能:商品策划、市场营销、渠道管理、零售运营,所关注的无外乎人货场、进销存。记得有位前辈这么比喻过:买手的工作就像经营一家卖面条的小店,根据所处地段预测每天来多少食客、会点什么面、配哪种浇头,并配合时令推陈出新打爆款。治大国若烹小鲜,做买手亦然。

我们在日常工作中常能听到产品为王(Product is King)、金字塔式的商品规划(Product Pyramid)、二八理论、爆款与长尾(Hero Item vs. Long Tail)等。做买手一年有少则两次多到几十次的买货周期,用的绝不是肌肉记忆。如果是做电子商务买手,那么除了以上所述之外,还要结合平台的全年活动调整上市时段及深度，利用预售收集消费者购买意向，在大促时分析商品加购并及时补货，考虑平台用券规则合理制定促销价格……

合格的买手既要有创新思维，也要始终保有向学之心，本书作者李定娟正是这样的人。她历经零售公司买手、电子商务平台买手、品牌公司买手，总能稳步前行并将线上线下的买货经验融会贯通。本书内容浅显易懂，涵盖了买手职责的方方面面，所述案例均来自实际工作。可以说本书是买手宝典 1.0 版，非常期待她在不久的未来结合更多的理论与实践推出 2.0 版，让更多倾心时尚、不畏挑战的朋友加入买手的行列。

席颖（Olive Xi）
维多利亚的秘密大中华区电子商务 VP

# 前言
## FASHION BUYER

Buyer，直译为"采购员"，在我国的服饰行业里被译为买手，同时被冠以 Fashion 一词，也称为时尚买手。

时尚买手是专门从事时尚商品的采购和运营管理的从业者，是许多时尚爱好者最向往的职业之一。时尚买手与其他行业的采购员的区别如下：

（1）时尚买手采购的商品为服装、鞋靴、箱包、配饰等耐用消费品，这些商品可以长时间存放，有很长的保质期，理论上可以有很长的销售生命周期。但因为时尚商品受时尚风潮变化的影响，所以它们的生命周期并不长，时尚商品的价值会随时间快速贬值，比如，服装行业计算得到的服装贬值速度是每天贬值 0.7%。

（2）大多数其他行业的采购员在完成商品的采购工作后，很少继续参与所采购商品后面的价值转换过程，而时尚买手则要参与终端将商品销售给消费者的全过程，而且在这个过程中扮演着非常重要的角色。也就是说，时尚买手不仅负责将时尚商品买回来，还负责将它们卖出去。时尚买手参与时尚商品全价值链的管理过程。

时尚买手职业从 21 世纪初开始在中国兴起和发展，经过十几年时间的沉淀，中国时尚产业已形成独有的时尚买手工作流程和时尚买手岗位职责，并且随着中国时尚产业和零售业的不断发展，又诞生了电子商务行业的时尚买手工作流程。

时尚买手因其服务的企业所属行业不同、企业类型不同，被分为多种类型，每种类型的时尚买手都有不同的工作侧重点。

从行业大类上划分，时尚买手可分为传统行业时尚买手和电子商务时尚买手。传统行业，广义上是指劳动力密集型的、以制造加工为主的行业，如制鞋、制衣服、光学、机械、制造业等行业。传统行业时尚买手工作所属的传统行业，是指从事服装、鞋类、配饰等时尚商品的生产，并通过实体渠道进行销售的行业，是区别于电子商务行业的叫法。

与传统行业相对应的是电子商务行业，电子商务是近20年间诞生并迅速发展的新型商业模式，是以信息网络技术为手段、以商品交换为中心的商务活动。从事电子商务行业时尚商品的采购和商品运营的买手，被称为电子商务时尚买手。电子商务时尚买手也被称为线上买手（Online Buyer），传统行业时尚买手则被称为线下买手（Offline Buyer）。

传统行业是孕育时尚买手的摇篮，传统行业可根据不同的维度再进行细分，由此，传统行业时尚买手又可分为不同类型的时尚买手。

按照商品品类分为：服装买手、鞋类买手、配饰买手。

按照企业业务类型分为：品牌公司买手、分销商买手、百货公司买手。

按照门店类型分为：单品店买手、品牌集合店买手。

按照商品的消费者定位分为：快时尚买手、奢侈品买手。

本书专注于帮助读者提升时尚买手工作技能，是一本适合各种类型的时尚买手当作工作手册的读物。本书的三个部分由浅入深。第一部分从时尚买手基础着手，让读者对时尚买手的类型、工作职责及绩效考核和工作原则有全面的认识。第二部分按照时尚买手工作流程的先后顺序，详述了时尚买手在各环节中的实操技巧，该部分内容适合所有类型的时尚买手学习，包含电子商务时尚买手，尤其是在数据分析、商务谈判、商品采购方面，电子商务时尚买手与传统行业时尚买手无异。他们的区别在商品运营上，因此第三部分分别就品牌集合店买手和电子商务时尚买手差异化的实操技巧进行了讲解，以满足更多读者的需求。

推荐序一

推荐序二

前言

| 第一部分 |

## 时尚买手基础

### 第一章 时尚买手的类型 /2

第一节 不同商品品类的时尚买手 /2

第二节 不同企业性质的时尚买手 /5

第三节 不同门店类型的时尚买手 /9

### 第二章 时尚买手的工作职责及绩效考核 /12

第一节 时尚买手的工作职责 /12

第二节 时尚买手的绩效考核 /17

### 第三章 时尚买手的工作原则 /26

第一节 时尚买手的职业修养原则 /27

第二节 时尚买手工作的黄金准则：5S 原则 /29

| 第二部分 |
## 时尚买手实操技巧

**第四章　数据分析及报告** / 38

　　第一节　在数据分析前做好三项准备工作　/ 38
　　第二节　时尚买手常用 KPI 及"处方"　/ 55
　　第三节　时尚买手常用报告　/ 71
　　第四节　一张图搞定数据分析思路　/ 83

**第五章　时尚买手谈判策略** / 89

　　第一节　谈判前期准备　/ 90
　　第二节　商务谈判技巧　/ 94

**第六章　订货会前准备：制定目标** / 100

　　第一节　制定销售目标　/ 102
　　第二节　制定采购目标　/ 115
　　第三节　提升目标准确性的技巧　/ 121

**第七章　订货会前准备："庖丁解牛"式拆分 OTB** / 125

　　第一节　看见整牛：计划订货宽度和深度　/ 126
　　第二节　感触牛的肌理：结构拆分　/ 139
　　第三节　沿着骨节间的空穴使刀：商品属性分析　/ 145
　　第四节　七个步骤完成 OTB 制定　/ 151

**第八章　订货会技巧一：看货四部曲** / 158

　　第一节　先看结构：跟随设计师的思路　/ 160
　　第二节　再看单款：Touch and Feel　/ 164
　　第三节　缩小选款范围：择优录取　/ 171

第四节　确定订货款式：精耕细作　/ 176

## 第九章　订货会技巧二：下单三步骤　/ 185

第一节　先下单款订量：巧用分级的下单技巧　/ 186

第二节　再整体调整：精准下单　/ 194

第三节　做好最后一步：准确的尺码　/ 196

第四节　时尚买手的十大订货误区　/ 198

## 第十章　商品运营技巧：抓住三个阶段　/ 209

第一节　开季铺货技巧：确保店货匹配　/ 212

第二节　季中价格管理策略：追求利润最大化　/ 224

第三节　季中库存管理技巧：抓住销售机遇　/ 231

第四节　季末库存管理技巧：果断清库存　/ 235

## 第十一章　善用科技提升商品运营效率　/ 240

第一节　传统商品运营的痛点　/ 241

第二节　善用科技提升运营效率　/ 248

| 第三部分 |

# 不同类型时尚买手的实操技巧

## 第十二章　品牌集合店买手的实操技巧　/ 264

第一节　品牌集合店的品牌组合策略　/ 267

第二节　品牌集合店的订货技巧　/ 272

第三节　品牌集合店的商品运营策略　/ 277

第十三章　**电子商务时尚买手的实操技巧**　/ 281

　　第一节　电子商务平台的商品策略　/ 283
　　第二节　电子商务平台的运营策略　/ 287
　　第三节　电子商务品牌的商品策略　/ 294
　　第四节　电子商务品牌的运营策略　/ 299

| 第一部分 |
# 时尚买手基础

# 第一章
## FASHION BUYER
# 时尚买手的类型

## 第一节　不同商品品类的时尚买手

时尚商品的品类最初以服装、鞋靴、配饰三大类为主。后来，随着人们对更高生活品质的追求，家居商品在消费者追逐时尚的道路上逐渐从基础功能属性升级为时尚家居商品，于是时尚家居买手应运而生。因为时尚家居买手涉猎的细分品类丰富，所以未来零售行业对时尚家居买手的需求将是巨大的。服装、鞋靴、配饰是我国时尚买手的"发源地"品类，本节主要介绍这三个品类的时尚买手。

### 一、服装买手

服装作为"衣食住行"四大"民生"之首，是时尚产业排名第一的商品品类，以至于在时尚产业中，当人们说到设计师的时候，通常指的都是服装设计师，当要说其他品类的设计师时则会加上品类的名称，比如鞋靴设计师、配饰设计师等。服装诞生和发展的历史伴随着整个人类社会的进化史，服装买手是最早出现的时尚买手类型，因其庞大的供销市场，服装买手也是目前从业人数最多的时尚买手类型。

服装买手按照服装穿着者的类别分为：女装买手、男装买手和童装买手。

有人说，"女人最善变""女人喜新厌旧"等，这里我们不评论这些话是不是对女性性格的正确评论，但就女性消费者购买服装来说，她们确实比男性"少一些忠诚"。这就意味着，女装买手将是服装买手中对专业性要求最高的时尚买手类型。女装买手不仅要时时刻刻猜透女性消费者那颗"善变"的心，还要面对比男装买手更多的竞争品牌。而帮男性消费者采购服装的男装买手，则更注重男人对品质的诉求，无论对于什么价位的商品，男性消费者最看中的都是它的品质是否优良。童装买手的不同之处在于，虽然他们所采购商品的穿着者是儿童，但该商品的消费者是父母，毕竟儿童没有独立购买的能力。因此，童装买手基于"可怜天下父母心"的出发点，更关注商品的安全性和舒适度，是要比女装买手和男装买手都更细心的时尚买手类型。

服装按照功能划分，可分为休闲服、正装、礼服、工作服、运动服、表演服等，其中除了工作服、表演服和礼服多为专门定制的服装，不需要时尚买手外，其他都需要时尚买手。休闲服是消费市场最大的服装商品，也被称为大众消费服装。不同功能的服装买手的特点是：休闲服买手更注重价格管理技巧；正装买手必须像制版师一样清楚服装的面料和板型特点；运动服买手则需要深谙各项运动中对服装功能的需求，这样才能做得更好。

服装买手按照服装的消费者定位划分，还可分为奢侈品服装买手和快时尚服装买手。这两类买手是走在时尚最前沿的时尚买手，也是推动时尚的重要角色，他们需要有扎实的时尚功底、更好的时尚眼光和国际视野。

## 二、鞋靴买手

鞋靴买手与服装买手的共性是划分方式相同，也可以按照穿着者类别、商品功能和消费者定位等维度进行划分，形成不同类型的鞋靴买手，比如男鞋买手、女鞋买手、童鞋买手、休闲鞋买手、运动鞋买手、正装鞋买手、快时尚鞋买手、奢侈品鞋买手等。这些细分类型鞋靴买手的特点与服装买手类似，此处不再详述。

鞋靴买手与服装买手最大的不同在于，鞋靴买手更注重鞋楦的舒适度和尺码的准确性，因为这两项是影响消费者决定是否购买的重要因素。消费者可能会购买一件款式很漂亮，可穿起来不那么方便的服装，但绝不会买一双看起来很漂亮，而尺码不合适的鞋。到门店购物的消费者，购买服装时可能不需要试穿就买单，而买鞋时通常要穿上走几步才会决定是否购买，正所谓"鞋合不合适，只有脚知道"。

## 三、配饰买手

配饰买手也叫配件买手，配饰包含丰富的商品细分类别，比如帽子、围巾、袜子、箱包、首饰、头饰等。配饰商品主要为服装和鞋靴商品起到搭配、辅助作用，因此对配饰买手的要求是更懂得搭配、点缀之术。配饰商品对尺码的要求没有服装、鞋靴商品严格，同一品牌中配件的销售比率不及服装、鞋靴的销售占比，因此，配饰买手的采购和商品运营难度没有服装买手和鞋靴买手大。在有些企业里，当一名时尚买手助理可以升职为时尚买手时，时尚买手负责人会让他先从配饰买手的工作做起，当具备一定的买手经验后他才会成为鞋靴买手、服装买手。

## 第二节　不同企业性质的时尚买手

对时尚买手职业来说，无论时尚买手采购何种商品，他们都是为各种类型的企业提供商品采购和运营管理的买手。因此，时尚买手还可以根据企业性质进行划分，分为品牌公司买手、分销商买手、百货公司买手、电子商务买手。不同企业性质的时尚买手具有不同的特点。

### 一、品牌公司买手

品牌公司是依法设立的、拥有自有注册商标等知识产权的公司。比如位于美国俄勒冈州波特兰市的耐克公司（NIKE INC.）拥有耐克的商标所有权，它就是耐克品牌的品牌公司，耐克公司在中国注册的耐克体育（中国）有限公司也是品牌公司。

品牌公司作为品牌的创立者、推广者、经营者，拥有从产品设计、生产、市场推广、销售到售后服务的最完善的组织架构。一个伟大品牌的诞生，是品牌公司在每个环节都表现卓越的结果。

为品牌公司工作的时尚买手就是品牌公司买手，品牌公司买手的工作模式可概括为：向公司设计部门"采购"款式，向公司生产部门"采购"数量。品牌公司买手向本公司设计部门提出款式需求，并最终确认哪些款式会下采购订单；再跟本公司生产部门确认每件商品的生产成本，并提供最终采购订单给生产部门，由生产部门根据订单安排商品的生产。

品牌公司买手既参与商品的设计和开发流程，也参与商品的上市销售过程，他们既可以影响品牌风格的走向，也可以决定该品牌的消费者可以在什么时间、什么地点，以什么样的价格买到什么样款式的商品。

规模较大的品牌公司除了设立设计部门、时尚买手部门外，还有商品企划部门。品牌公司的商品企划部门主要负责规划品牌每季商品开发的结构，并与设计部门沟通开发方向，当开发完成后将整盘商品介绍给时尚买手部门和销售部门。规模不大的品牌公司无须设立商品企划部门，而由时尚买手承担商品企划职责。

## 二、分销商买手

品牌公司控制下的终端经营有以下三种模式。

第一种是全直营，所有终端门店都由品牌公司直接经营和管理。比如ZARA、H&M在全球的门店都是全直营经营模式。

第二种是部分直营、部分分销，品牌公司在一部分市场直接开设门店，将另一部分市场授权给分销商开设门店。这种模式是大多数品牌公司都在采用的模式，比如耐克、阿迪达斯、彪马等品牌都是采用该模式。

第三种是完全分销，品牌公司只负责品牌的运营、商品的开发和生产，而将销售终端完全交给各分销商经营。安踏品牌早期的经营模式就是全分销模式，品牌公司自己不在任何商圈开设品牌直营门店。

后两种模式中的分销渠道所涉及的经营者包含代理商（Agent）和经销商（Distributor）两种。

代理是品牌公司分销的一种方式，代理商根据代理范围的不同，可分为总代理、独家代理、区域代理等。当一个国外的品牌公司想进入中国市场，但自己尚不具备到中国直接注册开设分公司的条件时，就可以找一个中国的代理商作为该品牌在中国的总代理，授权这家中国公司在中国使用该品牌的商标进行生产、销售等活动。如果这家中国公司获得的是该品牌公司在中国的独家授权，即在中国不会有第二家该品牌的总代理公司，那么这家公司获得的就是独家代理。区域代理则是品牌公司或者总代理公司发展的区域性代理商，根据其代理区域的大小可分为一级代理、二级代理等。

经销商是指贸易中获得商品所有权的中间商，他们在获得品牌授权后直接在某个地区或某个商场内开设门店，销售该品牌商品。经销商要承担各种风险。

综上所述，时尚商品从品牌公司到消费者的渠道途径主要有以下几种。

（1）自营模式：品牌公司（制造商）→ 消费者。

（2）分销渠道模式：品牌公司（制造商）→ 经销商→消费者。

（3）分销渠道模式：品牌公司（制造商）→ 总代理→消费者。

（4）分销渠道模式：品牌公司（制造商）→总代理 → 一级代理→ 二级代理 →……→经销商 →消费者。

对品牌公司来说代理商和经销商可统称为分销商，为分销商采购商品的时尚买手就是分销商买手，或称为代理商买手，是相对于品牌公司买手的叫法。

分销商买手与品牌公司买手工作模式的不同之处在于，他们较少有机会参与前端商品的开发过程，只参与商品采购及后续销售过程。分销商买手更侧重于对零售市场和消费者的研究，以及对商品日常运营效率的研究等。

## 三、百货公司买手

百货公司(Department Store)是一种以大规模经营日用工业品为主的综合性零售商业企业，俗称商场。随着零售业的发展，百货公司除了传统的百货业态外，又新增了一种购物中心（Shopping Mall）业态。

两者的差别可以从两个方面看：从消费者的角度看，百货公司和购物中心的差别只是收银地方的不同。在百货商场购物时，消费者到商场统一的收银台付款；在购物中心购物时，消费者可直接在购物的商家完成付款。但这种差异正逐渐被百货公司缩小，一些百货公司已经开始改变收银模式，让商家可以在自己的店内实现自主收银，以减少百货公司收银台的设置。

从入驻的商家的角度看，百货公司和购物中心的差别是佣金的计算方式不同。百货公司采用扣点佣金方式；购物中心采用租金分成方式，或者扣点与租金两者取其高的混合方式。

---

例1-1：

百货公司的扣点比率是16%，商家本月营业额为100万元，则商家应支付的佣金为：

$$100 \times 16\% = 16（万元）$$

购物中心的租金单价是40元/平方米/天，商家本月营业额为100万元，计算租金的面积是100平方米，则本月商家应支付的佣金为：

$$40 \times 100 \times 30 = 120\ 000（元）$$

如果该购物中心采用的是混合计算法，且扣点比率为16%，则本月商家按照扣点比率计算的佣金为：

$$100 \times 16\% = 16（万元）$$

两者取其高，实际商家应支付的佣金为16万元

---

百货公司除了出租经营场所给其他品牌以收取租金外，也在自己的百货商场内经营自有品牌或者代理销售某些授权给百货公司经销的品牌的商品，这些品牌被称为百货公司自营品牌。百货公司买手是供职于百货公司采购部，从事自营品牌的采购和商品管理的时尚买手。

位于南京的三胞集团，在收购了英国老牌百货公司House of Fraser后，开始在中国开设东方福来德商场的时候，招聘了大量时尚买手。这些时尚买手的工作职责就是负责自营品牌的引进和采购工作。百货公司买手的工作重心是引进品牌和商务谈判。

## 四、电子商务买手

1995～1998年是中国电子商务的萌芽期。这个时期电子商务开始在中国孕育、宣传，这是启蒙时期，也是概念和技术的推广时期。1995年1月，中国电信开始向社会提供互联网接入服务，这一年还出现了"中国黄页"。

1999～2002年是电子商务的孕育期。这个时期出现了一批初级的网民。也出现了以8848为代表的D2C电子商务站点。

2003～2006年是电子商务的高速增长期，2003年的"非典"更是为电子商务的蓬勃发展起到了推波助澜的作用。同时，因为这个时期电子商务基础环境不断成熟，物流、支付、诚信瓶颈得到了基本解决，这促使电子商务获得了爆发式的增长。

从2007年开始，电子商务在中国达到了新的高度，很多平台开始向综合品类发展，陆续扩充了日用百货产品线，开始经营包含服装、鞋靴、配饰等在内的各种时尚商品。在这期间，传统行业时尚买手成为电子商务扩充产品线最重要的候选人，他们既能为电子商务带去品牌资源，还能带去时尚买手工作模式，于是电子商务买手诞生。

电子商务买手源于传统行业时尚买手，但因两者的商业模式不同，造成了在采购逻辑、商品运营技巧上的差异。随着电子商务行业的发展，电子商务买手逐渐发展为电子商务平台买手和电子商务品牌买手。

电子商务平台买手是为电子商务平台管理时尚产品线、引进时尚品牌的时尚买手。电子商务品牌买手是品牌公司买手的一种，是在品牌公司中负责电子商务渠道的时尚买手。

## 第三节 不同门店类型的时尚买手

门店是时尚买手工作链条中的最后一个职能部门，也是时尚买手价值输出的重要载体。按照不同门店类型划分，时尚买手分为单品店买手和品牌集合店买手。

## 一、单品店买手

在一家门店中只售卖单一品牌商品的门店被称为单品店，目前中国零售市场上90%以上的门店都是单品店。本书第二部分的内容也是以单品店为前提的。单品店买手的工作逻辑和原理是时尚买手工作原理的基础，因此也适用于品牌集合店。

## 二、品牌集合店买手

与单品店相对应的是品牌集合店，在一家门店中同时售卖多个品牌商品的门店被称为品牌集合店，也叫多品店。单品店买手考虑的是单一品牌的利润最大化，而品牌集合店买手权衡的是各个品牌间平衡后的利润最大化。

品牌集合店经营模式普遍存在于美国、中国香港、日本的零售行业中，中国零售行业对品牌集合店的探索开始于I.T、连卡佛等成熟品牌集合店进入中国市场。另一批在中国尝试品牌集合店经营模式的公司，是在国内零售行业里运营多年，具备丰富零售资源和经验的零售公司。

作为21世纪初中国零售圈首屈一指的零售公司，UCCAL公司具有丰富的零售经验，拥有一批专业的时尚买手，具有完善的零售运营流程。2007年UCCAL公司开始筹备UCCAL SPACE，旨在打造一个"运动休闲时尚"的多品牌集合店。UCCAL SPACE的目标顾客定位在20～34岁年龄段、具有中等收入、追寻和传递独特性的时尚人士。UCCAL SPACE里的品牌组合来源于已经和UCCAL公司签订了代理合同的各个品牌，包括体育品牌耐克休闲、耐克高尔夫、阿迪达斯和休闲品牌KUHLE、FOX等。UCCAL SPACE的尝试最终并没有获得成功，而UCCAL公司也于2014年后逐渐淡出零售行业。

另一个业内知名的运动行业代理商胜道公司也有自己的品牌集合店

YYsports，里面有耐克、阿迪达斯、匡威、PONY、Onitsuka Tiger、彪马、锐步等 30 多个品牌。胜道公司的品牌集合店还有 YYlife 休闲多品店，YYfootwear 潮鞋多品店、YYacc 箱包多品店和 YYoutlet 工厂多品店等，旨在于不同的细分市场经营品牌集合店，服务更多的消费者。YYsports 的定位和 UCCAL SPACE 相似，也是将正在代理的品牌组合成多品店。YYsports 的优势是，它代理的品牌超过 30 个，通过品牌集合店可以让消费者拥有一站式购物的消费体验。

潮鞋品牌集合店的代表有 C.P.U.、NOVO、DEAL 等。C.P.U. 和 NOVO 一开始都是以运动品牌中的潮流产品线为多品组合，NOVO 一直秉承以运动品牌为主的定位，而 C.P.U. 持续调整自己的优势产品，逐渐降低运动品牌的份额，同时增加国际潮流品牌的份额，以及引进新的品牌以满足更多消费者的需求。两种不同的策略导致了两种截然不同的结局，C.P.U. 至今仍在中国市场上屹立不倒，而 NOVO 早已不见踪影。另一家品牌集合店 DEAL 是资深"潮店"，总部位于天津，在天津、北京、上海等地都有门店。DEAL 经常做一些限量鞋的发售，吸引大批 Sneaker⊖排队购买。DEAL 经营多年仍然活跃于零售市场，并一直深受潮鞋爱好者的追捧，不失为多品店经营成功的案例之一。

直到今天，品牌集合店经营模式在中国依然没有遍地开花，这其中除了有零售公司自身定位的原因以外，还跟中国零售业的成熟程度，以及电子商务的高速发展对传统零售行业的影响密不可分。

为品牌集合店规划品牌组合、引进品牌、采购商品、负责商品运营的时尚买手是品牌集合店买手。时尚买手是品牌集合店运营的核心人物，因此，品牌集合店也被称为买手店。品牌集合店买手需要有专业的买手技能，其专业的眼光和运营水平直接影响品牌集合店的成败。

---

⊖ Sneaker 原指运动鞋，在中国潮流圈内 Sneaker 指那些热爱运动鞋、热衷收藏运动鞋的爱好者们。

## 第二章
FASHION BUYER
# 时尚买手的工作职责及绩效考核

学习时尚买手的工作职责及绩效考核是成为时尚买手的必修课，也是时尚买手提升工作技能时必须要参考的内容。无论你是准备成为时尚买手，还是已经在这个岗位上供职准备提升自己的工作技能，都应清楚作为时尚买手你应该做什么，以及企业如何评价你所取得的成就，这就是时尚买手的工作职责和绩效考核。

## 第一节　时尚买手的工作职责

第一章讲到了时尚买手的多种类型，作为对时尚商品的采购者和管理者，所有类型的时尚买手的基本职责是一致的，只是侧重点不同。有的因时尚买手的类型不同而导致侧重点不同，有的因所在企业所处的阶段不同而导致侧重点不同。百货公司买手侧重商务谈判，品牌公司买手侧重商品企划，电子商务买手前期侧重品牌引进，后期侧重商品运营。

时尚买手最基本的工作职责归纳起来包含四个方面的内容：企划时尚产品线，确定时尚商品采购渠道，采购时尚商品，运营时尚商品。

## 一、企划时尚产品线

### （一）制定商品企划策略

时尚买手根据对时尚商品的生命周期、流行趋势的把控，为一个产品系列、一个部门、一家门店或整个零售组织制定商品企划策略，以保持时尚品牌、零售渠道的时尚度。

### （二）培养对流行趋势的认知，并用于时尚商品采购

权威机构定期发布时尚流行趋势，一线品牌是最新流行趋势的创造者和承载者，时尚媒体是流行趋势的传播者。无论是奢侈品时尚买手还是大众服饰品牌的时尚买手，对流行趋势的把握都是必修功课。同时，时尚买手也是流行趋势的推动者。

ZARA的时尚买手曾被称为时尚界的"抄袭者"，但从另一方面看，他们实际上是时尚的推动者。他们以最快的速度把当季的时尚流行趋势以大众化的价格卖给消费者，让更多消费者成为最新流行趋势的拥有者，因而ZARA加快了时尚的流行速度。这个观点也是ZARA的创始人奥尔特加先生对"反对者"最有力的辩驳。

## 二、确定时尚商品采购渠道

### （一）寻找适合的供货商

有的时尚买手定期参加国内外展会，通过展会寻找原材料供货商、加

工工厂，与有合作意向的品牌洽谈代理机会。有的时尚买手在互联网上寻找供货商的联系方式，先进行电话联系和沟通，再以拜访的方式寻找合适的供货商。

寻找合适的供货商还包含：时尚买手根据需要不断地尝试新的供货商，以达到对供货商的最优管理。

### （二）与供货商进行商务谈判，控制采购成本

这是前一项工作内容的延续，与供货商签订合作协议，并不意味着和供货商的谈判就结束了。时尚买手与供货商会一直保持定期例会的工作方式，在例会中双方不仅总结前期的合作成果，还会沟通未来的合作方向。在沟通中时尚买手与供货商就下一阶段的采购数量、采购成本、采购返利等细节进行谈判，并达成后续的合作协议。

## 三、采购时尚商品

### （一）采购样品

大部分时尚买手都需要采购样品。品牌公司买手采购样品，就样品的修改意见与设计部门进行沟通；总代理商的时尚买手从品牌公司采购样品，用样品进行订货，以此减少出差的频次；一级代理商采购样品，用于召开自己区域内的二级代理商或经销商的订货会。

### （二）制定合理的采购预算

时尚买手制定合理的采购预算包含年度预算、季度预算、月度预算等。在"以买定销"的买手经营模式中，时尚买手的采购量决定零售端的销售业绩体量，时尚买手采购什么款式决定消费者能买到什么。

### （三）参加订货会

时尚买手定期参加订货会，以完成他们的采购计划，时尚买手的工作

计划中的 Buy Trip 就是他们的"订货会之旅"。时尚买手每年参加订货会的频次有 2 次、4 次、12 次三种：户外品牌、鞋类品牌和一些品牌公司在国外的品牌一般每年召开 2 次订货会；大多数品牌（包括运动品牌、男装品牌、女装品牌等）都是每年召开 4 次订货会；召开 12 次订货会的则是那些行业里知名的快时尚品牌，比如 ZARA、Bestseller 公司的几个品牌等。

### （四）召开分销商订货会

品牌公司买手组织召开分销商订货会，向经销商、代理商介绍当季主题故事、商品卖点、商品组合原理，还会给分销商的买手们提供一些专业知识的培训，比如买货技巧的培训、商品管理的培训等。

一级代理商的时尚买手既是订货会的参加者，也是订货会的组织者。他们先参加品牌公司或者总代理商的订货会，再组织二级代理商、经销商参加自己的订货会。

## 四、运营时尚商品

### （一）制定和控制商品价格

时尚买手是商品价格的控制者，他们在商品上市前制定统一的零售价格，在商品销售过程中通过促销、调价等方式调整实际销售价格。时尚买手通过制定统一的零售价计划利润空间，通过销售过程中的价格管理实现销售额和利润目标的达成。

### （二）制定和实施及时、合理的门店促销策略

商品在销售过程中有各种促销方式，时尚买手根据当时的市场环境和品牌自身的存销、毛利等因素制定合理的促销策略。促销不局限于以扩大门店的销售业绩为目的，还可以保持品牌活跃度，吸引更多的消费者。

### （三）编订商品图册

时尚买手通过商品图册向目标人群传递商品信息。商品图册不仅传递当季设计灵感、主题故事，还传递商品的图像、价格、科技、卖点等信息。时尚买手是商品图册的总编辑，买手助理是执行编辑。商品图册的使用对象有培训人员、销售人员、分销商、门店导购等，部分品牌将商品图册放在门店供消费者阅览。

### （四）培训商品知识

新品上市前，时尚买手对所有销售人员进行当季新品的产品知识培训。在没有专职产品知识培训人员的情况下，时尚买手直接培训所有销售人员和门店导购。如果有专职培训人员，时尚买手只需要给培训人员做商品知识的培训，再由他们去培训门店销售人员。

### （五）跟踪商品进仓

商品无论是从生产工厂发出来，还是从品牌公司的仓库发出来；无论是坐着飞机来，还是乘着轮船从海外来，其中所包含的发货、报关、运输、入库流程都与时尚买手有关。时尚买手负责跟踪商品入仓的整个流程，确保采购订单被完整及时地执行。

### （六）维护库存的均衡和多样性

万事俱备，商品开始进入销售阶段，在这期间时尚买手的工作将围绕维护库存的均衡和多样性进行：组织商品上市、店铺间调拨、区域间调拨、促销、清货、下架等。在这些环节中，时尚买手似一双无形的手，管理着整盘商品的运转，让正确的商品在正确的时间出现在正确的商圈、正确的店铺，以正确的价格卖给消费者。一个精通管理商品的时尚买手就像一个魔术师，他在商品上市后用最短的时间把商品销售出去。

### (七)回顾并定期修正基本商品库存计划

在销售过程中商品库存不断发生变化,时尚买手定期修正基本商品库存计划,对畅销品进行补货、对滞销品进行清货等。

### (八)给予门店陈列建议

时尚买手根据采购时的商品组合逻辑和采购订单的深度给予陈列建议,让陈列师在确保门店陈列美观的前提下,给予订单量最大的商品更多的曝光机会和更好的陈列位置。

### (九)定期与门店联系或访问门店,向销售人员及店铺经理咨询

时尚买手时刻与终端门店保持联系,除了每天发出各类邮件以外,对于紧急事件会直接致电各门店。同时,时尚买手为了获得更多关于商品和消费者的反馈而定期造访门店。

### (十)定期出差进行市场调研

时尚买手定期走访市场进行市场调研,还会在商圈里的竞争品牌门店购物,并分析、评价其商品种类、价格和商品陈列。

### (十一)分析和诠释报告

时尚买手在日常工作中有大量的报告需要分析和诠释。时尚买手的工作方式是以数据说话,他们不出差、不走访市场的时候都是在办公室里做各种分析和报告,常常被戏称为"表哥、表姐",也就是做表的哥哥、姐姐们。

## 第二节 时尚买手的绩效考核

关键绩效指标(Key Performance Indicator,KPI)是各种数据报告研究和分析的目标,也是绩效考核的方法之一。

时尚买手的绩效考核包含两部分：一部分是可以量化的考核指标，即KPI，这部分指标直接决定时尚买手是否可以在当季拿到业绩达成奖金；另一部分是对时尚买手年度工作的考评，是决定他们是否可以获得升职机会的依据，使用的是"时尚买手绩效考评书"。

## 一、时尚买手绩效考核指标（KPI）

时尚买手岗位的性质和销售一样，可以设定明确的考核指标。企业通过KPI的达成情况判断该时尚买手的业绩是否达标。

例2-1：

公司为时尚买手设定的2017年第三季度的KPI是：5000万元销售额，2000万元销售毛利润，季末库存900万元采购额，这就是时尚买手的KPI，经过一个季度的工作，到季末的时候时尚买手达成5200万元销售额，2000万元销售毛利润，1200万元库存采购额。计算该买手的KPI达成率如下：

达成率 = 实际达成额 ÷ 目标额

销售额达成率 = 5200 ÷ 5000 × 100% = 104%

毛利润达成率 = 2000 ÷ 2000 × 100% = 100%

库存达成率 = 1 -（1200-900）÷ 900 × 100% = 67%

此处计算库存达成率不适合用实际达成额 ÷ 目标额的计算方式，因为库存在销售过程中呈递减趋势，其达成率的计算公式应为：

库存达成率 = 1 -（季末库存金额 - 库存目标）÷ 库存目标

也就是先算出未达成部分占目标的百分比，用1减去这个百分比，即得到库存达成率。

虽然很多 KPI 都可以用于评估时尚买手的业绩，但企业并不会随便选择，因为过多的 KPI 会让时尚买手"束手束脚"，无法发挥潜能；太单一的 KPI 又会让时尚买手急功近利、顾此失彼。时尚买手对他们所负责的商品拥有"生杀大权"，他们可以决定采购多少商品，以什么样的价格进行销售，在什么渠道销售等，因此考核时尚买手的 KPI 应以兼顾全局和互相牵制为宜。

互相牵制的 KPI 考核体系可促使时尚买手在跨部门合作时合理利用自己手中的权力，同时还能有效地牵制其他部门。

比如，销售人员的考核指标是销售额，当业绩达成遇到困难的时候，销售人员最希望的提升业绩的方式是降价促销，因为这种方式很简单，可以迅速提升销售量，于是销售人员会向时尚买手提出降价促销的申请。如果时尚买手的考核指标和销售人员的一样，则会立刻达成一致开始降价促销。但如果时尚买手的考核指标除了销售额以外还有利润额，则时尚买手首先会计算降价后的利润损失是多少，降价后带来的销售额的增长是否可以弥补利润的损失。

营业额、利润、库存是三个互相牵制的 KPI，它们的关系如图 2-1 所示。如果时尚买手想通过某种单一的方式提升其中任何一个 KPI，都会影响另外两个 KPI 的表现。时尚买手不得不综合考虑多个因素，选择利益最大化的 KPI 达成方案。大多数企业使用的时尚买手考核指标体系为：由营业额、库存和利润三种 KPI 组成的考核指标体系。

### （一）营业额

营业额（Revenue，缩写为 Rev.；或者 Sales Amount，缩写为 Sls Amt.，简写为 Amt.）是营业收入的实收金额，或被称为销售额、销售收入、实际销售收入。

$$营业额 = 销售单价 \times 销售数量$$

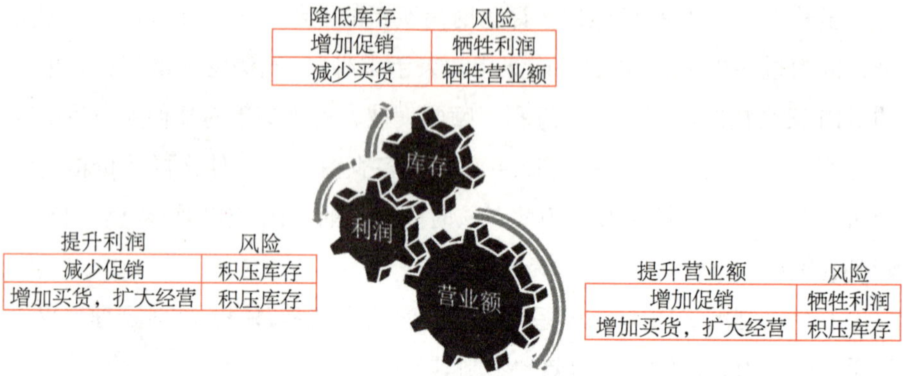

```
降低库存        风险
增加促销        牺牲利润
减少买货        牺牲营业额
```

```
提升利润        风险              提升营业额        风险
减少促销        积压库存          增加促销          牺牲利润
增加买货,扩大经营  积压库存       增加买货,扩大经营  积压库存
```

图 2-1  营业额、利润、库存的互相牵制关系

例 2-2：

女装品牌公司 2017 年 1 月份共销售了 1 万件服装,平均每件服装的销售单价为 1000 元。该公司 2017 年 1 月份的营业额是：

$$1 \times 1000 = 1000（万元）$$

## （二）坪效

品牌公司买手、分销商买手、电子商务买手都使用营业额作为考核指标。百货公司买手、品牌集合店买手还会加入另一个考核指标：坪效。

坪效（Productivity）是门店在单位时间、单位面积内的营业额。

$$坪效 = 营业额 \div 门店营业面积$$

坪效是衡量门店经营效益的指标。以百货公司为例,一家百货商场的不同的位置所吸引的客户数不同。一楼入口处通常是最容易吸引顾客目光的地方,在这样的黄金地段一定要放置能赚取最大利润的专柜,所以你会发现百货公司的一楼通常都是化妆品专柜。

在坪效的计算公式中，根据选取"单位时间"的方式的不同，坪效被分为日均坪效、月均坪效和年坪效。

日均坪效 = 日均营业额 ÷ 门店营业面积

月均坪效 = 月均营业额 ÷ 门店营业面积

年坪效 = 年营业额 ÷ 门店营业面积

在服饰行业里大多数企业计算的都是年坪效，因为只有在一个门店经历了一个完整的春夏秋冬后，再用年坪效来看它的经营效益才是最公平的。

在坪效的计算公式中，根据选取"营业面积"的方式的不同，坪效被分为前场坪效、全店坪效。

前场坪效 = 日（月／年）均营业额 ÷ 前场营业面积

全店坪效 = 日（月／年）均营业额 ÷ 全店营业面积

例2-3：

一家门店2016年的营业额为2400万元，这家门店的前场面积是200平方米，加上库房等非营业区域的总面积是250平方米，则该门店的坪效如下：

前场日均坪效 =2400万 ÷200÷365=329（元／平方米／天）

全店日均坪效 =2400万 ÷250÷365=263（元／平方米／天）

## （三）库存

库存（Stock）作为时尚买手的考核KPI，是指在考核周期结束时，时尚买手所负责品牌（区域）的存货所占用的采购金额。虽然库存的计算单位既可以是存货的件数，也可以是存货的零售金额，但作为时尚买手的考核 KPI 使用的却是存货的成本金额（Stock Cost）。不言而喻，一方面这要求时尚买手对自己花出去的钱负责到底；另一方面这符合会计计算准则，时尚商品的价值会随时间流逝而贬值，到季末的时候不可以使用它们的零售金额计算价值，最好的计算方式就是计算成本金额。

库存成本金额可以直接作为考核 KPI，也有企业使用售罄率作为库存方面的考核指标。

### （四）售罄率

售罄率(Sell Through，缩写为 Sell-thru) 是反映商品销售进度的指标，是指在一段时间内已销售商品的数量或者金额与到货数量或者金额的比值。

$$售罄率 = 销售数量 \div (销售数量 + 期末库存数量)$$
$$或售罄率 = 销售金额 \div (销售金额 + 期末库存金额)$$

不同时间段的售罄率包含周售罄率、月售罄率和季度售罄率。季度售罄率是考核时尚买手业绩的重要指标，时尚买手在订货时会规划每个款式的周售罄率、月售罄率和季度售罄率，以提高订货准确性。

### （五）销售毛利润

销售毛利润（Gross Margin，GM；或 Gross Profit，GP）是企业在扣除运营成本等费用之前的利润，也是实际毛利润。

销售毛利润是营业额与所销售商品的采购成本的差额。

$$销售毛利润 = 营业额 - 采购成本$$

正如前文所述，毛利润目标是时尚买手最核心的考核指标之一，时尚买手对于企业的价值在于通过准确的买货、高效的货品管理为企业带来足够的毛利润。之所以是毛利润而不是净利润，是因为时尚买手直接控制的是采购成本、销售价格，而对销售部在运营过程中产生的其他费用，比如销售人员的工资、门店的扣点租金等均无法掌控。

## 二、时尚买手绩效考评书

时尚买手绩效考评书是对时尚买手进行年度综合考核的工具，企业通过年度绩效考评书的得分，可以决定时尚买手的升职、降职甚至去留。

### ·时尚买手绩效考评书·

#### （一）销售业绩达成

销售额目标达成。
毛利润目标达成。
库存目标达成。

#### （二）商品筛选与物流配送

选择符合公司品质、品位及价格结构标准的商品。
维持适当的商品配套组合的广度与深度。
配送给各门店能反映其目前销售趋势和存货状态的商品。
调查并测试新的供应商。
开发新产品。

#### （三）市场关系

在市场上有效地促销产品。
与有长期利益关系的供应商建立最有利的合作条件。
与海外采购办事处密切合作。

#### （四）规划与分析

有效利用商品资讯处的工具掌握各门店的存货失衡状况。
积极反馈销售趋势。
随时检讨、更新预定购买量的数据。

#### （五）广告和促销

选择适合做广告的商品。
采购广告商品。
开发有创意的特殊事件，如服装展等。

### （六）沟通

定期拜访门店。

以邮件的方式定期告知门店最新的商品、流行趋势和展示技巧。

能接受建设性的批评。

### （七）程序细节

能分出工作的轻重缓急。

能及时处理自己在物流中心就绪的商品。

能正确处理采购订单、退货、减价以及其他商品控制文件。

### （八）其他

协助商品经理培训、培养时尚买手助理和储备干部。

与部属和同事维持良好的关系。

执行商品经理所指派的职责，以确保公司的业绩增长。

## 三、总结：不同类型时尚买手的KPI考核体系

不同类型时尚买手的KPI考核体系如表2-1所示。

表2-1　不同类型时尚买手的KPI考核体系

| 时尚买手类型 | | 考核指标（KPI） | | | | |
| --- | --- | --- | --- | --- | --- | --- |
| | | 营业额（Rev.） | 坪效（Productivity） | 售罄率（Sell-thru） | 库存成本金额（Stock Cost） | 销售毛利润（GP） |
| 按商品品类划分 | 服装买手 | 考核 | | 考核 | 需要时考核 | 考核 |
| | 鞋靴买手 | 考核 | | 考核 | 需要时考核 | 考核 |
| | 配饰买手 | 考核 | | 考核 | 需要时考核 | 考核 |
| 按企业性质划分 | 品牌公司买手 | 考核 | | 考核 | 需要时考核 | 考核 |
| | 分销商买手 | 考核 | | 考核 | 需要时考核 | 考核 |
| | 百货公司买手 | 考核 | 需要时考核 | 考核 | 需要时考核 | 考核 |
| | 电子商务买手 | 考核 | | 考核 | 需要时考核 | 考核 |
| 按门店类型划分 | 单品店买手 | 考核 | | 考核 | 需要时考核 | 考核 |
| | 品牌集合店买手 | 考核 | 需要时考核 | 考核 | 需要时考核 | 考核 |

KPI 的考核标准由企业根据自身的运营能力和经营策略决定，营业额、库存成本金额和销售毛利润是具体的数字，由企业根据时尚买手所负责的业务体量设定。坪效是一个衡量盈利能力的指标，企业或者门店的盈利能力受综合因素的影响，比如城市级别、商圈级别、商品毛利率、运营能力等，若将坪效作为时尚买手的考核 KPI，应综合考虑以上几个因素，参考行业内领军企业的水平设定。

售罄率在行业中有相对广泛的参考标准，比如，新品上市 7 天，售罄率达到 7%，则该商品的售罄率表现就是优秀；如果一个时尚买手所管理的品牌在 90 天内的售罄率低于 50%，则该时尚买手的售罄率考评为差。

表 2-2 为服饰行业售罄率考核标准，企业可以在这个标准的基础上根据自身情况稍加调整。如果是新创品牌，在品牌知名度还不高的时候，企业的经营目标是扩张经营、提升知名度，则时尚买手的售罄率考核标准应降低，以便让时尚买手制定更激进的采购目标，满足企业扩张的需要。

**表 2-2　售罄率考核标准**

| 品类 | 考核等级 | 上市天数 | | | |
|---|---|---|---|---|---|
| | | 7 天 | 30 天 | 60 天 | 90 天 |
| 鞋 | 优秀（Excellent） | >7% | >29% | >55% | >70% |
| | 好（Good） | 6%～7% | 25%～29% | 48%～55% | 60%～70% |
| | 合理（Fair） | 5%～6% | 20%～25% | 40%～48% | 50%～60% |
| | 差（Poor） | <5% | <20% | <40% | <50% |
| 服装 | 优秀（Excellent） | >8% | >32% | >55% | >75% |
| | 好（Good） | 7%～8% | 28%～32% | 45%～55% | 65%～75% |
| | 合理（Fair） | 6%～7% | 23%～28% | 40%～45% | 55%～65% |
| | 差（Poor） | <6% | <23% | <40% | <55% |

# 第三章
## FASHION BUYER
# 时尚买手的工作原则

  每一个在自己的职业领域获得成就的人，都有他们获得成就的原因，就像歌词所唱的那样，"没有谁能随随便便成功"，光鲜的背后离不开主人公本人的特质和付出。苹果公司正是因为有创始人乔布斯近乎极端地追求产品的完美，才成就了如此伟大的品牌，作为一个发明家，他的极端让他变得伟大，如果他不够极端，或许中途选择了妥协，那么就不会有今天大家如此热爱的苹果产品的诞生。

  对时尚买手职业来说，想要做得更好，获得更大的成就，坚守住内因和外因两个方面的因素非常重要。内因是作为时尚买手需要坚持的内在品格和修养，外因是在这个职位的职能下需要坚守的一个黄金准则，这样时尚买手就可以取得相对于考核 KPI 事半功倍的成绩。

## 第一节　时尚买手的职业修养原则

对于大多数职业而言，职业修养虽不是直接决定从业者是否可以取得业绩的因素，也鲜少有企业将其作为招聘的考核条件。但时尚买手职业却是一个必须要强调职业修养的职业，因为时尚买手的职业修养在一定程度上会影响他们的职业前途，也会影响他们的业绩。

### 一、商业道德

全球电子商务巨头亚马逊公司的时尚买手在入职三个月内必须通过一个"商业道德"培训，并且需要员工亲自签名确认完成了该培训的所有内容。初入亚马逊的时尚买手，当他们的公司邮箱被激活后，立刻就会收到一封来自公司法务部门的"商业道德"培训邀请邮件，这是一个在线培训课程。如果新人忽略这个邮件，在一周或两周内都没有点击链接进去接受培训，这时他们会再次收到邀请他们参加培训的邮件。如果新人仍然没有完成培训，接下来这个邮件就会发送到这位新入职时尚买手的直接汇报经理的邮箱，如果经理没有让这位新人接受培训，邮件会继续发送给经理的上级汇报领导，以此类推，直到邮件发送到亚马逊公司创始人的邮箱。

"商业道德"培训是亚马逊对新入职时尚买手的强制课程。这个课程告诉时尚买手们在实施采购时和与供货商合作的过程中应遵守哪些商业道德，什么事情可以做，什么事情不可以做，当公司利益与个人利益发生冲突时应该如何选择等。

不只是亚马逊公司如此重视时尚买手的商业道德，任何一家企业的时尚买手都应该注重自己的商业道德修养。因为时尚买手是采购者，手中掌握巨大的资金资源，守住商业道德底线是对时尚买手最基本的要求。

### 二、忠诚

时尚行业中有一些"潜规则"你或许不知道：

（1）时尚买手的"制装费"。有的企业专门为时尚买手提供每个月几千元额度的"制装费"，让时尚买手挑选本品牌服装。这与工服不同，时尚买手不需要统一着装，"制装费"是一个消费额度，让时尚买手挑选自己喜欢的款式。

（2）"竞品"不能随便穿，严重的会让你丢掉工作。品牌公司的员工在工作期间决不允许穿着竞品，一经发现可能会被公司开除。分销商买手在参加品牌公司的订货会时如果穿着"竞品"入场，会被立即请出会场，没有商量的余地。

（3）租衣服、租包包的时尚人士。有些刚入行的时尚媒体新人，在收入不高、职位不高、名气不高的时候，参加某些奢侈品牌的时尚发布会，出于对品牌的尊重，需要穿戴该品牌的一两件单品，如果每次都购买则成本太高，因此他们会选择去租赁店租一两件。当他们升职成为主编、总编之后再参加类似发布会，则会有品牌主动提供单品。

这些"潜规则"透露出来的都是对品牌的尊重和忠诚，时尚买手对品牌的忠诚远不止停留在穿着细节上，而是发自内心的热爱。时尚买手为一个品牌服务的时间越长，就越了解这个品牌的风格、方向和消费者，越能够取得更优秀的业绩。

## 三、理性客观

时尚买手为消费者采购服装、鞋靴、配饰等商品，同时，他们自己也是这些商品的消费者。每一个时尚买手因为自身性格、经历、理念的不同，其穿衣风格也各不相同，作为时尚产业从业者，时尚买手有其独特的搭配理念。

如何做到把个人风格与品牌风格区分开来是时尚买手的必修课，就像"商业道德"课一样。时尚买手在采购的时候要摒弃个人喜好，客观理性地分析市场和消费者的需求，忠诚于品牌风格而非个人风格。

资深的时尚买手经历过一季又一季的采购、销售、检讨之后被数字洗脑,能够做到理性客观地对待自己负责的品牌。新入行的时尚买手在选款时最常犯的错误就是不理性客观,容易因自我喜好影响对款式的判断。

时尚买手要培养理性客观的思维方式,就需要通过大量的数据分析不断洗脑,同时多与门店销售人员沟通获得更多的反馈,有机会还应与消费者直接沟通了解他们的想法。

## 第二节　时尚买手工作的黄金准则:5S 原则

时尚买手工作的 5S 原则是笔者通过十几年从事时尚买手工作而总结出来的一套行之有效的工作准则,5S 原则不仅适合所有类型的时尚买手使用,而且适合所有级别的时尚买手使用。通过 5S 原则体系,初学者可获得工作的方向,中级买手可寻找到提升的方面,高级买手则可将它作为"自省"的工具。

用一句话表述 5S 原则就是:将正确的选品(Selection)以正确的时间表(Schedule)在正确的门店(Store)保持正确的库存(Stock)水平,并以正确的促销方式(Sales Promotion)进行销售。时尚买手谨记这条黄金准则,以此指导自己的工作,终将获得最佳业绩。

### 一、正确的选品

要做到正确的选品(Right Selection),不只是在订货会上买对款式这么简单,Right Selection 所包含的是以下四个方面的内容。

#### (一)选择正确的品牌、供货商

这是时尚买手正确工作的第一步。

## ·案例3-1·

随着零售业的发展,各零售公司必然会探索品牌集合店的经营之路,前文提到,2007年市场上最突出的两个品牌集合店是总部位于上海的NOVO和总部位于北京的C.P.U.,它们是当时发展最迅速的两家潮牌多品店,其目标顾客为热爱潮鞋的Sneaker。两家多品店都是以各大运动品牌的潮流产品线作为主要的品牌组合,如耐克、阿迪达斯、匡威、彪马、Onisuka Tiger等。

前期两家公司通过引入各大运动品牌的潮流产品线,既培养了目标客群,也借助各大品牌的知名度提升了自身的知名度。这对于NOVO和C.P.U.来说都是正确的选择,也让它们因此成为一南一北最著名的品牌集合店。

在之后的经营过程中,对于除共有品牌以外的潮流品牌的引入,两家公司做了不同的选择。

C.P.U.引入了德国Birkenstock家族品牌、美国红翼(Red Wing)品牌、英国Dr.Martens品牌,这些都是当时国际知名的潮流品牌。Birkenstock品牌是拥有超过200年历史的经典潮流品牌,被日本的潮流教主藤原浩穿过的DAVOS鞋在当时竟出现了一鞋难求的盛况。红翼品牌也拥有超过100年的历史,其经典鞋款红翼875是每一个Sneaker都想收入囊中的款式。Dr.Martens代表了纯正的英国朋克文化,马丁靴像UGG一样因为流行而使得品牌名称成为一种款式的名称。

NOVO在其他品牌的引入上没有注重有文化积淀的原创品牌的引入,而只是引入了一些潮流跟随品牌。当时NOVO店里的某个品牌出了一个完全模仿马丁靴的系列,该系列在款式上与Dr.Martens品牌的经典鞋款非常类似,但在做工等方面却与Dr.Martens相差甚远。当这个系列出现在NOVO店内的时候,很多Sneaker感到非常失望,他们甚至认为NOVO售卖的潮鞋不再值得收藏。

关于两大潮鞋多品店的结局已在前文中有所提及，C.P.U.的门店至今仍屹立在全国各大城市的重点商圈，而NOVO早已不见踪影。这个案例说明的正是选品的重要性。

## （二）正确的商品组合

商品组合（Assortment）是由多个款式、系列商品组成的集合。优秀的时尚买手都是选择商品组合的高手。

时尚买手采购商品组合就像在组一支球队，他们必须清楚：哪些款式是球队中负责得分的"前锋"，能带来最多的营业额；哪些款式是球队中的大牌球星，不用太多，但要吸引客流；哪些款式是球队中负责传球的"中场"和负责防守的"后卫"，虽然它们偶尔才进一个球，但没有它们还真不行，因为有它们才能让品牌的风格和系列得以传承与流行。

一个正确的商品组合是能激发组合中每一个款式的潜能的集合，这就是团队的意义。单打独斗成就的是个人的曝光，而团队作战获得的是集体的胜出，时尚买手要做的正是通过一个合理的商品组合取得整体业绩的最大化。

## （三）正确的畅销品（Hero Item）

同样用一支球队来比喻时尚买手所采购的商品，找准畅销品就是找到了优秀的"前锋"，它们将是决定胜负最关键的因素。用"二八原则"解释就是20%的款式产生80%的业绩，由此可见畅销品的重要性。

Tips：拥有占销售额80%的款式不等于拥有畅销款。

一次，在某品牌的销售总结会议上，时尚买手和设计师因为"二八原则"起了争论。争论的焦点是：时尚买手认为设计师没有设计出畅销款，以至于买手在订单中买不到畅销款，无法提升业绩；设计师则不这么认为，他们做了一些分析，认为从现在的销售结果看是有畅销款的，证据就是从销售结果看，20%的款式产出了80%的业绩。

接下来，时尚买手反驳了设计师的说法：

第一，"二八原则"既是原则也是一种规律，也就是说，任何销售结果最后都有可能呈现出"二八原则"规律。

第二，要判断本品牌是否有畅销款，就需要深入去看所谓畅销款的20%的商品的平均销售数量。如果同行业竞争品牌的畅销款每个款式每家门店每周销售20件，而本品牌前20%的款式平均每周只销售5件，这当然不能被视为畅销款。

第三，之所以会出现"20%的款式产出了80%的业绩"的销售结果，真正的原因是总的款式数太多，但没有几个是非常畅销的，表现出来的结果就是每一个款式销售的数量很平均，大多数款式平均每周仅销售2～3件。

这个案例说明，不是销售额占80%的款式就是畅销款。

### （四）正确的尺码、板型等

正确的尺码对于"正确的选品"来说是"临门一脚"，如果踢偏了，照样进不了球，赢不了比赛。正确的板型是指尺码订量趋势与板型相匹配。

对于一款板型偏大的服装（服装尺码为L，但实际大小是正常板型的XL码），如果时尚买手还按照正常板型的尺码归类下订量，则会造成小码、中码不够卖，加大码订太多的结果。

· 案例 3-2 ·

2008年金融危机对服饰行业中的运动服饰打击最大，耐克中国公司甚至在那一年进行了裁员，之后的几年对于以耐克为首的体育用品公司来说都是煎熬。耐克让咨询公司为它们做了市场调研，主要针对当时耐克在市场上的存货太多问题进行分析。为了找出问题根源和解决方案，耐克花费了巨额咨询费，得到的答案是两个字——"断码"。

根据咨询公司的调研发现，耐克在市场上虽然有大量的库存，但消费者在终端门店却常常因为"断码"而买不到自己需要的商品。"断码"问题的源头在订货端：对于畅销的尺码没有下足够的订单，过多订货金额花在了不畅销的尺码上。

经过这次调研，耐克迅速成立了"市场转型"团队，并组建了一个由12个经验丰富的时尚买手组成的零售商品企划团队，由他们直接参与分销商的订货，从而解决了订货源头的问题。

## 二、正确的进度表

商品按照正确的进度表（Right Schedule）上市销售，是让品牌更有活力、门店保持新鲜感的重要因素，还可以增加顾客与品牌的粘性。正确的进度表是指合理规划上市日期和正确计算每款商品的生命周期。

本应在冬季销售的羽绒服，如果上市日期安排在11月份，则为时过晚，若上市日期安排在9月份，则会因为"不合时宜"而销售不佳，反而浪费门店的陈列和存储资源。

一款为奥运会运动员量身打造的夺冠领奖服，准备在其夺冠之后上市销售，如果预估的销售周期与其他商品一样，订量是可供销售4～6个月的数量，那么这个款式的库存风险将会很大。如果运动员没有夺冠，则服装将没有上市销售的机会，公司损失所有4～6个月的库存；如果运动员夺冠，则销售的高峰期也只是奥运会期间的1个月左右，一旦奥运会结束，销售会立刻转入常规销售。

## 三、正确的门店

正确的门店（Right Store）包含选择正确的销售渠道（门店、商圈、城市）和正确把握消费者需求两层意思。

满足消费者需求是一切商业活动的前提，消费者在哪里门店就在哪里，门店在哪里就应该有属于那里的商品组合。这不是绕口令，而是说明商品组合是为消费者服务的，一旦找准消费者需求，就容易让商品组合成为正确的商品组合。

## 四、正确的促销

正确的促销（Right Sales Promotion）是指通过正确的定价体系和正确的促销方式，来维护品牌形象，获得最好的利润，降低库存风险。三个条件都想满足，看上去有点"贪婪"，但这并非不可达到，只要找到三者间的平衡点，让天平平衡就可以达到"三赢"的结果。

## 五、正确的库存

正确的库存（Right Stock）是指合理的存货水平和正确规划门店容量。

如果门店在销售过程中库存过多，就会积压成本资金，同时造成运营成本上升，过多的库存还会占用门店有限的空间，视为得不偿失；如果库存不够，又会错失销售机会，影响营业额的提升，造成不好的顾客体验，降低消费者粘性。

实体门店的容量都是有限的，卖场可以陈列多少款式，后仓可以存放多少件库存，都受门店空间、家私、家私组合方式的限制。时尚买手虽不是门店空间的规划者，却是使用者，时尚买手要根据门店空间的容量合理规划商品组合的宽度和深度，做到既不浪费空间也不超出空间容量。

电子商务平台在商品展示上打破了空间的限制，可以无限制地展示任何商品，但电子商务的消费者在挑选商品时不会无限制地浏览所有页面，通常他们只会浏览到展示在最前面的几页或者几十页，而展示在几十页、几百页之后的商品，其实是无人问津的。

## 六、总结：不同类型时尚买手的 5S 原则工具

表 3-1 总结了不同类型的时尚买手在实施 5S 原则时应考虑的事项，可以作为不同类型时尚买手的 5S 原则工具。

划分时尚买手的三个维度彼此之间存在重叠现象，比如服装品牌的单品店买手既是服装买手，也是品牌公司买手，还是单品店买手。那么这个买手想知道如何做到正确地选品，使用表 3-1 的方式如下。

参考 i 行的 A-1，B-1，C-1 内容，要做到正确地选品时尚买手应做到：

（1）从服装产品的搭配性考虑，选择正确的商品。

（2）充分考虑商品的板型、尺码、面料、颜色等属性，选择最适合本品牌消费者的商品。

（3）根据当季流行趋势、设计师所提供的流行元素，判断商品是不是本品牌消费者喜欢的款式。

（4）订单中要订购能代表品牌风格的款式。

（5）订单中的本季主题故事、系列、品类要完整。

（6）以商品组合的方式订货，平衡各单品的售卖深度、上市时间、售卖周期等。

（7）找对畅销款式，并且提供足够充足的数量。

表3-1 不同类型时尚买手的5S原则工具

| 5S原则 | A 按商品品类划分 | | | B 按企业性质划分 | | | | C 按门店类型划分 | |
|---|---|---|---|---|---|---|---|---|---|
| | 1 服装买手 | 2 鞋靴买手 | 3 配饰买手 | 1 品牌公司买手 | 2 分销商买手 | 3 百货公司买手 | 4 电子商务买手 | 1 单品店买手 | 2 品牌集合店买手 |
| i 正确的选品 | 搭配性 板型、尺码、面料、颜色 流行趋势、元素 | 舒适度 功能性 尺码 | 搭配性 节日主题 流行趋势 | 品牌风格 故事性 同A | 门店定位 品牌支持款 同A | 品牌风格 合作方式 同A | 全品牌、产品线 合作方式 同A | 商品组合 畅销款 同A&B-1&B-2 | 品牌组合 畅销款组合 同A&B-1&B-2 |
| ii 正确的进度表 | 季节、气温、节日 上市波段、门店换新 单品生命周期 | 同A-1 | 同A-1 | 生产周期 市场推广排期 同A | 发货周期 品牌推广排期 同A | 同楼层、区域品牌 品牌供货周期 同A | 电商平台节日 品牌供货周期 同A | 同A B-1&B-2 | 品牌间节奏平衡 同B-2 |
| iii 正确的门店 | 门店分类 单店买货及时调拨 | 同A-1 | 同A-1 | 分区域组货 同A | 同A | 同A | 找准消费者需求 定向推广 | 同A B-1&B-2 | 品牌陈列区域 同A |
| iv 正确的促销 | 定价体系 节日、竞品、市场 多种促销方式 | 同A-1 | 同A-1 | 品牌事件 翻单 同A | 品牌公司策略 同A | 品牌公司策略 品牌事件 同A | 电商平台节日 品牌事件 同A | 同A B-1&B-2 | 同B-2 |
| v 正确的库存 | 设定安全库存指标 控制门店SKU数量 清库存 | 同A-1 | 同A-1 | 翻单 同A | 补现货 同A | 代销模式 同B-2 | 代销模式 自动补货系统 预售 | 同A B-1&B-2 | 同B-2 |

注：表中的"同A-1""同A"等所包含的内容取决于它所处的位置。例如，A-2-ii位置的"同A-1"是指同"A-1-ii"框中的所有内容，B-1-i位置的"同A"是指同A-1-i、A-2-i和A-3-i框中的所有内容。

| 第二部分 |

**时尚买手实操技巧**

# 第四章
## FASHION BUYER
# 数据分析及报告

时尚买手的工作被形容成一项"科学与艺术相结合的工作",当时尚买手做数据分析或阅读报表时,他严谨和敏锐得像一个科学家;当时尚买手选款或者做商品组合时,他的想象力天马行空得像一个艺术家。好的时尚买手不仅熟知时尚产业链的每个环节,还对流行趋势了如指掌、信手拈来,同时具备清晰的逻辑思维和精通数据分析的能力。在时尚买手的必备能力中,首先应是玩转数据的能力。

## 第一节 在数据分析前做好三项准备工作

数据分析能力是时尚买手的基本功。在采购环节中,时尚买手通过数据分析了解消费者需求、门店需求、市场需求;在商品销售环节中,时尚买手通过数据分析随时掌控库存风险和机会。

准确的数据分析是帮助时尚买手获得成功的"利器",错误的数据分析会误导时尚买手,造成误判和做出错误的决策。时尚买手要提升数据分析和报告的准确性,首先应做好三项准备工作:数据源的准备、数据源的甄别、常用 Excel 公式。

## 一、数据源的准备

数据源是数据的来源,包含数据获取的对象、时间和取数范围等因素。"某品牌 2017 年第一季度所有门店每天的销售金额"就是一条数据源。

收集数据源是时尚买手进行数据分析准备工作的第一步,根据数据分析的需要收集和整理基础数据源。被收集的数据源包含内部数据源和外部数据源。收集数据源应遵循三个原则:准确性、全面性、时效性。很多初级时尚买手常常忽略这三个原则,导致他们的数据分析报告不准确。

准确性:所收集的数据源样本是未受干扰的市场结果,或所有造成数据异常的原因可追踪、可量化。

全面性:尽可能获得最多的数据源,提供多角度、多维度分析基础,从而增加报告的准确度。

时效性:每一条数据源都应包含其发生的时间,同时根据报告需要可以收集到发生在最近时间段内的数据源。

### (一)内部数据源的收集

内部数据源是指可以从企业内部直接获得的数据源。内部数据源的收集按照数据来源可以分为:采购数据、到货数据、销售数据、库存数据、销售人员反馈、VIP 数据等。

**1. 采购数据**

采购数据也指订单数据,包含订单中每个库存量单位(Stock Keeping

Unit，SKU)、每个尺码的采购量、采购价格、零售价格、毛利率、预计到货日期、预计上市日期等信息，同时，还包含每个 SKU 的面料、卖点、颜色等基础信息。

SKU 的原意为库存进出计量的单位，既可以是以件为单位，也可以是以盒、托盘等为单位。SKU 最早用于大型连锁超市配送中心的物流管理。

SKU 作为库存单位，在各服饰企业、电子商务企业中有以下两种用法。

一种是以 SKU 作为一款商品的一个颜色的单位。例如，某款服装有 2 个不同的颜色，每个颜色有 4 个尺码，那么这款服装就有 2 个 SKU，每个 SKU 有 4 个尺码。这种定义被大部分服装、鞋类品牌公司采用。

另一种是以 SKU 作为一款商品的一个颜色的一个尺码的单位。例如，某款服装有 2 个不同的颜色，每个颜色都有 4 个不同的码，那么这就是 8 个 SKU（2 个颜色乘以 4 个尺码）。这种定义多被电子商务公司采用。亚马逊公司就采用这种方式定义 SKU，在亚马逊的内部系统中每个 SKU 都有其唯一的编码和二维码。

**2. 到货数据**

到货数据，顾名思义，是与实际到货有关的数据，虽然在采购数据中收集了预计到货日期和预计上市日期等数据，但这并不是实际到货的数据。在数据收集过程中，到货数据经常与采购数据有差异。

**3. 销售数据**

对已经发生的销售结果进行统计或汇总的数据就是销售数据。在所有的数据收集中，销售数据的数据量最为庞大。根据数据收集的全面性原则，销售数据有以下五个不同的维度。

1）消费者维度：包含每个消费者每次消费的明细，即时间、地点、消费的 SKU、尺码、数量、金额、折扣等。

2）商品维度：包含每个 SKU 的每个尺码的销售信息，即时间、地点、销售门店、销售数量、销售金额、销售折扣、销售毛利等。

3）区域维度：包含某个区域内每一家门店每天的销售金额、销售数量、销售折扣、销售毛利等。区域维度下的销售数据收集还应同时包含该区域内每家门店的商品维度和消费者维度的销售数据。

4）分销商维度：有分销商的品牌公司需要收集各分销商维度的销售数据，包含销售给每个客户的金额、数量、折扣、毛利，以及销售的每一个 SKU 的商品维度的数据。

部分品牌公司的管理体系还可以收集到每一个分销商的每一家门店的销售数据，即分销商维度下的区域维度的销售数据也可以被收集到。耐克、阿迪达斯、安踏、李宁等运动品牌公司都实现了与分销商之间的数据对接，数据对接后，品牌公司可以采集到分销商的每一家门店中的每一条销售信息。

5）时间维度的销售数据收集，包含某个品牌或某家企业在某个时间点或者时间段下的所有销售数据。要收集某品牌 2017 年 1 月的销售数据，就要收集该品牌 1 月份每一天、每一家门店销售的每一个 SKU 的销售数据。

以上五个维度并不独立存在，它们以相辅相成、相互搭配的方式形成多种组合形式的数据源。

**4. 库存数据**

库存数据是商品的存货信息数据，包含库存的件数、采购金额、吊牌金额、SKU 数量及 SKU 所包含的商品属性等数据。

收集库存数据时应注意时效性原则，库存数据是时间点数据源，而不是时间段数据源。我们可以收集某品牌 2017 年 1 月 1 号的库存数据，也可以收集该品牌 2017 年 1 月 1 号到 10 号每天的库存数据，而不能收集该品牌 2017 年 1 月 1 号到 10 号期间的库存数据。

为了表述库存在某个时间段的状态，可以使用平均库存概念。平均库存（Average Inventory）是指某个会计期间内的平均存货水平，比如可以通过计算得出2017年1月1号到10号的平均库存数据。

平均库存=（期初库存+期末库存）÷2

期初库存（Beginning Inventory）是指在一个库存会计期间开始时可供使用或出售的存货的账面价值。

期末库存（Ending Inventory）是指在一个库存会计期间结束时可供使用或出售的存货的账面价值。

例 4-1：

门店2017年4月30号闭店时的库存件数是12 000件，5月份共来货5 000件，累计销售了4 500件。问这家门店5月份的期初库存、期末库存和平均库存分别是多少？

5月份的期初库存=4月份的期末库存，也就是4月30号的实际库存：12 000件。

5月份的期末库存=5月份的期初库存+5月份的来货-5月份的累计销售=12 000+5 000-4 500=12 500（件）。

5月份的平均库存=（期初库存+期末库存）÷2=（12 000+12 500）÷2=12 250（件）。

库存数据收集的全面性原则是指只要是库存都应该被统计到，不应该被遗漏，并且要确保多个维度的收集：

1）商品维度：包含每个SKU的每个尺码的库存信息，即某个时间点的库存的数量、采购成本金额、毛利润金额、零售吊牌金额等。

2）区域维度：包含某个区域内的每一家门店每天的库存数量、采购成本金额、毛利润金额、零售吊牌金额等。同时，区域维度下的库存数据收集还应包含每家门店的商品维度的库存数据。

3）时间维度：包含某个品牌或者某家企业在某个时间点下的库存数据或在某个时间段下的平均库存数据。

库存数据收集的准确性原则是指应遵守位置清楚原则，即库存所在的物理位置要清楚和准确。是门店的库存就应该被统计到门店库存，是仓库的库存就应该被统计到仓库库存。还存在一种商品既不在门店也不在仓库的库存状态，这种库存被归为在途库存。

在途库存（In-transit Stock）又称中转库存，是指尚未到达目的地，正处于运输状态或等待运输状态而储备在运输工具中的库存。在途库存通常需要归入门店库存或仓库库存，因为一旦它们到达目的地就将成为目的地（门店或仓库）的库存。分清在途库存的界定方式，对确保库存准确性非常重要。

两种在途库存如下。

1）门店库存下的在途库存：指从仓库发往门店还未被门店确认收货的库存。

2）仓库库存下的在途库存：包含门店发往仓库的商品（比如退货）还未被仓库确认收货的库存，以及供货商（工厂或者批发商）已经发出但还未被仓库确认收货的库存。

**5. 销售人员反馈**

通过询问或者问卷的方式向门店的销售人员收集到的反馈意见和信息，被视为销售人员反馈数据。

常用的收集销售人员反馈数据的方式有两种：例行调查表和采购调查表。

例行调查表是时尚买手日常对某个主题的调查表，包括以下内容。

1）畅销或滞销品类（单品）调查表，调查尺码因素、颜色因素、价位因素、材质因素等。

2）区域重点门店的消费特点调查表。

3）促销及推广活动调查表，调查推广给商品带来的影响等。

采购调查表是时尚买手在采购准备阶段或采购现场进行的问卷调查，目的是了解市场及消费群体的需求变化。采购调查表的内容设定框架如图 4-1 所示。

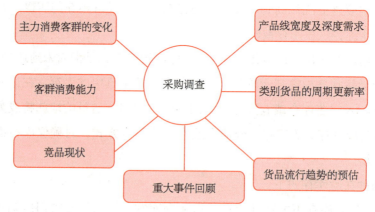

图 4-1　采购调查表的内容设定框架

两种销售人员反馈调查的对比如表 4-1 所示。

表 4-1　两种销售人员反馈调查表的对比

| 对比项 \ 调查表 | 例行调查表 | 采购调查表 |
| --- | --- | --- |
| 调查频率 | 不确定，依据需要 | 每季（采购前或采购过程中） |
| 调查渠道 | 针对性地选择门店 | 区域所有门店 |
| 调查内容 | 紧扣主题 | 多角度，综合分析 |
| 调查目的 | 商品或门店信息反馈 | 反映市场及客群需求 |

## 6. VIP 数据

VIP 数据是顾客数据，既包含顾客基础信息数据，又包含顾客历史消费数据。VIP 数据是很多品牌公司零售运营管理的重要部分，企业使用客户关系管理（Customer Relationship Management，CRM）系统管理它们的 VIP 顾客信息。

随着科技的发展，企业获得 VIP 数据的渠道越来越丰富，主要有以下三种。

1）销售人员收集，手工记录。这是在没有其他记录方式之前最原始的收集方式。

2）企业微信公众号。消费者扫码关注企业微信公众号后自助填写信息，并成为会员，之后的消费记录都与该会员号关联。

3）电子商务平台。消费者在电子商务平台消费后，他们的消费信息也是企业的 VIP 数据。有的企业将电子商务平台的 VIP 数据与线下门店 CRM 系统中的数据进行对接，从而实现全渠道 VIP 数据共享。

### （二）外部数据的收集

如果说内部数据的收集是让时尚买手更加清楚地了解自己品牌的状况，做到"知己"，那么，外部数据的收集则是让时尚买手做到"知彼"。从"知彼"的角度来说，外部数据包含竞争品牌数据、行业及市场数据和消费者调研数据三种。外部数据的获得方式有查阅资料、市场走访、通过第三方调研公司等。

#### 1. 竞争品牌数据

每个品牌都关心自己的竞争品牌，只是关心的程度不一样，越是品牌集中度高的行业，品牌之间的关注度就越高。在运动品牌中耐克和阿迪达斯之间的关注度几乎达到了"没有秘密"的程度，耐克知道阿迪达斯在全国有多少家门店，阿迪达斯也知道耐克生意增长的规模是多少；耐克的门店每天提报的销售报告中一定有阿迪达斯店铺的销售数据，而阿迪达斯也会分析耐克的每一个畅销款的销售表现。

品牌公司之间获得信息的三种途径如下。

（1）问，获得竞争品牌数据的最直接的方式是"问"。商场同一个楼层的品牌之间每天都有例会，在例会上会分享该楼层各品牌的业绩，要想知道某个商场里竞争品牌的数据，最快捷的方式是让本品牌的销售人员去问。

（2）看，获得竞争品牌数据的第二种方式是"看"。时尚买手定期走访市场，在走访市场的时候除了要看自己负责的品牌以外，还会看竞争品牌的状况。一个资深的时尚买手定期走访竞争品牌的店铺，会熟知这个品牌的商品结构、SKU数量、畅销款式、每季重点款式、每季重点市场活动、每季上货节奏等。再结合"问"到的销售数据，时尚买手能大概推算出竞争品牌的备货深度和备货金额等。

（3）读，第三种获得竞争品牌数据的方式就是阅读公开的报告，以及一些媒体发布的调研报告等。

**2. 行业及市场数据**

时尚买手要知道市场上什么款式在流行、什么款式在畅销，在这个市场上消费者喜欢做什么、喜欢穿什么。只有通过对行业及市场数据的了解和分析，时尚买手才能准确地把握流行趋势。

获得行业及市场数据的四种途径如下。

（1）购买行业发展报告。

（2）查阅已经公开的免费的行业分析报告。

（3）关注行业流行网站及街拍网站。

（4）与业内专业人士交流。

时尚买手对当地市场的了解也很重要，因为不同的市场具有不同的风格，比如北方消费者追求品牌消费，南方消费者注重款式消费，这是大的差异。但是在像北京、上海这种零售市场发展成熟的城市中，时尚买手在确定门店商品组合的时候还会按照商圈来做差异化采购。北京的西单商圈和王府井商圈是北京最重要的两条商业街，它们的差异在于西单是以本地年轻人为主要消费群体，他们喜欢的风格以时尚为主，而王府井的消费群体以游客为主，没有集中的风格偏好，消费者年龄也不集中在某个年龄段，而是具有很宽泛的年龄结构。

### 3. 消费者调研数据

对于消费者数据，除了从销售人员调研问卷中获得以外，时尚买手在走访市场的时候也可以直接与消费者交谈获得信息，此外还可以通过消费者调研获得。进行消费者调研的好处是可以选择调研的样本，根据需要设计调研的问卷等。

某体育品牌准备推出一款新科技的跑鞋，当时时尚买手对这种科技在市场上的需求量没有把握，于是找咨询公司协助做了一次消费者调研。咨询公司按照时尚买手提出的消费者需求去找到足够的样本，并且将他们组织在一起，当天时尚买手提供了一套问卷让消费者填写，然后对每一个消费者进行访谈。经过调研，时尚买手获得了第一手消费者需求数据，从而确定了那款跑鞋的市场需求量。

数据是时尚买手工作的重要依据，时尚买手离不开数据就像鱼儿离不开水，但并不是所有时尚买手都清楚如何使用每一类数据。作为数据分析的实战技巧，表4-2总结了各种数据在数据分析中的运用方向。

表 4-2 各种数据在数据分析中的运用方向

| 数据来源 | 数据类别 | 数据运用 | |
|---|---|---|---|
| | | 商品采购 | 商品运营 |
| 内部 | 采购数据 | 检验订货结构的合理性 | 商品运营管理依据（开季分货、补货、调拨、定价、促销等） |
| | 到货数据 | | |
| | 销售数据 | | |
| | 库存数据 | | |
| | 销售人员反馈 | | |
| | VIP 数据 | | |
| 外部 | 竞争品牌的数据 | 检验款式挑选的合理性 | 促销决策参考 |
| | 行业及市场的数据 | | |
| | 消费者调研的数据 | | |

## 二、数据源的甄别

刚入行的初级时尚买手或者买手助理的问题是过分依赖数据，尤其是在买货的时候，初级时尚买手由于缺乏买货经验，完全依赖数据做决策。一旦他们使用了不客观的数据源，就会被错误的数据源带到错误的深渊。数据分析是时尚买手的基础工作，时尚买手很容易在数据分析中被数据欺骗，甄别数据源的准确性是时尚买手最基本的实战技巧。

"成也萧何，败也萧何"，这句话不仅可以形容人，也可以形容数据，这是因为数据既可以帮助时尚买手找到真相，也可能成为欺骗时尚买手的"元凶"。下面让我们通过两个案例来看清数据骗人的"真面目"。

### ·案例 4-1·

某服装品牌的时尚买手在为该品牌做门店的春季买货计划，这家门店位于北京西单商圈，是该品牌的重点店铺。时尚买手在买货前为该门店做了数据分析。在做畅销款式分析时，时尚买手将门店去年的同期销售数据中的每个款式的销售件数按降序排序，再将排在最前面的10个款式逐一进行信息拆解。

对排名第一的款式的信息拆解思路如下：

（1）这是一条基础款式的裤子，有两个插兜，没有任何多余的装饰和图案。

（2）价格是本品牌的裤子价格中最低的，零售价为299元。

（3）颜色是黑色，为大众颜色。

（4）面料是纯棉，穿着很舒适。

（5）这条裤子在去年春季的销售过程中，上市第一个月就销售了300条，在接下来的两个月中分别销售了30条和20条。从上市第一个月的销售数量来看这条裤子是畅销的，后两个月销售数量减少是因为去年同期的采购数量不足。所以，如果有足够的库存给这家门店，这款裤子在后两个月的销售数量会和第一个月差不多，预计在 300 条左右，这说明这个款式实际可以销售的数量应该为 900 条。

基于以上五点的分析，时尚买手对今年畅销款中最看好的一个款式的买货计划如下：

（1）选择价位最低的基础款、基础颜色的裤子作为这家门店春季采购量最深的款式。

（2）基于对去年同期最大销售数量的分析，今年最畅销款式的订量深度预计可以达到 1000 条。

他对自己的分析非常有信心，甚至认为这 1000 条的采购计划将成为他时尚买手职业生涯的一个里程碑。他相信自己即将成就一个"爆款"，他的"爆款"逻辑如下：

根据去年单月最高可销售 300 条，预估今年的 3 个月可以销售 $300 \times 3 = 900$（条），畅销款买货按照 90% 的售罄率（到季末的时候还剩 10% 的库存）计算为：$900 \div 90\% = 1000$（条）。

基于这样的分析，时尚买手找到了一款和去年排名第一的款式非常类似的裤子，下了 1000 条的订单。

他是一个初级时尚买手，加入该品牌不足一年，当他把采购订单交给他的采购经理审核时，采购经理看到了这个订单量为 1000 条的裤子，于是询问其下单逻辑。他自信满满地按照上面分析的几点进行了阐述。

听完时尚买手的分析，采购经理若有所思，给他提了两个建议。

（1）给店长打个电话，询问一下去年卖得最好的那条裤子在这个门店畅销的原因。

（2）从公司系统里面调出那条裤子去年同期每单的销售数据进行分析。

时尚买手按照经理的建议做了，他先调出了去年那条裤子在该门店中每单的销售数据,惊奇地发现,它在上市第一个月的某一天销售了250条,而且是同一个顾客买的。

他马上给店长打电话,得知那250条是一笔团购销售,因为去年有一家公司要做活动给员工发放福利,看中了这条裤子价格合适、款式好搭配等因素,采购了250条。当时,该门店并没有这么多库存,店长从公司仓库和其他门店调货凑足了团购所需尺码的数量。

真相大白了,通过这件事情,这个时尚买手学到了做时尚买手最重要的一课:数据会骗人!

这个时尚买手被数据欺骗是因为他入职不久,但即使是已经有几年买货经验的时尚买手,一不小心仍然会被数据欺骗,再看看下面的案例。

## ·案例4-2·

某品牌2017年的夏季销售数据如表4-3所示。

表4-3 某品牌2017年的夏季销售数据

| 月份 | 销售额(元) | 销售额占比 | 折扣率 |
| --- | --- | --- | --- |
| 4 | 30 000 000 | 30% | 95% |
| 5 | 33 000 000 | 34% | 95% |
| 6 | 35 000 000 | 36% | 70% |
| 合计 | 98 000 000 | 100% | 86.7% |

该品牌预计2018年夏季的生意增长规模为20%,时尚买手依据这些数据制定2018年夏季的销售目标预估,如表4-4所示。

表4-4 2018年夏季的销售目标预估

| 月份 | 2017年业绩(元) | 2018年业绩增长比率 | 2018年业绩预估(元) |
| --- | --- | --- | --- |
| 4 | 30 000 000 | 20% | 36 000 000 |
| 5 | 33 000 000 | 20% | 39 600 000 |
| 6 | 35 000 000 | 20% | 42 000 000 |
| 合计 | 98 000 000 | — | 117 600 000 |

2018年销售预估=2017年销售金额×（1+增长率目标）

时尚买手根据这个公式计算业绩目标预估，看上去并没有什么问题。但是，当时尚买手拿着这个预估和销售部确认目标的时候，却被销售部推翻了。

销售部提出的问题如下：

（1）对2017年销售数据中每个月业绩占比的质疑。从销售部的经验来看，该品牌在夏季3个月的销售中，通常是4月份和5月份的业绩占比更高，因为这两个月包含的假期更多，而6月份不仅没什么假期，同时还是两个季节交替的月份，业绩不会超过前两个月。但是在2017年的数据中6月份的业绩占到36%，比4月份和5月份都高。

（2）2017年夏季3个月的销售折扣趋势不符合正常规律。4月份和5月份维持了同样的折扣率，6月份的折扣率却一下降到了70%，而该品牌前几年的销售趋势是折扣率从4月份到6月份缓慢降低。

对于销售部提出的两点质疑，这个时尚买手仍然坚持认为2017年的销售数据是实际销售的结果，代表了新的市场规律，即使发生了与前几年的趋势不一致的情况，也只是说明市场发生了变化。

销售部和时尚买手的争执不下引起了采购经理的警觉，当他了解完争议的焦点后，便让时尚买手再深入地分析一下数据背后的故事。

（1）时尚买手往前多分析了两年的销售数据，发现在过去的三年间，前面两年的销售规律几乎一致，即6月份的业绩占比最低，但2017年不仅销售额占比发生了变化，折扣率的规律也与前面两年不一致（见表4-5）。

表4-5　近三年的夏季销售趋势

| 月份 | 2017年 | | | 2016年 | | | 2015年 | | |
| --- | --- | --- | --- | --- | --- | --- | --- | --- | --- |
| | 销售额（元） | 销售额占比 | 折扣率 | 销售额 | 销售额占比 | 折扣率 | 销售额（元） | 销售额占比 | 折扣率 |
| 4 | 30 000 000 | 30% | 95% | 26 000 000 | 33% | 90% | 22 000 000 | 33% | 90% |
| 5 | 33 000 000 | 34% | 95% | 28 000 000 | 35% | 86% | 25 000 000 | 37% | 85% |
| 6 | 35 000 000 | 36% | 70% | 25 000 000 | 32% | 79% | 20 000 000 | 30% | 80% |
| 合计 | 98 000 000 | 100% | 86.7% | 79 000 000 | 100% | 85% | 67 000 000 | 100% | 85% |

（2）时尚买手检查了在2017年的夏季销售过程中6月份是否有门店参加大型促销，或者有临时的促销活动等，检查的结果是没有异常门店。

（3）时尚买手检查了2017年6月份是否有大笔团购销售，结果也没有。

（4）时尚买手检查了2017年每个月的到货情况，发现2017年4月份的部分商品晚到货，本该在4月初上市的商品的实际上市日期是5月中旬，因此库存不足影响了4月份的业绩，5月份的业绩和折扣都没受太大影响。但到了6月份的时候，因4月份晚到的商品销售进度落后，为了缓解库存压力，6月份的折扣率大幅下降，最终6月份的营业额超过了4月份和5月份。

通过以上分析，时尚买手发现自己被数据欺骗了，重新调整了2018年夏季的销售目标计划。

（1）先计算季度总目标。季度总目标是基于业绩规模增长的战略性目标，与之前计算的结果没有出入。

2018年夏季销售总目标 = 2017年夏季销售额 ×（1+ 增长率目标）
= 9800 ×（1+20%）= 11 760（万元）

（2）根据2015年和2016年的数据趋势，预估2018年各月份的销售额占比，再将总目标拆分到3个月份，拆分计划如表4-6所示。

表4-6  2018年的夏季销售预估（时尚买手更新版）

| 月份 | 2016年 | | 2015年 | | 2018年 | |
|---|---|---|---|---|---|---|
| | 销售额占比 | 折扣率 | 销售额占比 | 折扣率 | 预估占比 | 业绩目标（元） |
| 4 | 33% | 90% | 33% | 90% | 33% | 38 808 000 |
| 5 | 35% | 86% | 37% | 85% | 36% | 42 336 000 |
| 6 | 32% | 79% | 30% | 80% | 31% | 36 456 000 |
| 合计 | 100% | 85% | 100% | 85% | 100% | 117 600 000 |

2018年的"预估占比"由2015年和2016年的平均值计算得来，当月业绩目标由当季销售总目标乘以当月预估占比得来。

在以上两个案例中，时尚买手都是被数据的表象所欺骗，这些表象就像"障眼法"一样影响时尚买手做正确的判断。在时尚买手的工作中，这些"障眼法"无处不在，但也不是没有规律可循，有经验的时尚买手熟知这些规律，可以避免被数据欺骗。

数据骗人的"障眼法"规律有以下几种。

（1）在非正常市场规律下产生的偶然性的销售结果，如团购、临时特卖、临时的市场发售款式等都属于非正常市场规律行为。

要判断销售行为是否为非正常市场规律行为，就要问两个问题：今年的这个销售行为在去年同期是否发生过，在明年同期是否会继续发生？

如果是，那这就是正常的市场规律行为，比如国庆节、劳动节、情人节、春节的促销等；如果不是，就判定它为非正常市场规律行为，比如，耐克品牌在2017年5月发售了一款乔丹31代复刻鞋，但在2016年5月没有发售，在2018年5月不确定会不会发售，那么在2017年5月的销售数据中有关乔丹31代复刻鞋的数据就应该被视为非正常市场规律的数据。

（2）在运营过程中发生的意外事件，并且因为这个意外事件产生了不一样的销售结果。晚到货造成的晚上市，在期货生产过程中出现残次导致的少发货，因质量问题产生的商品召回和大量退货，因特殊原因造成的门店在某个时期内不能正常营业（如在2015年9月北京举行抗战胜利70周年大阅兵期间，周边商圈因阅兵排练及阅兵式当天的活动，不得不提前闭店或完全闭店）等，这些情况导致的销售结果通常是不符合正常市场规律的。

（3）受国家或者社会的重大事件影响而产生的销售结果。2008年奥运会在北京举办，给北京的零售市场带来了空前的机遇，当时尚买手采购2009年的期货时，要考虑到2009年的市场不会像2008年那么火爆。

（4）受行业、市场环境的影响，尤其是受竞争品牌影响产生的销售结果。在预估门店今年的营业额时，如果发现与该门店相邻的最大的竞争品牌在去年同期没有营业，而今年已经营业，时尚买手就不能单一地使用本品牌去年的销售数据,而要同时参考竞争品牌开业后的销售数据,从而做出综合的判断和预估,否则预估就会产生误差。

在零售行业中影响数据准确性的因素可归纳为如表4-7所示的各种因素。

表4-7 影响数据有效性的因素汇总表

| 分类 | 因素 | 事件 | 如何影响数据 | | | |
|---|---|---|---|---|---|---|
| | | | 销售额 | 折扣率 | 产品售罄率 | 客流 |
| 内部因素 | 货品因素 | 晚到货 | 直接 | 间接 | 直接 | 间接 |
| | | 少发货 | 直接 | 间接 | 直接 | 间接 |
| | | 产品召回 | 直接 | 间接 | | |
| | 促销因素 | 临时特卖 | 直接 | 直接 | 间接 | |
| | | 市场发售 | 间接 | | | |
| | | 团购 | 直接 | 直接 | 间接 | |
| | 战略因素 | 原有门店面积增减 | 直接 | | 间接 | |
| | | 门店数量增减 | 直接 | | 间接 | |
| 外部因素 | 商场因素 | 楼层调整,或周边门店装修 | 间接 | | 间接 | 直接 |
| | | 本品牌门店装修 | 直接 | | 间接 | |
| | 市场因素 | 竞争品牌对本品牌影响的变化 | 间接 | | | 直接 |
| | | 电子商务大促 | 间接 | 间接 | 间接 | 直接 |
| | 外部环境因素 | 社会重大事件(比如:奥运会) | 直接 | | 间接 | 直接 |
| | | 国家重大事件(比如:抗战胜利70周年阅兵) | 直接 | | | 直接 |

## 三、常用 Excel 公式

Excel 是每一个时尚买手都必须熟练掌握的办公软件,企业在招聘时尚买手时甚至还要做 Excel 测试。在时尚买手中常常有使用 Excel 的高手,他们可以不使用鼠标,用各种快捷键在 Excel 上做数据分析报告,看他们操作 Excel 就像看一出"指尖上的表演"一样过瘾。

对于刚入行的时尚买手而言最重要的是打好 Excel 基础,因为它不仅是一个可以提高工作效率的工具，还会带来很多数据分析的逻辑和思路。

时尚买手常用的 Excel 公式函数如表 4-8 所示。

表 4-8　时尚买手常用的 Excel 公式函数

| 用途 | | 公式函数 |
| --- | --- | --- |
| 数字处理 | 取绝对值 | ABS |
| | 取整 | INT |
| | 四舍五入 | ROUND |
| 判断公式 | 把公式产生的错误值显示为空 | IFERROR |
| | IF 多条件判断返回值 | IF 和 AND、OR |
| 统计公式 | 统计两个表格重复的内容 | COUNTIF |
| | 统计不重复的总个数 | SUMPRODUCT、COUNTIF |
| 求和公式 | 隔列求和 | SUMIF/SUMPRODUCT、MOD |
| | 单条件求和 | SUMIF |
| | 多表相同位置求和 | SUM |
| 查找与引用公式 | 单条件查找公式 | VLOOKUP |
| | 双向查找公式 | INDEX、MATCH |
| 字符串处理公式 | 多单元格字符串合并 | PHONETIC |
| | 截取公式 | LEFT、RIGHT、TRIM、MID |
| | 字符串查找 | IF、COUNT、FIND |

## 第二节　时尚买手常用 KPI 及"处方"

当时尚买手收集到正确的数据之后，将这些数据变成支持自己决策的报告之前，还需要对报告所涉及的 KPI 有深入的了解。对 KPI 进行深入了解最忌讳"知其然不知其所以然"，这也是初级时尚买手面临的难题，他们在做数据分析的时候都知道要用什么 KPI，也知道这些 KPI 的公式是什么，但是很少明白这些 KPI 背后的关联因素、彼此间的影响关系、引申的概念和用法，以及当一个 KPI 的达成不及预期的时候，他们不知道应该如何应对。本节内容不仅解释时尚买手常用的 KPI，还对 KPI 应对策略进行分解，称为"KPI 处方"。

时尚买手常用的 KPI 可根据进销存维度分为采购 KPI、销售 KPI 和库存 KPI 三类。

## 一、采购 KPI

采购 KPI 包含服饰企业与采购活动有关的 KPI，如 SKU 宽度、SKU 深度、采购的吊牌金额、采购的成本金额、吊牌毛利率、加价率等。当然，采购活动并不是这些 KPI 唯一的使用场景，有的 KPI 也会在其他地方使用。

### 1. SKU 宽度

时尚买手常用的 SKU 宽度是指拥有的 SKU 数量。例如，时尚买手采购了 50 个 SKU，那么本次采购的 SKU 宽度就是 50。

SKU 宽度是一个非常基础的概念，在实战经验中，时尚买手更应该关注"有效 SKU 宽度"，尤其是在统计门店或品牌库存的 SKU 宽度时，应统计有效库存的 SKU 数量作为有效 SKU 宽度。

---

例 4-2：

门店有库存的服装 SKU 宽度是 300 个，但其中有 50 个 SKU 的库存只有一两件或者核心尺码无库存，则该门店的有效 SKU 宽度为 300-50=250（个）。

---

"有效 SKU 宽度"是不可忽视的 KPI，虽然它没有官方的定义或者可以量化的定义方式，但我们通过大量的实战经验可以总结出以下几条判断标准：

（1）库存尺码齐全的 SKU 为有效 SKU。

（2）库存尺码断码率低于 30%～40%（根据不同品类）的 SKU

为有效 SKU。如果一个 SKU 上市时有 5 个尺码，现在库存中只有 4 个尺码有库存，另外 1 个尺码被称为卖断的尺码，它的断码率是 1÷5×100%=20%，该 SKU 可以算作有效 SKU。

（3）断码率高于 40%，但是对于断码的补货已经是"在途库存"的，应在统计时作为有效库存。这一点常常被时尚买手忽视，他们在统计门店库存时忽略"在途库存"，导致错误地计算门店的有效 SKU 宽度。

### 2. SKU 深度

SKU 深度是指单个 SKU 的订货量或者库存数量。

SKU 平均深度是指平均每个 SKU 的库存数量。

例 4-3：

时尚买手采购了 50 个 SKU 的商品，共计 1000 件，其中采购最多的一个 SKU 的采购件数是 150 件，则：订量最深的 SKU 深度是 150 件；50 个 SKU 的平均深度 =1000 件 ÷50=20 件。

### 3. 采购的吊牌金额

采购的吊牌金额 = 吊牌单价 × 采购数量

吊牌单价（Manufacturer Suggest Retail Price，MSRP）是商品上市时的统一零售价格，因为被印刷在商品吊牌上，故被称为吊牌价格或者吊牌单价。

### 4. 采购的成本金额

采购的成本金额 = 采购的成本单价 × 采购数量

供货商的报价分为含税报价和不含税报价，采购的成本金额相应地分为含税成本金额和不含税成本金额。

时尚买手常用的是含税成本金额，如果拿到的报价是不含税报价，则应加上税率因素计算出含税成本金额。

### 5. 毛利润率

毛利润率（Gross Margin Rate，缩写为 GM%，或者 Gross Profit Rate，缩写为 GP%），简称毛利率，是毛利润占营业收入的百分比。它既是时尚买手考核的重要指标，也是衡量企业经营结果的 KPI，企业的"三大报表"里就有利润表。

毛利率在不同应用场景下代表不同的意思。当时尚买手在订货时说毛利率是多少时，他们指的是吊牌毛利率；当时尚买手在销售总结会议上说某个月的毛利率是多少时，他们指的是这个月的销售毛利率。

两种毛利率的计算公式如下：

吊牌毛利率 =（吊牌金额 − 商品含税成本）÷ 吊牌金额

销售毛利率 =（销售收入 − 商品含税成品）÷ 销售收入

---

例 4-4：

某门店 2017 年 1 月份的销售收入是 200 万元，所售商品的含税成本是 100 万元，所售商品的吊牌金额是 250 万元，那么门店的毛利率为：

吊牌毛利率 =（250−100）÷250×100%=60%

销售毛利率 =（200−100）÷200×100%=50%

---

影响吊牌毛利率的因素是时尚买手制定商品零售价格的行为，影响销售毛利率的因素包含吊牌毛利率和在销售过程中的促销行为。

### 6. 加价率

加价率（Mark Up Rate）反映商品的溢价程度，与吊牌毛利率类似。加价率与吊牌毛利率之间存在计算关系。

加价率 =（吊牌金额 - 采购成本）÷ 采购成本

加价率和吊牌毛利率的关系如下：

（1）加价率 = 吊牌毛利率 ÷（1- 吊牌毛利率）。

（2）吊牌毛利率 = 加价率 ÷（1+ 加价率）。

## 二、销售 KPI

在销售环节中常用的 KPI 包含：营业额、坪效、销售毛利润、销售折扣率、件单价、客单价、连带销售率、成交率、进店率等。其中营业额、坪效、销售毛利润已经在前文中讲过，本小节介绍其他销售 KPI。

**1. 销售折扣率**

销售折扣率（Mark Down，缩写为 MD%）也叫平均出货折扣、打折率、折扣率，是商品实际销售金额与吊牌金额之间的比值。

销售折扣率 = 销售金额 ÷ 吊牌金额

例 4-5：

某门店 2017 年 1 月份的销售金额是 200 万元，所售商品的吊牌金额是 220 万元，那么这个月门店的平均出货折扣是：

200÷220×100%=90.9%

销售折扣直接影响门店的毛利率，时尚买手要平衡门店的销售折扣率，让畅销的 SKU 以较高的出货折扣销售，同时降低滞销 SKU 的销售折扣以加速滞销 SKU 的清货速度，从而达到销售毛利率目标和库存目标。

**2. 件单价**

件单价（Average Unit Price，AUR）也叫平均件单价，是平均每件商品的销售单价。

> 件单价 = 销售额 ÷ 销售件数

例 4-6：

某门店 2017 年 1 月份的销售额是 200 万元，共销售了 2000 件商品，那么这个月的平均件单价是：

200 万 ÷ 2000=1000（元/件）

**提升件单价的"KPI 处方"**

在每一个品牌的商品组合中都存在相对的低单价和高单价商品，提升件单价并不是将门店的商品都换成高单价的商品，而是尽可能地卖出更多的高单价商品。让门店卖出更多高单价商品的方式可以是培训门店员工，让他们了解高单价商品的卖点和话术，也可以是将高单价商品作为门店主推商品，陈列在最显眼的位置，让消费者最先看到它们。

如何能提升件单价，可参考图 4-2 中的件单价"KPI 处方"。

**KPI 处方——件单价**

图 4-2　件单价的"KPI 处方"

**3. 客单价**

客单价也叫平均客单价，是平均每笔销售的销售金额。企业中常见的客单价的英文叫法有三种：第一种为 Average Dollar Per Transaction，简称 ADPT；第二种为 Average Transaction Price，简称 ATP；第三种为 Average Transaction Value，简称 ATV。

客单价 = 销售额 ÷ 销售笔数

件单价反映的是消费者对价格的喜好，客单价则反映消费者的购买力。

例 4-7：

某门店 2017 年 1 月份的销售额是 200 万元，共有 1500 笔销售，这个月的客单价是：

200 万 ÷ 1500=1333（元/笔）

### 4. 连带销售率

连带销售率也叫附加销售率、客单量（Unit Per Transaction，UPT），是指平均每位顾客一次购买的商品件数。

连带销售率 = 总销售件数 ÷ 总交易单数

连带销售率是影响客单价的重要指标。门店如果提升连带销售率，在件单价稳定的情况下，其客单价就会提升，同时营业额也会提升。

**提升客单量的"KPI 处方"**

提升客单量就是要提升搭配销售的笔数，除了平日加强对店员的销售意识的培训以外，应景的搭配陈列、明确的商品组合、与之呼应的促销活动，以及将促销商品置于收银机附近，以吸引结账区域顾客的注意力等，都是提高客单量的重要方式。图 4-3 为客单量的"KPI 处方"。

### 5. 成交率

成交率（Conversion Rate，CR%）是单位时间内达成交易的比率，即单位时间内的成交笔数除以单位时间内进店的人数。成交率也叫提袋率、转化率。

$$成交率 = 交易笔数 \div 进店人数$$

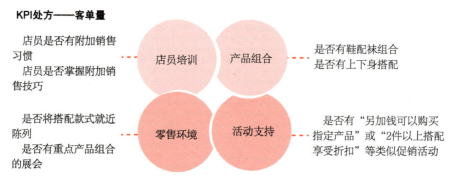

图 4-3　客单量的"KPI 处方"

众所周知,电子商务行业很容易统计到进店客流和成交率,传统门店要统计进店客流,过去只能依靠门店的销售人员站在门口一个一个地数,这不仅耗费人力,准确性也不高。近几年,科技的进步给零售业带来了变革,越来越多的服饰企业通过在门店安装客流计数器,获得每小时进店的客流数据。

当获得客流数据的方式越来越容易和精准后,对成交率的管理成为传统门店零售运营的重点项目之一。

**提升成交率的"KPI 处方"**

美国营销协会的研究表明,人关注某一种商品的时间通常为前 7 秒,在这 7 秒的时间内,有 70% 的人在决定购买商品时关键受到商品视觉表现力的影响。因此提升成交率的方式不再完全依赖于各种促销手段和门店的几个销售能手,改善陈列方式对提升成交率的作用已不容忽视。

门店工作人员除了要关注商品的陈列方式是否方便顾客接触以外,还要定期检查陈列的商品是否做到每一个尺码都在卖场中出样。如果某件商品有库存而没有在卖场中出样,当店内的客流很大,店员无暇顾及的时候，某位顾客看中一款服装想取一件自己的尺码去试穿，而正好这个尺码没有被陈列出来，那么这个顾客可能会一直等到有店员为他取货，也有可能直接走掉。如果这位顾客可以不用等待就直接拿到自己的尺码去试穿，那么这比没有完全出样时的成交概率提升了50%，这就是陈列细节帮助门店提升成交率的好处。

另一个影响成交率的因素是店员是否邀请顾客试穿，数据显示试穿之后的成交率更易提高。门店将干净整洁的试衣间作为一项服务提供给顾客，同时让店员鼓励顾客试穿选中的商品，在试穿的过程中询问顾客关于商品的合身和舒适状况并给予肯定及称赞，这是提高成交率最有效的方式。

综上所述，提升成交率的"KPI处方"如图4-4所示。

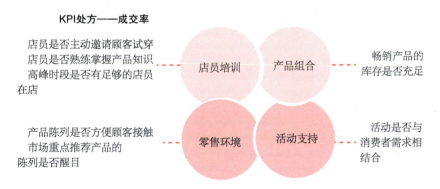

图4-4 成交率的"KPI处方"

### 6. 进店率

进店率（Traffic Rate）是指在每100个经过门店的客人中选择进入本店的顾客的比率。同样得益于科技的进步，有的客流计数器公司在统计进店客流的同时还可以统计路过门店的客流，根据它们提供的数据，我们就可以计算出门店的进店率。进店率和成交率都是对新店铺做销售预测及评估的重要KPI。

进店率 = 总进店人数 ÷ 总经过人数

### 提升客流和进店率的"KPI处方"

在新零售理念下门店不应再单一地依靠商场的广告与促销来提升客流和进店率,作为品牌的销售终端,每一家门店都应主动出击,通过在"人、货、场"三个方面下功夫来提升门店的进店率,从而提升客流。图4-5就是针对提升客流和进店率的"KPI处方"。

KPI处方——进店率

图4-5 进店率的"KPI处方"

### 7.零售恒等式

所谓零售恒等式,就是指在零售KPI中,存在几个KPI相乘与营业额相等的关系。

$$营业额 = 客流 \times 成交率 \times 件单价 \times 连带销售率$$

零售恒等式是门店管理的重要逻辑,它包含以下几个等式关系:

(1)营业额=成交笔数×客单价。

(2)成交笔数=客流×成交率。

(3)客单价=件单价×连带销售率。

门店可以通过提升零售恒等式中四个KPI的任何一个或几个来提升营业额。

同时,零售恒等式还提供了清晰的业绩分析思路。业绩机会点分析思维导图如图4-6所示。

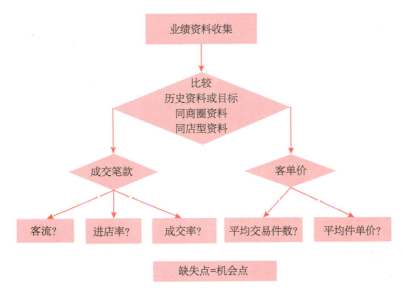

图 4-6　业绩机会点分析思维导图

## 三、库存 KPI

在库存报告中常用的 KPI 有库存周转率、周转天数、售罄率、存销比、库龄等。

**1. 库存周转率**

库存周转率(Turns)也叫库存周转次数，简称周转率或周转次数，是商品库存在一定时间内周转的次数。周转率直接反映企业或门店的存货周转速度，其引申作用是衡量企业购入存货、投入生产、销售回收等各个环节的管理状况。对门店来说，它是衡量销货能力、存货运营效率的 KPI。

$$周转率 = 销售额 \div 平均库存$$
$$平均库存 = (期初库存 + 期末库存) \div 2$$

周转率因使用的时间段不同，可分为年周转率和月周转率。

例 4-8：

某门店 2016 年全年的销售额是 2400 万元，年初库存额是 400 万元，年末库存额是 300 万元，那么这个门店的月周转率就是：

$$2400 \div [(400+300) \div 2] = 6.9$$

这意味着该门店的库存在 1 年内周转了 6.9 次。对企业来说，周转的次数越多，周转率越高，就说明企业的管理状况越良好。

## 2. 周转天数

周转天数就是库存商品周转一次所需要的天数。

$$周转天数 = 日均库存量 \div 日均销售量$$

为了更好地理解周转率和周转天数，下面举个例子。

例 4-9

商品 A 和商品 B 的库存 KPI 如表 4-9 所示。

表 4-9 两个商品的库存 KPI

| KPI | 商品 A | 商品 B |
| --- | --- | --- |
| 月销售额（元） | 300 000 | 200 000 |
| 日均库存额（元） | 100 000 | 50 000 |
| 周转率 | 3 | 4 |
| 周转天数（天） | 10 | 7.5 |

商品 A 的月周转率 =300 000÷100 000=3，这说明商品 A 在 1 个月内周转了 3 次。

商品 A 的周转天数 =100 000÷（300 000÷30）=10（天），这说明商品 A 周转 1 次需要 10 天。

连起来看就是，商品 A 平均周转 1 次需要 10 天，则它在 1 个月内可周转 3 次。

### 3. 售罄率

售罄率作为时尚买手的考核 KPI，在第二章中已有解释，这里延续第二章的内容，叙述时尚买手在采购阶段计划售罄率的技巧和在商品运营阶段管理售罄率的技巧。某时尚买手在采购阶段的售罄率计划表如表 4-10 所示。

表 4-10 采购阶段售罄率计划表

| 款式 | 款式分类 | 季度售罄率目标 | 预计售卖周数 | 平均每周售罄率目标 |
|---|---|---|---|---|
| 款式 1 | 橱窗 | 90% | 8 | 11% |
| 款式 2 | 橱窗 | 90% | 8 | 11% |
| 款式 3 | 橱窗 | 90% | 8 | 11% |
| 款式 4 | 时尚 | 70% | 15 | 5% |
| 款式 5 | 时尚 | 70% | 15 | 5% |
| 款式 6 | 时尚 | 70% | 15 | 5% |
| 款式 7 | 时尚 | 70% | 15 | 5% |
| 款式 8 | 时尚 | 70% | 15 | 5% |
| 款式 9 | 时尚 | 70% | 15 | 5% |
| 款式 10 | 基础 | 65% | 15 | 4% |
| 款式 11 | 基础 | 65% | 15 | 4% |
| 款式 12 | 基础 | 65% | 15 | 4% |
| 款式 13 | 基础 | 65% | 15 | 4% |
| 款式 14 | 基础 | 65% | 15 | 4% |
| 款式 15 | 基础 | 65% | 15 | 4% |
| 款式 16 | 基础 | 65% | 15 | 4% |
| 款式 17 | 基础 | 65% | 15 | 4% |
| 款式 18 | 基础 | 65% | 15 | 4% |
| 款式 19 | 基础 | 65% | 15 | 4% |
| 款式 20 | 基础 | 65% | 15 | 4% |

以表4-10为例我们可以了解时尚买手计划售罄率目标的技巧。

（1）并不是所有款式的售罄率目标都一样。橱窗款式的售罄率目标最高是因为橱窗款式的订单量最小。

（2）不同的款式预计售卖的周数不一样。基础款式在整个销售季都会售卖，是售卖周数最多的款式。

（3）并非售罄率越高的款式越畅销，款式的畅销与否还和时尚买手的采购量有关。

（4）基础款式的售罄率计划略低于时尚款式。基础款式是营业额的主要来源，计划较低的售罄率可以采购更多的数量，即使到季末需要打折清货，基础款式也是更多消费者需要的款式。

（5）计划售罄率目标要考虑平均每周的售罄率，并以此与过往实际销售数据进行对比，检查该季度售罄率的合理性（见表4-11）。

表4-11 每周售罄率追踪表

| 款式 | 款式分类 | 季度售罄率目标 | 平均每周售罄率目标 | 售罄率进度报告 | | | | | |
|---|---|---|---|---|---|---|---|---|---|
| | | | | 第一周 | | 第二周 | | 第三周 | |
| | | | | 实际完成 | 截至本周差异 | 实际完成 | 截至本周差异 | 实际完成 | 截至本周差异 |
| 款式1 | 橱窗 | 90% | 11% | 8% | -3% | 9% | -6% | 14% | -3% |
| 款式2 | 橱窗 | 90% | 11% | 8% | -3% | 8% | -7% | 12% | -6% |
| 款式3 | 橱窗 | 90% | 11% | 8% | -3% | 9% | -6% | 15% | -2% |
| 款式4 | 时尚 | 70% | 5% | 4% | -1% | 5% | 0% | 7% | 2% |
| 款式5 | 时尚 | 70% | 5% | 3% | -2% | 3% | -3% | 5% | -3% |
| 款式6 | 时尚 | 70% | 5% | 4% | -1% | 5% | 0% | 8% | 3% |
| 款式7 | 时尚 | 70% | 5% | 4% | -1% | 5% | 0% | 6% | 1% |
| 款式8 | 时尚 | 70% | 5% | 3% | -2% | 3% | -3% | 4% | -4% |
| 款式9 | 时尚 | 70% | 5% | 3% | -2% | 4% | -2% | 4% | -3% |
| 款式10 | 基础 | 65% | 4% | 3% | -1% | 4% | -2% | 6% | 0% |

(续)

| 款式 | 款式分类 | 季度售罄率目标 | 平均每周售罄率目标 | 售罄率进度报告 | | | | | |
|---|---|---|---|---|---|---|---|---|---|
| | | | | 第一周 | | 第二周 | | 第三周 | |
| | | | | 实际完成 | 截至本周差异 | 实际完成 | 截至本周差异 | 实际完成 | 截至本周差异 |
| 款式11 | 基础 | 65% | 4% | 3% | −1% | 3% | −3% | 5% | −2% |
| 款式12 | 基础 | 65% | 4% | 4% | 0% | 5% | 0% | 7% | 3% |
| 款式13 | 基础 | 65% | 4% | 3% | −1% | 4% | −2% | 6% | 0% |
| 款式14 | 基础 | 65% | 4% | 3% | −1% | 3% | −3% | 5% | −2% |
| 款式15 | 基础 | 65% | 4% | 4% | 0% | 4% | −1% | 6% | 1% |
| 款式16 | 基础 | 65% | 4% | 3% | −1% | 3% | −3% | 5% | −2% |
| 款式17 | 基础 | 65% | 4% | 2% | −2% | 3% | −4% | 5% | −3% |
| 款式18 | 基础 | 65% | 4% | 2% | −2% | 3% | −4% | 5% | −3% |
| 款式19 | 基础 | 65% | 4% | 2% | −2% | 3% | −4% | 6% | −2% |
| 款式20 | 基础 | 65% | 4% | 2% | −2% | 2% | −5% | 4% | −5% |

表4-11是时尚买手追踪每周售罄率的报告，通过这个报告，我们可以看到时尚买手追踪售罄率的技巧。

（1）追踪售罄率参考的是销售进度与买货计划的对比。

（2）如果实际售罄率高于计划，则说明该款式销售的趋势很好，有缺货的风险。如果可以翻单、补现货，则买手需要安排翻单或者补货。

（3）如果实际售罄率低于计划太多，则说明该款式不及销售预期，有可能会成为滞销款。时尚买手应及时提醒销售人员关注，同时计划该款式的促销方案，以加快销售进度。

（4）售罄率追踪要连续和累计，不要单独看某一周的追踪。

**4. 存销比**

顾名思义，库存和销售的比值即为存销比，也叫库销比。存销比是用于衡量现有库存还可以支持多长时间的销售的KPI。

存销比 = 库存 ÷ 销售

存销比既可以是数量的比值,也可以是金额的比值。国内多数企业用的是数量的比值,而美国公司常用的是金额的比值。

在实际应用中,最常见的存销比是周存销比和月存销比。

(1)周存销比(Week on Hand,WOH),意为现有库存可供销售的周数。

周存销比 = 库存件数 ÷ 平均每周销售的件数

(2)月存销比(Month of Sales,MOS),意为现有库存可供销售的月数。

月存销比 = 库存件数 ÷ 平均每月销售的件数

WOH是衡量门店当前的存货健康水平的重要指标,时尚买手在做补货决策时常参考这个指标。对于一家门店来说,WOH过高说明这家门店积压了库存,而WOH过低则存在缺货的风险。不同级别的门店对WOH值的要求不同,流转快的门店的WOH值可以略低于所有门店的平均值,同时这种门店需要比其他门店更多的补货频次,才能保证门店的供货充足。对于中型门店来说,其WOH值更接近平均值,小型门店的WOH值略高于平均值,因为小型门店的销货速度更慢。

MOS是衡量企业的库存健康状况的重要指标,当整体的MOS过高或者超过买货计划时,说明存在库存过剩的风险,需要找到原因和方式让商品消化的速度加快,当MOS过低时则说明存在缺货的风险,需要做出补货的决策。

**5.库龄**

库龄是库存商品已存放的时间周期。它也是时尚买手需要关注的一个KPI,因为时尚商品有随时间贬值的特性,时尚商品的库龄越大,它的价值就越低。

企业通常使用天作为库龄单位。耐克公司在对其代理商的促销管理中规定：库龄在 60 天以内的商品不可以打折，库龄超过 60 天的商品可以打 9 折，库龄超过 90 天的商品可以打 8 折。

## 第三节　时尚买手常用报告

前文提到时尚买手被称为时尚圈的"表哥、表姐"，这不是说他们的辈分，而是形容他们的工作时时刻刻都在和报表打交道，男性时尚买手叫"表哥"，女性时尚买手叫"表姐"。有时尚买手号称"能用数据说清楚的话，绝不用文字；能用 Excel 表达的，绝不用 Word"，这也是时尚买手的一种"境界"。

时尚买手的工作离不开报告，这一节就将按照时尚买手的工作需要介绍几种时尚买手常用的报告。

### 一、采购报告

采购报告是时尚买手在进行商品采购的过程中使用的报告。采购报告有两种：支持采购逻辑的销售分析报告和采购订单分析报告。

表 4-12 为某门店 2017 年的春季销售分析报告。

对于表 4-12 中的内容应注意两点：

（1）合计部分的 SKU 数并非 1~3 月的 SKU 数值相加而来，而应该计算 1~3 月内累计销售的 SKU 数，因为每个月都有大量相同的 SKU 在销售。

（2）最后一行"汇总"的"金额占比"计算当月销售金额占第一季度总销售金额的占比，因此 1 月、2 月、3 月的占比分别是 34%、39%、27%。如果仅是 1 月的汇总占比，则应为 100%，即为 1 月的服装、鞋和配件的销售金额占比之和。

该门店 2018 年春季采购计划报告如表 4-13 所示。

表 4-12 某门店 2017 年的春季销售分析报告（用于 2018 年春季采购计划）

| 大类 | 商品分类 小类 | 2017年春季销售 1月 数量（件） | 金额（元） | SKU数 | 折扣率 | 金额占比 | 2月 数量（件） | 金额（元） | SKU数 | 折扣率 | 金额占比 | 3月 数量（件） | 金额（元） | SKU数 | 折扣率 | 金额占比 | 合计 数量（元） | 金额（元） | SKU数 | 折扣率 | 金额占比 |
|---|---|---|---|---|---|---|---|---|---|---|---|---|---|---|---|---|---|---|---|---|---|
| 服装 | 羽绒服 | 1 420 | 692 437 | 85 | 65% | 55% | 1 696 | 778 811 | 83 | 58% | 41% | 70 | 22 520 | 73 | 50% | 2% | 3 186 | 1 493 768 | 101 | 80% | 34% |
| 服装 | 长裤 | 1 022 | 173 519 | 50 | 67% | 14% | 2 324 | 377 875 | 55 | 64% | 20% | 3 189 | 473 058 | 46 | 66% | 39% | 6 535 | 1 024 452 | 63 | 66% | 24% |
| 服装 | 套头衫 | 596 | 101 924 | 25 | 69% | 8% | 1 318 | 230 344 | 29 | 67% | 12% | 1 158 | 183 126 | 25 | 61% | 15% | 3 072 | 515 394 | 28 | 79% | 12% |
| 服装 | 针织上衣 | 433 | 111 816 | 23 | 64% | 9% | 1 182 | 318 371 | 21 | 65% | 17% | 1 497 | 338 082 | 21 | 64% | 28% | 3 112 | 768 269 | 30 | 75% | 18% |
| 服装 | 梭织薄外套 | 637 | 179 201 | 15 | 69% | 14% | 697 | 172 262 | 12 | 64% | 9% | 859 | 189 773 | 10 | 62% | 16% | 2 193 | 541 236 | 20 | 78% | 12% |
| 服装 | 服装汇总 | 4 108 | 1 258 897 | 198 | 66% | 56% | 7 217 | 1 877 663 | 200 | 62% | 71% | 6 773 | 1 206 559 | 175 | 64% | 67% | 18 098 | 4 343 119 | 242 | 75% | 66% |
| 鞋 | 跑鞋 | 2 819 | 734 060 | 56 | 64% | 77% | 2 218 | 566 834 | 50 | 63% | 78% | 1 548 | 397 853 | 45 | 65% | 70% | 6 585 | 1 698 747 | 62 | 64% | 78% |
| 鞋 | 板鞋 | 1 142 | 224 685 | 25 | 67% | 23% | 803 | 155 877 | 21 | 67% | 22% | 856 | 168 440 | 20 | 68% | 30% | 2 801 | 549 002 | 32 | 67% | 22% |
| 鞋 | 鞋汇总 | 3 961 | 958 745 | 81 | 65% | 42% | 3 021 | 722 711 | 71 | 64% | 27% | 2 404 | 566 293 | 65 | 66% | 31% | 9 386 | 2 247 749 | 94 | 65% | 32% |
| 配件 | 包类 | 271 | 46 631 | 18 | 69% | | 179 | 28 875 | 15 | 67% | 100% | 197 | 26 264 | 12 | 64% | 100% | 647 | 101 770 | 28 | 67% | 100% |
| 配件 | 配件汇总 | 271 | 46 631 | 18 | 69% | 2% | 179 | 28 875 | 15 | 67% | 1% | 197 | 26 264 | 12 | 64% | 1% | 647 | 101 770 | 28 | 67% | 2% |
| | 汇总 | 8 340 | 2 264 273 | 297 | 66% | 34% | 10 417 | 2 629 249 | 286 | 62% | 39% | 9 374 | 1 799 116 | 252 | 64% | 27% | 28 131 | 6 692 638 | 364 | 71% | 100% |

表 4-13 门店 2018 年春季采购计划报告（价格带）

2018 年春季采购计划

| 大类 | 价格带 | 1月 | | | | 2月 | | | | 3月 | | | | 合计 | | | |
|---|---|---|---|---|---|---|---|---|---|---|---|---|---|---|---|---|---|
| | | SKU数 | 平均深度 | 采购成本金额（元） | 采购金额占比 | SKU数 | 平均深度 | 采购成本金额（元） | 采购金额占比 | SKU数 | 平均深度 | 采购成本金额（元） | 采购金额占比 | SKU数 | 平均深度 | 采购成本金额（元） | 采购金额占比 |
| 服装 | <200 | 35 | 50 | 94 500 | 8% | 25 | 40 | 54 000 | 8% | 10 | 30 | 16 200 | 8% | 70 | 44 | 164 700 | 8% |
| | 200~300 | 100 | 60 | 504 000 | 45% | 78 | 50 | 327 600 | 47% | 30 | 40 | 100 800 | 48% | 208 | 53 | 932 400 | 46% |
| | 400~500 | 33 | 50 | 222 750 | 20% | 22 | 40 | 118 800 | 17% | 10 | 30 | 40 500 | 19% | 65 | 44 | 382 050 | 19% |
| | 500~600 | 23 | 40 | 151 800 | 13% | 15 | 35 | 86 625 | 12% | 5 | 25 | 20 625 | 10% | 43 | 37 | 259 050 | 13% |
| | >600 | 38 | 20 | 155 040 | 14% | 28 | 20 | 114 240 | 16% | 10 | 15 | 30 600 | 15% | 76 | 19 | 299 880 | 15% |
| 服装汇总 | | 229 | 48 | 1 128 090 | 33% | 168 | 41 | 701 265 | 35% | 65 | 32 | 208 725 | 32% | 462 | 43 | 2 038 080 | 33% |
| 鞋 | 200~300 | 60 | 100 | 504 000 | 45% | 40 | 80 | 268 800 | 38% | 15 | 50 | 63 000 | 26% | 115 | 87 | 835 800 | 41% |
| | 300~400 | 100 | 80 | 912 000 | 81% | 80 | 60 | 547 200 | 78% | 30 | 40 | 136 800 | 56% | 210 | 67 | 1 596 000 | 78% |
| | 400~500 | 25 | 40 | 144 000 | 13% | 15 | 30 | 64 800 | 9% | 10 | 30 | 43 200 | 18% | 50 | 35 | 252 000 | 12% |
| 鞋汇总 | | 185 | 81 | 1 560 000 | 45% | 135 | 63 | 880 800 | 44% | 55 | 27 | 243 000 | 38% | 375 | 69 | 2 683 800 | 44% |
| 配件 | <200 | 40 | 120 | 259 200 | 23% | 30 | 100 | 162 000 | 23% | 20 | 80 | 86 400 | 45% | 90 | 104 | 507 600 | 25% |
| | 200~300 | 40 | 100 | 336 000 | 30% | 20 | 80 | 134 400 | 19% | 10 | 60 | 50 400 | 26% | 70 | 89 | 520 800 | 26% |
| | 300~400 | 20 | 80 | 182 400 | 16% | 20 | 60 | 136 800 | 20% | 10 | 50 | 57 000 | 29% | 50 | 66 | 376 200 | 18% |
| 配件汇总 | | 100 | 104 | 777 600 | 22% | 70 | 83 | 433 200 | 21% | 40 | 190 | 193 800 | 30% | 210 | 90 | 1 404 600 | 23% |
| 汇总 | | 514 | 71 | 3 465 690 | 57% | 373 | 57 | 2 015 265 | 33% | 160 | 75 | 645 525 | 10% | 1 047 | 62 | 6 126 480 | 100% |

## 二、销售报告

时尚买手在管理商品销售的过程中使用的报告最多,下面列举几种常用的销售报告。

### 1. SKU 存销报告

SKU 存销报告是销售报告中最简单的一种报告,直接反映每个 SKU 在每家门店的销售和库存情况。虽然 SKU 存销报告简单,但它却是时尚买手用得最多的报告之一。时尚买手通过 SKU 存销报告,时时掌控商品、门店的销售情况,越细节越好。SKU 存销报告不需要做额外加工,直接列出各 KPI 数据即可(见表 4-14)。

### 2. 销售回顾报告

销售回顾报告用于指导日常经营工作,是相对复杂的销售报告。时尚买手应根据需要做不同维度的销售回顾报告。表 4-15 为一个 SKU 销售回顾报告。

表 4-15 是一个信息比较全的 SKU 销售回顾报告,它的优点如下:

(1)全面、详细,通过这个报告时尚买手可以清楚地知道每一个 SKU 的来龙去脉,包含价格、进货、销售、库存等多个维度。

(2)虽然列出的是每个 SKU 的明细,但同时做了汇总,所有的数据都按照同一个类别进行汇总。

(3)实用性高,这个报告中反复出现有关成本的数据,成本是时尚买手最关心的指标,报告中所体现的成本的进销存非常实用。

(4)高效性,最近 8 周的销售明细可以让时尚买手清楚地知道每个 SKU 的销售趋势,大大提高时尚买手对这些 SKU 的判断效率。如果没有列出最近 8 周的销售数据,时尚买手查询的是一个季度的报告,那么时尚买手只能知道在这一个季度内每个 SKU 的销售表现结果。如果某一个 SKU 在某一天销售了一笔团购订单,而时尚买手没有通过 8 周销售明细看到这个异常的数字,就很有可能误以为这是一个非常畅销的 SKU,而不

**库存：2017-07-08  销售 2017-07-02~2017-07-08**

**表 4-14  SKU 周存销报告**

| SKU号 | 店铺编号 | A115 | | A122 | | A123 | | A126 | | A129 | | A130 | | 合计 | | 店在途库存 | 仓实存 |
|---|---|---|---|---|---|---|---|---|---|---|---|---|---|---|---|---|---|
| | 颜色 | 销售 | 库存 | 销售 | 库存 | 销售 | 库存 | 销售 | 库存 | 销售 | 库存 | 销售 | 库存 | 销售 | 库存 | | |
| 71031107 | 61A | | 8 | | | | | | | | | | | 2 | 8 | 4 | 221 |
| 71031108 | 60 | 2 | 16 | | | | 11 | | | | | | | 2 | 27 | 2 | 60 |
| 71051150 | 07 | | 10 | 1 | 8 | 1 | 9 | 1 | 8 | | | | | 1 | 12 | | 9 |
| 71051151 | 61A | | 5 | 1 | 7 | | | | | | | | | 1 | 1 | | 8 |
| 71051152 | 60 | 1 | 1 | | | | | | | | | | | 3 | 8 | | 4 |
| 71051152 | 07 | | | | | | | 3 | 8 | | | | | 3 | 8 | | 4 |
| 71051152 | 08 | 2 | 4 | | | 3 | | | | | | | 3 | 5 | 7 | | 15 |
| Subtotal | | | | | | | | | | | | | | | | | |
| Blazer, 西装 | 款数 | 2 | 5 | 1 | | 2 | 2 | 2 | 2 | | | | 1 | 5 | 5 | 2 | 5 |
| | SKU数 | 3 | 6 | 1 | | 2 | 2 | 2 | 2 | 5 | | | 1 | 7 | 7 | 2 | 7 |
| 71021202 | 99 | | 6 | | | | | | | | | | | 6 | 6 | | 203 |
| 71021206 | 59 | 1 | | | | | | | | | 4 | 3 | 5 | 4 | 17 | | 159 |
| 71031201 | 03 | | 5 | | | 4 | 6 | | | | | 1 | | 12 | | | 8 |
| 71031203 | 15 | | 5 | 1 | 7 | | | | | | | | 5 | 7 | | | 261 |
| 71031204 | 55A | 2 | 4 | | | 3 | | 3 | 8 | | | 3 | | 8 | | | 3 |
| 71031205 | 14 | | | | | | | | | | | | | | | | |
| 71031205 | 66 | | | | | | | | | | | | | | | | 35 |

（续）

| SKU号 | 店铺编号 | 颜色 | A116 销售 | A116 库存 | A122 销售 | A122 库存 | A123 销售 | A123 库存 | A126 销售 | A126 库存 | A129 销售 | A129 库存 | A130 销售 | A130 库存 | 合计 销售 | 合计 库存 | 店在途库存 | 仓实存 |
|---|---|---|---|---|---|---|---|---|---|---|---|---|---|---|---|---|---|---|
| Jacket,夹克 | Subtotal | 款数 |  |  |  |  |  |  |  |  |  |  |  |  |  |  |  |  |
|  |  | SKU数 | 2 | 3 | 1 | 2 | 2 | 1 | 1 | 1 | 1 | 1 | 2 | 2 | 7 | 7 |  | 6 |
|  |  |  | 2 | 3 | 1 | 2 | 2 | 1 | 1 | 1 | 1 | 1 | 2 | 2 | 7 | 7 |  | 6 |
| 71031312 | 04B |  | 1 | 12 |  | 4 |  |  |  |  |  |  |  | 3 |  | 21 | 3 | 35 |
| 71031313 | 12B |  | 1 | 1 |  |  |  |  |  |  |  |  |  |  | 1 | 1 |  |  |
| 71031314 | 54B |  |  |  |  |  |  |  |  |  |  |  |  |  |  |  | 9 | 237 |
| 71031314 | 99 |  |  |  |  |  |  |  |  |  |  |  |  |  |  |  |  |  |
| 71031316 | 23B |  | 2 | 15 |  | 11 |  |  |  |  |  |  |  | 4 | 2 | 30 | 21 | 30 |
| Shirt/long | Subtotal | 款数 | 2 | 3 |  | 2 |  |  |  |  |  | 1 |  | 2 | 2 | 5 | 3 | 3 |
|  |  | SKU数 | 2 | 3 |  | 2 |  |  |  |  |  | 1 |  | 2 | 2 | 5 | 3 | 3 |
| 71051570 | 12 |  | 1 | 13 |  | 7 |  | 7 | 3 | 5 |  |  |  |  | 6 | 32 | 25 | 2 |
| 71051570 | 17 |  |  |  |  |  |  |  |  |  |  |  |  |  |  |  |  |  |
| 71051570 | 99 |  | 3 | 7 |  |  | 1 | 2 | 3 | 4 |  |  |  |  | 4 | 13 | 11 | 1 |
| 71061560 | 14 |  | 10 | 18 | 1 | 8 | 1 | 10 | 3 | 11 |  | 5 | 3 |  | 15 | 55 | 3 | 5 |

# 第四章 · 数据分析及报告

| | | | | | | | | | | | | | | | | |
|---|---|---|---|---|---|---|---|---|---|---|---|---|---|---|---|---|
| 71061561 | 12 | 10 | 14 | 10 | 1 | 8 | 2 | 10 | | | | | 13 | 42 | | |
| 71061561 | 64 | | | | | | | | | | | | | | | |
| 71061571 | 17A | 2 | 18 | 10 | 1 | 10 | 2 | 11 | 1 | 8 | 2 | 4 | 8 | 61 | 3 | 25 |
| 71061572 | 68A | 14 | 10 | 5 | 6 | | 3 | 7 | 1 | 7 | 1 | 2 | 24 | 32 | 20 | |
| Pants, 裤子 Subtotal | 款数 | 4 | 4 | 2 | 5 | 4 | 4 | 5 | 5 | 2 | 3 | 2 | 3 | 7 | 7 | 4 | 3 |
| | SKU 数 | 6 | 6 | 2 | 5 | 5 | 5 | 6 | 2 | 3 | 2 | 3 | 8 | 8 | 5 | 4 |
| 71021703 | 22 | | | | | | | | | | | | | | | 75 |
| 71031704 | 72C | | 17 | 9 | | | | | 2 | 3 | 4 | 2 | | 33 | 6 | 199 |
| 71031706 | 73B | | | 2 | | | 2 | | | | | | | 13 | 8 | 141 |
| 71031708 | 70C | | 11 | 2 | | | | | | | | | | | 3 | 48 |
| T-shirt, T恤 Subtotal | 款数 | | 2 | | 2 | | 1 | 1 | 1 | | 1 | 4 | 4 | 3 | 4 |
| | SKU 数 | | 2 | | 2 | | 1 | 1 | 1 | | 1 | 4 | 4 | 3 | 4 |

日期：2017-03-26～2017-07-08

表 4-15 SKU 销售回顾报告

| SKU号 | 吊牌单价（元） | 实际售价（元） | 采购成本（元） | 毛利率 | 采购数 | wk1 05/14 05/20 | wk2 05/21 05/27 | wk3 05/28 06/03 | wk4 06/04 06/10 | wk5 06/11 06/17 | wk6 06/18 06/24 | wk7 06/25 07/01 | wk8 07/02 07/08 | 合计数量 | 合计成本（元） | 售罄率（%） | 销售周数 | 平均每周销售数量 | 库存 | 库存成本（元） | 周转周数 |
|---|---|---|---|---|---|---|---|---|---|---|---|---|---|---|---|---|---|---|---|---|---|
| 71021103 | 699 | 559 | 140 | 80% | 457 | | 2 | 2 | 1 | | 1 | 1 | | 243 | 34 020 | 53 | 14 | 17 | 214 | 29 960 | 19 |
| 71021106 | 699 | 629 | 140 | 80% | 264 | 2 | 1 | 1 | 1 | | 1 | 2 | | 229 | 32 060 | 86.7 | 15 | 15 | 35 | 4 900 | 3 |
| 71031101 | 769 | 615 | 154 | 80% | 206 | | | | | | 1 | | | 84 | 12 936 | 40.8 | 14 | 6 | 122 | 18 788 | 30 |
| 71031102 | 599 | 509 | 120 | 80% | 547 | 3 | 4 | | 1 | | | 2 | | 430 | 51 600 | 78.6 | 15 | 29 | 117 | 14 040 | 5 |
| 71031105 | 699 | 587 | 140 | 80% | 381 | | 2 | | 2 | | 1 | | | 165 | 23 100 | 43.3 | 14 | 12 | 216 | 30 240 | 30 |
| 71031107 | 599 | 479 | 120 | 80% | 408 | 1 | 1 | 5 | 1 | | | | | 115 | 13 800 | 28.2 | 15 | 8 | 293 | 35 160 | 48 |
| 71031108 | 599 | 497 | 120 | 80% | 336 | 2 | 4 | 6 | 4 | 3 | 4 | 1 | 2 | 214 | 25 680 | 63.7 | 15 | 14 | 122 | 14 640 | 12 |
| 71051150 | 569 | 455 | 114 | 80% | 289 | 4 | 11 | 14 | 16 | 9 | 6 | 6 | 10 | 79 | 9 006 | 27.3 | 15 | 5 | 210 | 23 940 | 26 |
| Blazer，西装 | | | | | | | | | | | | | | | | | | | | | |
| 71021202 | 599 | 479 | 120 | 80% | 291 | | | | 1 | 1 | 1 | 5 | 1 | 53 | 6 349 | 18 | 12 | 4 | 238 | 28 512 | 47 |
| 71021206 | 499 | 424 | 100 | 80% | 100 | | | 1 | 5 | 1 | 4 | 6 | 1 | 43 | 4 291 | 43 | 13 | 3 | 57 | 5 689 | 35 |
| 71031201 | 599 | 503 | 120 | 80% | 306 | 1 | | 4 | 6 | 4 | 3 | 2 | | 119 | 14 256 | 39 | 15 | 8 | 187 | 22 403 | 37 |
| 71031203 | 599 | 479 | 120 | 80% | 80 | | 1 | | 1 | 1 | 5 | 1 | | 54 | 6 469 | 68 | 11 | 5 | 26 | 3 115 | 12 |
| 71031204 | 699 | 594 | 140 | 80% | 348 | | 1 | 5 | 1 | | 6 | 4 | 3 | 45 | 6 291 | 13 | 14 | 3 | 303 | 42 359 | 151 |
| 71031205 | 599 | 503 | 120 | 80% | 69 | | 4 | 6 | 4 | 3 | | | | 20 | 2 396 | 29 | 14 | 1 | 49 | 5 870 | 24 |
| Jacket，夹克 | | | | | | | | | | | | | | | | | | | | | |

会深入调查这个 SKU 销售背后的故事，就会发生前面说到的数据会骗人的案例。

**3. 畅销款报告**

畅销款报告是销售报告中必不可少的一类报告，时尚买手常用的畅销款报告由四个维度组成，即商品销售时间段、商品销售区域、商品类别、销售排名。比如，"2018 年 1 月份华东区鞋类销售前 10 报告"和"2018 年春季北京市所有品类商品销售前 20 报告"都是畅销款报告。畅销款报告既可以按照销售件数排序，也可以按照销售金额排序，并且根据选取报告的时间段的不同，畅销款报告可分为日报告、周报告、月报告、季度报告等。

畅销款报告分析的是单个 SKU 的销售表现，除了常规反映这些 SKU 的进货、销售、库存状态外，时尚买手还可根据需要做进一步的分析：

（1）进销偏差分析，将进货金额所占比例与销售金额所占比例进行对比，如果出现偏差，就称之为进销偏差。比如，某个 SKU 进货占整体采购的 10%，销售仅占整体的 5%，则进销偏差为 10%-5%=5%。时尚买手应分析造成 5% 的进销偏差的真实原因，并及时进行跟进和解决。

（2）尺码分析，包含畅销款各个尺码的销售占比分析，以及畅销尺码的进销存分析等。

表 4-16 为某品牌 2018 年第 10 周全国销售前 10 的 SKU 报告。

**4. 门店销售报告**

门店销售报告用于了解门店的销售情况，包含门店销售排行报告和门店销售报告等。表 4-17 为一个门店销售排行报告，表 4-18 为一个门店销售报告。

时尚买手常用的销售报告没有固定的模板，也不会有谁好谁坏之分，最好的销售报告就是适合时尚买手服务的企业的销售报告。因为，每个企业在不同的发展阶段需要看的报表不一样，每个企业对数据系统的投入、获得数据的难易程度和准确度也不一样。

表 4-16 某品牌 2018 年第 10 周全国销售前 10 的 SKU 报告

金额单位：元

| 排名 | SKU 号 | 款名 | 销售量 | 销售收入 | 销售毛利 | 销售成本 | 销售吊牌金额 | 折扣 | 吊牌单价 | 现价 | 平均销售单价 | 毛利率 | 销售店数 | 在店数 | 库存 | 周转周数 |
|---|---|---|---|---|---|---|---|---|---|---|---|---|---|---|---|
| 1 | 72112265 | 斜拉链帅气款大衣 | 147 | 154 085 | 249 753 | 49 951 | 249 753 | 62% | 1 699 | 1 274 | 1 048 | 68% | 29 | 35 | 735 | 5 |
| 2 | 72112255 | 松紧收腰中长 | 190 | 131 138 | 227 810 | 45 562 | 227 810 | 58% | 1 199 | 899 | 690 | 65% | 26 | 31 | 1 140 | 6 |
| 3 | 72112259 | 米白亮面料 | 198 | 126 086 | 217 602 | 43 520 | 217 602 | 58% | 1 099 | 824 | 637 | 65% | 30 | 36 | 2 178 | 11 |
| 4 | 72092916 | 大 V 领金葱 | 399 | 51 631 | 107 331 | 21 466 | 107 331 | 48% | 269 | 202 | 129 | 58% | 31 | 37 | 1 596 | 4 |
| 5 | 72112257 | 黑灰色面包领 | 95 | 51 481 | 85 405 | 17 081 | 85 405 | 60% | 899 | 674 | 542 | 67% | 20 | 24 | 950 | 10 |
| 6 | 72112267 | 双排扣基本款 | 99 | 50 807 | 89 001 | 17 800 | 89 001 | 57% | 899 | 674 | 513 | 65% | 22 | 26 | 693 | 7 |
| 7 | 72112072 | 咖啡连帽长款 | 66 | 46 999 | 85 734 | 17 147 | 85 734 | 55% | 1 299 | 974 | 712 | 64% | 17 | 20 | 792 | 12 |
| 8 | 72102122 | 带毛领短夹克 | 96 | 42 922 | 67 104 | 13 421 | 67 104 | 64% | 699 | 524 | 447 | 69% | 13 | 16 | 1 248 | 13 |
| 9 | 72112027 | 灯芯绒一粒扣 | 127 | 41 478 | 76 073 | 15 215 | 76 073 | 55% | 599 | 449 | 327 | 63% | 26 | 31 | 889 | 7 |
| 10 | 72112577 | 弹力平绒迷你 | 223 | 39 315 | 66 677 | 13 335 | 66 677 | 59% | 299 | 224 | 176 | 66% | 29 | 35 | 2 007 | 9 |
| TOP10SKU 合计 | | | 1 640 | 735 942 | | | 1 272 490 | | | | | | | | | |
| 所有 SKU 合计 | | | 5 467 | 2 102 689 | | | | | | | | | | | | |
| TOP10SKU 占所有 SKU 占比 | | | 30% | 35% | | | | | | | | | | | | |

表 4-17 门店销售排行报告

日期：2018-04-29~2018-05-05

| 排名 | 店铺编号 | 店名 | 销售量（件） | 销售收入（元） | 销售均价（元/件） | 销售周数 | 店铺库存（件） | 库存金额（元） |
|---|---|---|---|---|---|---|---|---|
| 1 | K211 | 广西柳州梦之岛百货 | 12 601 | 2 203 059 | 175 | 1 | 29 235 | 7 500 719 |
| 2 | K212 | 广西柳州梦之岛百货 | 11 581 | 1 707 115 | 147 | 1 | 13 639 | 2 771 549 |
| 3 | K216 | 海南省海口市东方广场 | 7 372 | 1 282 567 | 174 | 1 | 11 649 | 2 239 263 |
| 4 | K218 | 福建省晋江 SM 城市广场 | 4 711 | 1 093 259 | 232 | 1 | 12 795 | 3 000 198 |
| 5 | K220 | 海南省海口东方广场 | 4 440 | 769 387 | 173 | 1 | 13 609 | 3 327 834 |
| 6 | K221 | 广西柳州市五星商厦 | 3 193 | 746 221 | 234 | 1 | 7 993 | 2 054 095 |
| 7 | K222 | 福建省厦门世贸巴黎春天 | 4 414 | 680 470 | 154 | 1 | 13 422 | 1 914 800 |
| 8 | K223 | 广西南宁梦之岛水晶城 | 2 754 | 636 706 | 231 | 1 | 8 792 | 2 070 303 |
| 9 | K225 | 海南省海口天茂名店 | 2 687 | 585 360 | 218 | 1 | 11 795 | 2 837 208 |
| 10 | K226 | 广西南宁梦之岛水晶城店 | 2 731 | 422 368 | 155 | 1 | 11 328 | 2 627 545 |
| | 合计 | | 56 484 | 10 126 512 | | | | |
| | 所有门店合计 | | | 33 755 040 | | | | |

表 4-18 门店销售报告（单店）

店铺名称：北京蓝色港湾店　　　　　　　　　　　　　　　　　　　　　　　金额单位：元

| 类别 | | SKU数 | 本周销售统计 | | | 月至今销售统计 | | | | 季至今销售统计 | | | |
|---|---|---|---|---|---|---|---|---|---|---|---|---|---|
| | | | 数量 | 金额 | 金额占比 | SKU数 | 数量 | 金额 | 金额占比 | 数量 | 平均深度 | 金额 | 金额占比 |
| 服装 | 衬衫 | 32 | 768 | 170 496 | 19% | 54 | 2 304 | 511 488 | 19% | 63 | 7 142 | 1 585 613 | 20% |
| | T恤 | 54 | 1 728 | 342 144 | 38% | 67 | 5 184 | 1 026 432 | 38% | 71 | 15 034 | 2 976 653 | 37% |
| | 针织衫 | 18 | 414 | 105 156 | 12% | 24 | 1 242 | 315 468 | 12% | 27 | 4 099 | 1 041 044 | 13% |
| | 夹克 | 12 | 264 | 105 072 | 12% | 22 | 792 | 315 216 | 12% | 26 | 2 772 | 1 103 256 | 14% |
| | 长裤 | 24 | 768 | 188 160 | 21% | 34 | 2 304 | 564 480 | 21% | 41 | 5 530 | 1 354 752 | 17% |
| | 合计 | 140 | 3 942 | 911 028 | 37% | 201 | 11 826 | 2 733 084 | 37% | 228 | 34 576 | 8 061 318 | 43% |
| 鞋 | 商务鞋 | 56 | 1 288 | 573 160 | 39% | 66 | 3 864 | 1 719 480 | 39% | 73 | 9 660 | 4 298 700 | 42% |
| | 休闲鞋 | 78 | 2 652 | 914 940 | 61% | 87 | 7 956 | 2 744 820 | 61% | 92 | 17 503 | 6 038 604 | 58% |
| | 合计 | 134 | 3 940 | 1 488 100 | 61% | 153 | 11 820 | 4 464 300 | 61% | 165 | 27 163 | 10 337 304 | 55% |
| 配件 | 包类 | 13 | 169 | 26 026 | 62% | 14 | 507 | 78 078 | 62% | 22 | 1 521 | 234 234 | 62% |
| | 帽子 | 9 | 207 | 16 146 | 38% | 12 | 621 | 48 438 | 38% | 28 | 1 863 | 145 314 | 38% |
| | 合计 | 22 | 376 | 42 172 | 2% | 26 | 1 128 | 126 516 | 2% | 50 | 3 384 | 379 548 | 2% |
| 合计 | | 296 | 8 258 | 2 441 300 | 100% | 380 | 24 774 | 7 323 900 | 100% | 443 | 65 123 | 18 778 170 | 100% |

### 三、库存报告

常用的库存报告包含到货报告和库存报告。

对于到货报告我们可以根据需要按不同维度进行分析，表4-19是价格带维度，日常使用的维度还有时间维度、供应商维度等。

库存前十的SKU报告可以帮助时尚买手实时地了解这些SKU的销售进度，以及积压的库存数量、金额和现有库存可销售多长时间等。时尚买手还可以通过看这些SKU在最近8周内的销售趋势来预判这些SKU未来的销售情况，从而决定是否要做促销等。表4-20为一个销售前十报告。

## 第四节　一张图搞定数据分析思路

在数据分析方面，常常困扰时尚买手的问题是：

（1）可用的KPI和分析维度太多，很难准确找到方向。

（2）不知道如何使KPI在发现问题和解决问题上的应用系统化，以至于经常扮演的是"救火队员"的角色。

本节内容针对这两个问题一一提供解决方案，希望读者灵活运用本节提供的思路和体系，不断挖掘自己在数据分析上的潜力和技巧。

众所周知，做数据分析报告是一件很"烧脑"的事情，令很多时尚买手和销售人员最犯愁的是问题太开放，不好找方向。

如果老板说"最近生意下降得厉害，你们分析分析，给我个报告"，当接到这样的"命题作文"，有的时尚买手和销售人员的第一反应是垂头丧气，然后回去按照日常的几个"套路"开始分析。但"套路"用多了，就有不好使的时候，他们需要另辟蹊径，寻找新的分析方向。他们面对大量的数据一筹莫展的样子，就像在浩瀚无边的大海上的一叶孤舟，不辨方向、不知去向。

表 4-19 到货报告

金额单位：元

| 价格带 | 金额/SKU数 | 服装 | | | | | 鞋 | | | 配件 | | 服鞋配 | |
|---|---|---|---|---|---|---|---|---|---|---|---|---|---|
| | | 西装 | 衬衣 | 夹克 | 长裤 | 短裙 | T恤 | 商务 | 休闲 | 运动 | 包 | 帽子 | 金额 | SKU数 |
| 500元以上 | 金额 | 13 188 | 20 366 | 7 992 | 9 786 | 2 796 | 11 477 | 12 784 | 18 873 | 13 777 | 2 849 | 995 | 114 883 | 177 |
| | SKU数 | 12 | 34 | 8 | 14 | 4 | 23 | 16 | 27 | 23 | 11 | 5 | | |
| 400~499元 | 金额 | 17 584 | 26 356 | 9 990 | 12 582 | 3 495 | 14 970 | 16 779 | 24 465 | 17 970 | 3 626 | 1 393 | 149 210 | 230 |
| | SKU数 | 16 | 44 | 10 | 18 | 5 | 30 | 21 | 35 | 30 | 14 | 7 | | |
| 300~399元 | 金额 | 18 683 | 28 752 | 10 989 | 13 980 | 4 194 | 15 968 | 17 578 | 26 562 | 19 168 | 3 885 | 1 393 | 161 152 | 248 |
| | SKU数 | 17 | 48 | 11 | 20 | 6 | 32 | 22 | 38 | 32 | 15 | 7 | | |
| 250~299元 | 金额 | 18 683 | 28 752 | 10 989 | 13 980 | 4 194 | 15 968 | 17 578 | 26 562 | 19 168 | 3 885 | 1 393 | 161 152 | 248 |
| | SKU数 | 17 | 48 | 11 | 20 | 6 | 32 | 22 | 38 | 32 | 15 | 7 | | |
| 200~249元 | 金额 | 28 574 | 43 128 | 16 983 | 20 970 | 6 291 | 23 952 | 26 367 | 39 843 | 28 752 | 5 957 | 2 189 | 243 006 | 374 |
| | SKU数 | 26 | 72 | 17 | 30 | 9 | 48 | 33 | 57 | 48 | 23 | 11 | | |
| 150~199元 | 金额 | 17 584 | 27 554 | 10 989 | 13 281 | 3 495 | 15 469 | 17 578 | 25 164 | 18 569 | 3 885 | 1 393 | 154 961 | 239 |
| | SKU数 | 16 | 46 | 11 | 19 | 5 | 31 | 22 | 36 | 31 | 15 | 7 | | |
| 汇总 | 金额 | 114 296 | 174 908 | 67 932 | 84 579 | 24 465 | 97 804 | 108 664 | 161 469 | 117 404 | 24 087 | 8 756 | 984 364 | 1 516 |
| | SKU数 | 104 | 292 | 68 | 121 | 35 | 196 | 136 | 231 | 196 | 93 | 44 | | |

店铺：北京 SOGO 店　　库存日期：2018-03-03

**表 4-20　库存前十报告**

库存件数前十报告

| 排名 | SKU号 | 款名 | 吊牌单价(元) | 采购成本(元) | 收货数量 | wk1 01/07 01/13 | wk2 01/14 01/20 | wk3 01/21 01/27 | wk4 01/28 02/03 | wk5 02/04 02/10 | wk6 02/11 02/17 | wk7 02/18 02/24 | wk8 02/25 03/03 | 累计销售数量 | 累计销售成本(元) | 售罄率 | 库存 | 库存成本(元) | 周转周数 |
|---|---|---|---|---|---|---|---|---|---|---|---|---|---|---|---|---|---|---|---|
| 1 | 81021106 | 短袖针织衫 | 298 | 60 | 158 | 2 | 2 | 2 | 1 | | 3 | 1 | 3 | 16 | 960 | 10% | 142 | 8 520 | 61 |
| 2 | 81031101 | 梭织短裤 | 298 | 60 | 136 | 2 | 1 | 1 | 1 | | 4 | 2 | 2 | 17 | 1 320 | 13% | 119 | 7 140 | 45 |
| 3 | 81041102 | 梭织两件套 | 598 | 120 | 124 | 2 | 1 | 2 | 5 | 4 | 3 | | 4 | 13 | 1 560 | 10% | 111 | 13 320 | 32 |
| 4 | 81051105 | 羽绒马夹 | 798 | 160 | 113 | 8 | 6 | 7 | 2 | 2 | 4 | 2 | 2 | 49 | 7 840 | 43% | 64 | 10 240 | 21 |
| 5 | 81061107 | 棉夹克 | 898 | 180 | 107 | 5 | 4 | 8 | 3 | 3 | 9 | 1 | 6 | 43 | 7 740 | 40% | 64 | 11 520 | 18 |
| 6 | 81031108 | 棉夹克 | 1 098 | 220 | 98 | 5 | 4 | 5 | 1 | 3 | 5 | 2 | 1 | 36 | 7 920 | 37% | 62 | 13 640 | 23 |
| 7 | 81051150 | 连衣裙 | 598 | 120 | 88 | 2 | 1 | 2 | 4 | 4 | 8 | 5 | 3 | 34 | 4 080 | 39% | 54 | 6 480 | 11 |
| 8 | 81021202 | 针织半身裙 | 498 | 100 | 67 | | 1 | 1 | 3 | 1 | 7 | 1 | | 17 | 1 700 | 25% | 50 | 5 000 | 13 |
| 9 | 81021206 | 单风衣 | 898 | 180 | 60 | 1 | 1 | 1 | 1 | 2 | 6 | 2 | 2 | 16 | 2 880 | 27% | 44 | 7 920 | 15 |
| 10 | 81031201 | 单夹克 | 998 | 200 | 110 | 9 | 8 | 6 | 7 | 5 | 12 | 4 | 2 | 69 | 13 800 | 63% | 41 | 8 200 | 7 |
| | 前十合计 | | | | 1 061 | | | | | | | | | | 751 | | 1 878 | 91 980 | |
| | 总合计 | | | | 3 031 | | | | | | | | | | | | | 235 846 | |
| | 前十占比 | | | | 35% | | | | | | | | | | | | 40% | 39% | |

这并非个别现象，而是普遍现象，因为服饰行业作为传统行业中典型的劳动密集型行业，其从业人员的平均受教育程度不高，行业本身对数据分析的要求远不如金融、咨询等行业那么专业。科技给人们的生活带来改变，传统行业也早已"与时俱进"，新的竞争环境越来越要求从业人员有更好的数据分析能力。时尚买手应不断提升自己的数据分析能力。

图4-7展示的是笔者长期在时尚买手岗位上工作所总结出来的，适合时尚买手打开数据分析思维的方式。

| 数据分析思维图 ||||||||||||
|---|---|---|---|---|---|---|---|---|---|---|---|
| | | A | B | C | D | E | F | G | Ⅰ | Ⅱ Ⅲ Ⅳ | |
| | | 对比方式↓ |||||| 取值方式↓ ||| |
| | KPI→ | 对内 ||| 对外 |||| 不对比 | 对比取值 || ←商品维度 |
| | | 同比 | 环比 | VS目标 | VS平均水平 | VS竞争对手 | VS行业水平 | VS不同地域 | 绝对值 | 占比% | 差异 | 变化趋势 | |
| 1 | 采购 | SKU宽度 | | | | | | | | | | | 品牌 | a |
| 2 | | SKU深度 | | | | | | | | | | | 系列 | b |
| 3 | | 吊牌金额 | | | | | | | | | | | 品类（大类） | c |
| 4 | | 成本 | | | | | | | | | | | 品类（子类） | d |
| 5 | | 毛利率 | | | | | | | | | | | 款式 | e |
| 6 | 销售 | 销售数量 | | | | | | | | | | | 颜色 | f |
| 7 | | 销售金额 | | | | | | | | | | | 价格带 | g |
| 8 | | 坪效 | | | | | | | | | | | 材质 | h |
| 9 | | 折扣率 | | | | | | | | | | | 尺码 | i |
| 10 | | 件单价 | | | | | | | | | | | 性别 | j |
| 11 | 库存 | 周转率 | | | | | | | | | | | 功能 | k |
| 12 | | 售罄率 | | | | | | | | | | | 上市日期 | l |
| 13 | | 促销比 | | | | | | | | | | | 畅销款 | m |
| 14 | | 库龄 | | | | | | | | | | | 滞销款 | n |

图4-7 时尚买手数据分析思维图

在使用这张思维图之前，要先分清同比和环比的概念，这两个对比方式都是时间纬度的对比方式，只是对比的角度不一样。同比是今年与去年同一时期的对比，2017年10月份同比的是2016年10月份。环比是这个时间段与相邻的上一个时间段的对比，2017年10月份的环比是2017年9月份，2017年的环比是2016年。

下面来学习使用这个思维图吧！

（1）本图共包含四个部分，这四个部分是组成数据分析的必要因素：KPI、商品维度、对比方式、取值方式。这四者之间的关系如图4-8所示。

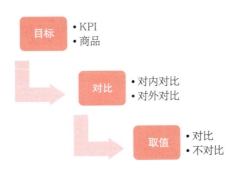

图4-8　数据分析思维框架

（2）思维图中的每一项内容都有其唯一的编号。SKU宽度对应的编号是1，2，3……同比对应的编号是A，B，C……品牌对应的编号是a，b，c……

（3）编号的目的是定位和坐标，坐标b-1-A-Ⅳ代表的是要分析各系列的SKU宽度同比变化趋势。

（4）KPI和商品是分析的目标和对象，它们之间没有固定的先后顺序。对比方式和取值方式有一定的关系，如果取值为不对比取值，就不需要对比；如果取值为对比取值，就将对比的结果以各种方式进行取值。

（5）在进行数据分析时不要只使用单一维度、单一坐标，要尽可能地使用多个坐标，比如在分析SKU宽度时可以分析的方向有：

1）b-1-A-Ⅲ：不同系列的SKU宽度同比差异。

2）b-c-1-A-Ⅲ：不同系列的不同品类的SKU宽度同比差异。

3）b-c-f-1-A-Ⅲ：不同系列的不同品类、不同颜色的SKU宽度同比差异。

# 第五章 时尚买手谈判策略
FASHION BUYER

商务谈判技巧是各类型时尚买手都应具备的技能，时尚买手在日常工作中随时都有可能加入一场正式的、非正式的商务谈判。

在百货公司买手的工作职责中，通过商务谈判引进品牌是他们最重要的工作内容；品牌公司买手与原材料供应商、商品加工商之间的谈判，每个季度都在进行；电子商务买手除了要引进品牌外，还要随时和供货商就进货折扣、商品供货频率、账期等保持谈判沟通；分销商买手在每一次订货会上都要和品牌公司就起订量、采购总量、订货方向等反复谈判。

掌握服饰行业的商务谈判技巧有利于时尚买手取得更好的工作业绩。不同类型的时尚买手面对的谈判场景虽不同，但具有共性——采购谈判，因此本章内容主要围绕服饰行业的采购谈判技巧做分享。

## 第一节　谈判前期准备

时尚买手的采购谈判前期准备是为了解决"采购什么商品""向谁采购"这两个问题。时尚买手学习时尚产品线的规划就可以解决"采购什么商品"的问题，当知道如何寻找合适的供应商，以及选择供应商的技巧后，才能确定"向谁采购"的问题。

### 一、时尚产品线的规划

时尚产品线的规划包含品牌组合规划和商品组合规划。

美国市场营销协会（AMA）对品牌（Brand）的定义是：品牌是指与其他企业的商品、服务有明显区别的名称、语言、设计或象征。

品牌组合规划是指根据品牌的内涵定位选择合适的品牌进行组合，以满足目标消费群的需求。服饰企业的品牌内涵不仅包含以质量、性能、材料、价格、尺寸、实用性等为代表的实体价值和以名称、语言、符号、设计、象征、色彩等为代表的表现价值，还包含丰富的意识价值，如形象、印象、定位、情感、评价、信赖等。

时尚买手在进行商务谈判前应准备好品牌组合规划计划，服饰行业品牌组合规划的策略为：

（1）满足目标顾客的需求，根据目标顾客的确定充分挖掘目标顾客的需求，通过品牌组合的方式最大化地满足目标顾客群体的需求。

（2）品牌组合规划应包含品牌所属品类、品牌核心消费群体年龄层次的细分，就像在传统百货公司的楼层划分中，服装和鞋不在一个楼层，服装中的男装、女装分别在不同的楼层，女装中的少女服装和中老年服装又在不同的楼层一样。当然，今天零售市场中的购物中心正在慢慢改变传统百货公司的楼层布局规律，在有些购物中心中可以看到，在同一个楼层中既有服装品牌，也有鞋类、配饰品牌，这种品牌组合规划从表面上看没有考虑品类细分，但实际上对品类细分研究得更深入，因为购物中心将每一个楼层定义为一个独立的品牌组合群体，通过组合定位让这个楼层的消费者享受到一站式购物的乐趣，这是对品牌组合规划更高的要求。

（3）引入知名品牌，在品牌组合中一定要有该定位群组中的知名品牌。如果定位为热爱时尚、运动的消费群体，则在品牌组合中应尽力引入耐克、阿迪达斯等运动知名品牌。知名品牌是为整个品牌组合带来客流的重要因素，它们已有的庞大用户群体是帮助品牌组合获得成功的重要因素之一。

（4）品牌组合的风格定位不要单一，应追求多样性、互补性，这符合消费者对时尚商品的需求原理。时尚商品推陈出新，就是为了满足消费者不断变化的口味和猎奇心理，让他们获得尝试创新的乐趣。

（5）引入特色品牌可以让自己更容易从竞争环境中获得差异化表现。

根据时尚品牌组合的策略，时尚买手在进入谈判前应做大量的市场调研，弄清楚自己需要的品牌组合是什么。

（1）目标消费者的调研，消费者的喜好、年龄、职业、消费习惯、购买能力等。

（2）目标品牌群的搜集，根据消费群体罗列出目标品牌群。

（3）对目标品牌群中的品牌逐一进行调研，研究各品牌的品牌风格、消费者定位、价格带、商品类别、商品系列、品牌知名度、品牌开发及生产能力、品牌运营能力、品牌年均销售额等。

（4）根据品牌调研进行品牌组合，划分谈判的优先次序和谈判重点，明确哪些品牌一定要获得谈判的成功，哪些品牌可以互相替代，哪些品牌在谈判中不可退让。

商品组合规划是指不同系列、品类、款式、颜色、价位商品之间的搭配组合，因此商品组合规划就是将品牌商品的各项属性研究透彻，并且关注同类品牌商品的属性和规划特点。

## 二、如何寻找合适的供货商

完成时尚产品线的规划，接下来便可以开始寻找合适的供货商。供货商的类型有品牌供货商、原材料供货商、产品加工商、成品供货商。要寻找合适的供货商，根据供货商类型的不同有不同的寻找途径。

要寻找品牌供货商，就要寻找到品牌所有者或品牌所属公司，与之谈判，获得它们的经营授权，成为总代理商或者经销商。要获得品牌公司的信息，可以通过下面的途径：

（1）品牌公司官网。知名品牌多数都有自己的官方网站，通过官方网站可以获得品牌公司联系方式，包括电话、电子邮箱等。

（2）展会。品牌拓展市场的方式之一是参加行业内的展会，时尚买手可以在展会上找到品牌，并与之建立联系。

（3）行业网站。有的品牌没有自己的官网，而是通过行业网站发布自己的联系方式，以便业务联系。

（4）品牌已有的门店。通过品牌已经开设的门店也可以找到该品牌的联系人。

（5）品牌的官方社交平台。随着微信、微博等平台的广泛使用，很多品牌都开设了官方微博和官方微信公众号等，时尚买手可以通过这些公共平台联系到品牌。

（6）各大批发市场。有的品牌也会在各大批发市场中设立分销网点，在那里也可以找到建立联系的方式。

（7）电商网站。通过天猫、阿里巴巴上品牌开设的自营网店，也可以获得品牌的联系方式。

原材料供货商的寻找方式以行业展会和网络信息为主。产品加工商的寻找方式除了展会和网络方式外，还包括直接前往产品加工地寻访。除了可以通过各大批发市场寻找成品供货商外，产品加工商有时候也提供成品。

## 三、供货商选择技巧

如果已经明确要寻找的品牌，则该品牌供货商的首选应该是品牌公司。如果无法直接获得与品牌公司的合作机会，那么第二选择应该是与该品牌公司的一级代理商建立经销关系，成为它的经销商。

就像日常在市场上买东西一样，时尚买手也会"货比三家"，选择供货商的技巧不是"最优秀的就是最好的"，而是"最合适的才是最好的"。优秀的供货商通常给的条件也更苛刻，而时尚买手要找的是更适合自己企业的供货商。要选择适合自己企业的供货商，应从下面几个方面考量：

（1）品牌知名度。对于品牌供货商所持有品牌的知名度，可以通过其已开业的实体门店数量、年销售额、公众平台的粉丝数量等综合条件进行判断。

（2）商品的质量是考量供货商的重要因素，应确保商品符合国家、行业标准，没有任何质量问题或存在质量风险。

（3）生产能力。供货商的生产能力和发展潜力应与本企业的发展速度匹配。

（4）价格。这是构成采购成本的重要部分，也是时尚买手最需要考虑的。价格太高会增加采购成本，影响企业的经济效益。但也不是价格越低越好，而是在其他条件相同的情况下选择价格最低的供货商为宜。

（5）售后服务水平。有更好的售后服务体系的供货商可以获得加分。

（6）信誉。在选择供货商时，应选择有较高声誉、经营稳定、财务状况良好的供货商，以避免给企业带来风险。

（7）结算条件。优厚的结算条件包含价格折扣、年终返利、结算账期等，如果供货商可以提供更好的结算条件，那么可以为企业提高资金利用效率。

## 第二节　商务谈判技巧

时尚买手的商务谈判主要包含商务合作条件的谈判和合同条款的谈判。常见的谈判流程是：先和供货商的商务人员进行合作条件的谈判，当双方达成合作条件后，再进行合同条款的谈判，在合同条款的谈判过程中双方都可能引入各自企业的法务人员参与其中。

### 一、商务合作条件的谈判

各行各业都有自己的商务合作条件规则，企业间的谈判是基于行业普遍水平和规则的差异化进行讨价还价。时尚买手与供货商之间的商务合作条件的谈判内容包含以下几个方面：

（1）合作方式。服饰企业的合作方式有经销和代销两种，它们之间的区别是，经销商承担库存风险，代销商不承担库存风险。在代销模式下未销售完的商品可以全数退还给供货商。经销的另一种叫法是"卖断"，代销的另一种叫法是"寄卖"或"实销实结"。

（2）价格。如果是经销方式，则价格谈判是针对采购折扣的谈判，比如"以吊牌价格的几折为采购价格"，服饰行业的采购价格有可能是吊牌价格的4折到6折，各品牌公司根据自己的毛利率情况决定。代销商的价格谈判主要是针对利润分配比例的谈判，即代销商分得营业额的百分之多少作为其代销的营业收入。

价格谈判除了包含采购折扣和分成比例的谈判外，在两种合作方式下都有可能涉及返利谈判。当采购额达到一定金额，或营业额达到一定金额后，经销商、代销商都希望从供货商处获得一定比例或一定金额的返利（Rebate）。对于经营规模庞大的经销商、代销商来说，返利是一笔非常可观的利润来源。

（3）付款方式，包含结算方式、结算时间，如果是跨国贸易，则还包含结算币种的谈判。结算方式是指是否需要预付合同保证金、定金等。结算时间是指是否有账期、是否有信贷及信贷的额度是多少。品牌商可能会向合作企业提供一定的信贷额度，这个信贷并不是指借钱给合作方，而是在没有收到合作方货款的前提下提供商品给对方，被称为合作信贷。

（4）商品交付方式，是指商品的交付地点，交付前的运输由哪方负责，交付时如何检验商品质量等。涉及商品质量的谈判，会直接就残品率进行谈判。当残品率低于1%时，残品由采购方承担；当残品率高于1%时，超过1%的残品可退还给供货商。

## 二、合同条款的谈判

在没有签署正式合同前，时尚买手的商务谈判就不算结束，也不算成功。在实际谈判过程中不乏已经达成商务合作条件，但因为合同条款谈判失败而让整个合作破裂的案例。

标准的合同条款有很多，涉及方方面面，力求尽可能公平地约束双方。对于服饰行业的时尚买手来说，在进行合同条款谈判时，谈判的内容主要集中在以下几个方面：

（1）品牌授权范围，合同必须对品牌授权范围做清晰的规定。体育品牌多以单店授权为主，即每开一家门店都要单独获得品牌公司的授权。其他服饰品牌多以区域授权为主，授权其经销商获得某个区域的代理权。电子商务平台因其地域的模糊性，常要求世界范围内的授权，但仅指世界范围内的网上销售授权。

（2）商标使用，合同会严格规范商标被授权使用的范围。

（3）质量条款，是对供货商提供的商品质量的约束，时尚买手可以要求供货商提供的商品质量符合行业标准，残品率不得高于百分之多少。对加工商的质量要求在合同中以附加条款的形式体现，附加条款包含工艺单、质量标准等。

（4）价格管理，是品牌方对代理方的价格约束，表现为代理商是否有权调整零售价格和销售价格等。大多数品牌都不允许其代理商调整品牌的统一零售价格，或者溢价销售（高于统一零售价销售），但允许其在适当的时间进行打折销售。

（5）违约责任。所有的合同都有违约责任的规定，对违约的约束是双向的，因此在谈判的时候应明确各自违约的风险和应承担的责任。比如，品牌方要求代理商合法使用代理权限，不得在所代理品牌的门店内销售其他品牌的产品，而代理商则要求品牌商保质、保量地提供商品等。

（6）合同变更、续约、解除。在考虑合同的变更、续约和解除条件时，最重要的是就合同周期进行谈判，传统行业代理商与品牌公司之间的合作有的以1年为一个合同周期，有的以3年、5年或者更长的时间为一个合同周期，电子商务行业的合同周期与之类似，取决于谈判的结果。时间较短的合同周期，其优点是具有更好的灵活性，适合对市场没有把握的品牌公司与代理商之间、首次合作的电子商务平台与供货商之间等使用；时间较长的合同周期的稳定性更好，更适合品牌的长期发展。比如，国外品牌与它们在中国的总代理商之间的授权代理合同周期通常以5年计。

（7）电子商务合同谈判还涉及平台给予品牌的免费流量方面的谈判，比如品牌日、大型活动时的logo露出、爆款清单等。

## 三、常用商务谈判技巧

商务谈判是一门专门的学问，有多种谈判技巧。这里介绍几种时尚买手常用的谈判技巧。

### 1. 了解谈判对手，准备谈判清单

正所谓"知己知彼，百战不殆"，在时尚买手的商务谈判中这一点尤为重要。对对手了解得越多，就越能把握谈判的主动权，就像预先知道招标的底价一样，自然可以谈成更低的成本，并且成功的概率更高。

在了解对手时不仅要了解对方的谈判目的、心里底线等，还要了解对

方的企业文化、经营情况、行业情况、谈判人员的性格、习惯与禁忌等。这样可以避免很多因不了解文化、生活习惯等而造成的谈判失败。

在一场采购谈判中，时尚买手作为采购方，要了解供货方的商品情况，同时还要了解多个其他潜在供货商的情况，以及其他可能成为谈判供货商的买家（即买手方的竞争对手）的情况。只有全面了解情况，时尚买手才可以适时给出最合适的谈判条件以达成协议，如果谈判供货商提出更苛刻的要求，那么时尚买手也可把其他供货商的信息拿出来，让对手知道时尚买手是知道底细的，同时暗示对方自己有很多合作的选择。

**2. 准备多套谈判方案**

谈判双方最初各自拿出的方案都是对自己非常有利的方案，双方都希望通过谈判获得更多的利益。因此，谈判结果肯定不会是双方最初拿出的那套方案，而是经过双方协商、妥协、变通后的结果。

在双方你推我拉的过程中常常容易迷失最初的意愿，或被对方带入误区。此时最好的办法就是多准备几套谈判方案，先拿出最有利的方案，没达成协议就拿出其次的方案，仍不能达成协议就拿出再次一等的方案。即使不主动拿出这些方案，也要做到心中有数，知道向对方的妥协是否偏移了最初设定的框架，这样就不会在谈判结束后才发现自己的让步超过了预计可以承受的范围。

比如，时尚买手在进行采购价格谈判时，会准备几个采购量的谈判价格，从少量采购到大量采购，时尚买手在谈判之前非常清楚自己的资源是多少，这些资源中有哪些可以用在和这个对手的谈判上。对于采购 1000 件和采购 100 000 件，时尚买手都准备了自己的采购价格和毛利核算方案。

**3. 让步式进攻**

在谈判中可以适时提出一两个很高的要求，对方必然无法同意，在经历一番讨价还价后可以进行让步，把要求降低或改为其他要求。对于这些高要求你本来就没打算会达成协议，即使让步也没有损失，但是却可以让对方有一种成就感，觉得自己占了便宜。先抛出高要求也可以有效降低对手对于谈判利益的预期，挫伤对手的锐气。让步式进攻谈判，切忌提出太离谱、过分的要求，否则对方会质疑你的诚意，甚至被激怒。

例如，时尚买手在引进品牌的谈判中，本身的底线是5折进货、30天账期，那么在谈判的一开始，时尚买手会先提出代销的合作方式，即时尚买手方不承担任何库存风险。当对手不接受这样的条件时，时尚买手才提出如果买断则需要以5折进货、30天账期为条件。这样的谈判方式，好过时尚买手直接提出5折进货、30天账期的条件，因为没有给对方还价的余地。而如果时尚买手提出4折进货、60天账期的条件，对方又会觉得太过离谱，没有诚意。

**4. 控制谈判局势**

谈判活动从表面上看没有主持人，实则有一个隐形的主持人存在着，不是你就是你的对手。因此，要主动争取把握谈判节奏、方向，甚至是趋势。主持人应该具备的特质是：语言虽不多，但是招招中的、直击要害；气势虽不凌人，但运筹帷幄、从容不迫；不是用语言把对手逼到悬崖边，而是用语言把对手引领到悬崖边。

比如，时尚买手在和品牌方针对采购量和必定款式进行谈判时，如果时尚买手认为"必定款式"中有的款式并不是自己需要的，那么时尚买手可以跳出这个问题的谈判，先和品牌方就采购量进行谈判。时尚买手可以接受这几个不需要的款式，但是相应地，品牌公司对畅销款的数量限制应放宽，让时尚买手可以增加采购量，或者时尚买手可以提出提高退货率的谈判条件等。

**5. 谈判地点的选择**

谈判地点一般有三种，即时尚买手所在地、供货商所在地、双方之外的第三地。对谈判地点的选择也是谈判技巧的一种，不同的谈判地点会给时尚买手带来不同的谈判优势。

在时尚买手所在地的谈判有利于让时尚买手占有心理上的"主场"优势，同时可以处理谈判期间的突发状况。当遇到跨越时尚买手权限的内容，时尚买手可以及时向领导请示。

在供货商所在地的谈判可以减少时尚买手接待供货商的工作，时尚买手可以顺便实地考察供货商的经营状况，获得第一手资料，并且当谈判遇到敏感问题时，时尚买手还可以推说资料不全或需要请示领导等拒绝答复。

在第三地的谈判对于双方来说拥有平等的心理状态，有利于营造融洽的谈判氛围。

## 第六章
FASHION BUYER
# 订货会前准备：制定目标

如前文所述，时尚买手的工作职责有很多项，其中最重要的是负责采购。采购阶段买对了，时尚买手在后面销售过程中的难度就会降低；采购阶段买错了，时尚买手在后面的销售过程中就要付出更多的努力去挽救。因此，做好采购工作是每一个时尚买手的必修课。

时尚买手实施采购的方式主要是参加订货会。要知道订货会是什么，就需要先了解目前中国服饰企业的订单模式。

在日常生活中，我们常常听到有顾客抱怨"那件衣服我上个月去试穿过，当时没买，现在去买已经没有了""我去年买了一条裙子，很喜欢，出去度假的时候不小心弄丢了，回来再找那家店想买一条，但他们说那是去年的款，今年没有了"。

消费者的抱怨是服装店为什么不能像糕点店那样，卖完了可以马上再做一批出来。这个问题的答案就是服饰企业的订单模式。

目前服饰企业的订单模式有三种，即期货订单、现货订单和翻单。

**期货订单**是最主流的订单模式，无论是国外品牌还是国内企业，目前大部分都采用这种订单模式。服饰企业的期货订单模式是在商品上市销售前的6个月到1年的时间里，时尚买手通过观看样品或者样品图册，制定商品采购订单，品牌公司根据订单生产商品的订货模式。

分销商买手在提交期货订单后，就需要向品牌公司支付一定比例的订单款项作为定金，品牌公司根据客户提交的订单安排生产。期货订单模式对于品牌公司买手来说也同样适用，因为商品的生产周期需要3～6个月，无论哪种类型的时尚买手提交的都是期货订单。

期货订单模式被广泛采用的原因除了商品生产周期的需要以外，另一个重要因素是这种订单模式可以转移品牌公司的风险和减轻品牌公司的资金压力。代理商、经销商根据他们的经验自主选择款式和下订单，并支付定金。在商品完成生产后，他们支付剩余货款，然后品牌公司安排发货。这大大降低了品牌公司选错款式的风险，品牌公司也无须垫付大笔生产成本资金。当然，任何商业合作都有可以谈判的余地，有的品牌公司会根据自己的实际情况，为紧密合作的代理商、经销商提供一定的信用额度，比如耐克公司就会为它的大客户提供某个金额的信用额度，在这个信用额度内，该客户可以不用支付货款就享受到期货订单发货的待遇。就像刷信用卡消费一样，客户可以在信用额度范围内享受先发货、后付款的待遇，也需要在额度被用完前"还款"，以释放信用额度。

**现货订单**相对于期货订单而言，无须等待长达几个月的商品生产周期，是随时提交订单、支付货款就可以发货的订单模式。能够支持现货订单模式的前提是这些商品已经完成生产，或者已经在品牌公司的仓库里，随时可以销售给分销商。支持现货订单的商品来源，一方面是品牌公司在期货订单以外额外多生产的商品，这部分商品是时尚买手最看好的畅销品，以及品牌公司准备做市场推广的核心产品；另一方面是工厂剩余库存，可以满足品牌公司的补现货需求，或者是品牌公司自营门店多余的库存，可以满足分销商的补现货需求。

**翻单**是指企业在销售过程中针对某些特别畅销且面临断货的商品，即时向生产企业追加生产订单的方式。翻单的订单对时效性的要求很高，如果不能快速完成订单生产和配送到门店，那么翻单的意义就不大。如果翻单的周期太长，当翻单商品到达门店时或许已经过季，或许已经是打折季。目前能够支持翻单订单模式的企业不外乎像 ZARA 这样的严密控制着生产链的品牌公司，以及拥有自己的工厂的品牌公司，比如中国运动品牌安踏等。

企业希望时尚买手能够赢在会场，订货会是一个对时尚买手的各项能力进行检验的"战场"，包括数据分析能力、解读时尚的能力和玩转货品的能力。在订货会前的准备期间，时尚买手要做大量的数据分析，通过这些分析来制订自己的采购计划，这需要数据分析能力。当时尚买手带着计划到达订货会开始选款的时候，则需要充分发挥解读时尚的能力。当时尚买手在制作订单的时候，又需要结合玩转货品的能力，虽然时尚买手是先采购、后运营，但在采购的时候已经清楚如何运营才是"精通"。

时尚买手的订货会之旅包含订货会前的准备、订货会上的选款和制作订单，每一步都很重要。本书一共用四章内容讲述时尚买手的订货会之旅，本章先从制定目标开始。

## 第一节　制定销售目标

时尚买手有多少预算，可以买多少货，不是拍脑门得出来的，而是先预测能卖多少才决定要买多少，所以，是先制定销售目标，然后得到采购目标。但是，有时候我们也会说"买决定了卖"，这句话的意思是买多少会影响卖多少，也就是买少了不够卖、买多了卖不完。这看上去似乎进入了"是先有鸡还是先有蛋"的逻辑怪圈。

对于是"先有鸡还是先有蛋"的逻辑目前人们或许还解释不清楚，但是对于时尚买手的这个逻辑可以这么看：

首先，在制作预算的时候"卖先于买"，这是基于销售能力和市场容量的预估。时尚买手买的是时尚商品，它们每天以 0.7% 的速度在贬值，同时企业的订单模式是期货订单，如果不考虑销售目标盲目采购，就很可能只有两种结果：一种是买少了不够卖，那么门店或分销商就会"饿着肚子"，但租金、员工工资照付；另一种是买多了，到最后发现自己赚的是满满的库存，而非现金。

然后，"买决定了卖"的逻辑本身是合理的，只是它不适合放在大的采购计划中，也就是在做整个公司或者整个品牌的采购时，用"买决定卖"容易出现前面说到的风险。但是把这个逻辑放在某一类款式的采购之中，则是精明买手的举措。这类款式包含创新款、潜力畅销款、市场主推款式、限量款等。

例如，有一个创新款式，时尚买手判断它会是一个很畅销的款式，但是在下订单的过程中，一般的时尚买手会在采购预算内将这个款式下到相对安全、合理的数量，这样的下单方式是没有什么风险的，顶多就是没有买够，但是可以保证很高的售罄率。然而，有经验的时尚买手在这个时候会考虑"买决定了卖"的逻辑，他会下一个更大胆的订货数量，远高于其他同期畅销款。这样做可能会超出一些预算，但是在这个款式判断准确的前提下，她首先可以从这个款式上获得足够大的销售额，然后由于定量够深，没有因过早断码而失去销售机会，当下一次做数据分析的时候，他又多了一个市场潜力的数据支持，这正是"买决定了卖"的好处。

时尚买手采购的大逻辑是"卖先于买"，制定准确的销售目标非常重要。销售目标，也是营业额目标，根据企业的实际经营状况分为已开门店和将开门店的销售目标。

## 一、已开门店的销售目标

已开门店是指已经有一段时间的经营数据的门店，在实际运用中，最好是有大于或等于三个月的经营数据。在制定销售目标时可以合理利用过去的经营数据作为制定新一季销售目标的依据，具体的计算方法如下。

**1. 增长率计算法**

首先统计门店往年的同期销售数据，根据同期销售数据和预估的增长率来计算下一年的销售目标。

销售目标＝同期销售额×（1＋增长率）

对同期销售数据的使用，首先要甄别同期销售额的准确性。比如，去年5月份门店的销售额是600万元，其中有100万元是团购销售额，那么在做今年5月份的销售预估时，首先应确认去年的100万元团购来源，判断是偶然发生的还是常规销售现象。如果是偶然发生的，则去年同期5月份的销售数据应使用减掉100万元后的500万元作为参考。

增长率是这个公式中的核心KPI，它不像销售额那样对历史数据的参考度很大。增长率的确认通常需要销售部、采购部、市场部、财务部等多个部门参与，中小型企业增长率的确认还需要更高层级的管理者参与，通常是公司CEO。

在计算增长率时应考虑的因素包含以下几种：

（1）对已经发展成熟、经营稳定的企业，可以使用保守的增长率计算方式，计算过去一两年已经发生的每年增长率，作为新一年增长率目标设定的参考。

例如，品牌要制定2018年冬季销售目标，根据已有数据计算其2017年冬季销售额对比2016年的增长率为8%，2016年对比2015年的增长率为7%，则时尚买手可以使用8%作为2018年销售预估增长率。

（2）参考行业和宏观环境，判断下一年的增长率会高于还是低于最近两年的历史增长率。按照上面的例子，已知2018年该品牌的行业向好，可获得更好的发展机遇，则时尚买手设定的增长率一定要高于8%。

（3）参考企业自身计划最终确认增长率。例如企业已有增加资源投入的计划，准备抢占市场份额，或者企业计划进行大型市场推广活动等，都是利好计划的因素。仍然使用第一条所举的例子，如果该品牌2018年冬季有重要的明星代言广告播出，市场部预估能为销售带来3%的增长，再综合考虑第二条中市场向好的因素，则时尚买手可预估2018年冬季增长率目标为13%。

### 2. 坪效计算法

顾名思义，坪效计算法就是用门店的每平方米销售额与平方米数相乘得到业绩指标。前面讲过坪效是评估门店盈利能力的重要指标，使用坪效计算法计算门店业绩一般会用在已有门店营业面积发生改变的情况下预估销售目标。

---

例6-1：

某门店的经营面积为100平方米，2017年的营业额是1200万元，2018年预计面积扩大到150平方米，同时，2018年单店坪效预估增长率为8%，那么2018年该门店的销售目标预估是多少？

2017年的坪效 =1200÷100=12（万元/平方米/年）

2018年的坪效 =12×（1+8%）=12.96（万元/平方米/年）

2018年的销售目标 =12.96×150=1944（万元）

---

适用坪效计算法计算单店业绩的前提如下：

（1）影响门店坪效的主要因素未发生变化，当门店的销售运营能力、提供给门店的商品组合的竞争力、门店所处商圈的消费者、门店客流等因素稳定时，其坪效也稳定，可用坪效计算法计算业绩目标。

（2）当增加或减少的面积都为实际的销售面积，并且有相应比例的商品陈列容量的增减时，可使用坪效计算法。如果增加的面积只是功能区域，实际上与销售业绩的提升比例并不匹配，则在使用坪效计算法时应选取有效的销售面积。

例如，门店面积从100平方米增加到150平方米，增加的50平方米中有20平方米增加的是一个员工休息室，有30平方米增加的是卖场面积，相应地增加了30%的货品容量。那么计算这家门店的销售目标应使用的面积为130平方米。

### 3. 平均坪效

当有多家门店需要用坪效计算法时，可使用平均坪效。平均坪效不是将各单店坪效求平均值而得来的，而是将各单店的销售额加总求和后除以各门店的面积之和，这两种算法得出的结果是有区别的。

例6-2：

现有5家门店，它们的面积分别是100平方米、120平方米、150平方米、180平方米和200平方米，这5家门店的单店坪效分别是2万元/平方米、1.7万元/平方米、1.4万元/平方米、1.6万元/平方米和1.5万元/平方米，计算这5家门店的平均坪效是多少。

错误的算法：（2+1.7+1.4+1.6+1.5）÷5=1.64（万元/平方米）。

正确的算法：（2×100+1.7×120+1.4×150+1.6×180+1.5×200）÷(100+120+150+180+200)=1.6（万元/平方米）。

**Tips：如何做已开业但没有同期销售数据的门店的销售目标**

增长率计算法和坪效计算法都适用于已开门店的销售预估，其核心逻辑是在已有销售数据的基础上做预估。但对于已开业但经营未满一年的门店，要预估其销售目标就会出现没有同期销售数据的情况。如何制定这种门店的销售目标请看下面的例子。

例 6-3：

门店 A 于 2016 年 12 月底开业，2017 年的销售额为 1 月 80 万元、2 月 85 万元、3 月 90 万元、4 月 88 万元，2017 年 5 月时尚买手要做当年的冬季采购，制定 10～12 月的销售目标，除了已有的 4 个月销售数据外，他还知道有一家门店 B 和本门店在销售体量和市场环境上非常接近。

分析：

（1）门店 A 没有 2017 年 10～12 月的销售数据，无法直接计算，需要预估 2017 年的冬季销售数据。

（2）2017 年冬季销售数据的预估逻辑是，可以参考同类门店 B 的全年销售数据规律作为预估依据。2016 年 1 月到 12 月门店 B 每个月的销售占全年销售的比例如表 6-1 所示。

表 6-1  2016 年门店 B 月均营业额及占比

| 2016 年 | 平均营业额（万元） | 占比（%） |
| --- | --- | --- |
| 1 月 | 90 | 7 |
| 2 月 | 93 | 8 |
| 3 月 | 95 | 8 |
| 4 月 | 90 | 7 |
| 5 月 | 100 | 8 |
| 6 月 | 98 | 8 |
| 7 月 | 98 | 8 |

（续）

| 2016年 | 平均营业额（万元） | 占比（%） |
|---|---|---|
| 8月 | 100 | 8 |
| 9月 | 110 | 9 |
| 10月 | 120 | 10 |
| 11月 | 115 | 10 |
| 12月 | 100 | 8 |
| 2016年合计 | 1 209 | 99① |

① 由于四舍五入，数据加总不等于100%。

根据门店B的业绩换算2017年门店A的全年业绩，如表6-2所示。

表6-2　2017年门店A的全年业绩预估

| 2017年 | 门店A实际销售额（万元） | 门店B销售额占比（%） | 备注 |
|---|---|---|---|
| 1月 | 80 | 7 | 以门店B的实际销售额占比作为门店A的销售目标占比的预估值，带入计算公式计算得出门店A的全年销售目标预估值：<br>年销售额＝月销售额÷月销售额占比 |
| 2月 | 85 | 8 | |
| 3月 | 90 | 8 | |
| 4月 | 88 | 7 | |
| 4个月合计 | 343 | 30 | |
| 2017年门店A全年销售目标预估 | 343÷30%＝1 143（万元） | | |

根据2017年门店B的全年业绩及冬季各月份业绩占比计划2017年冬季门店A的业绩预估，如表6-3所示。

表6-3　2017年冬季门店A的业绩预估

| 2017年 | 门店A的预估销售目标（万元） | 门店B的销售额占比（%） |
|---|---|---|
| 10月 | 1 143×10%＝114.3 | 10 |
| 11月 | 1 143×10%＝114.3 | 10 |
| 12月 | 1 143×8%＝91.4 | 8 |

在表6-2和表6-3中，两次用到了门店B实际发生的月业绩占全年业绩的比例，因此正确选取参考门店是决定这种销售目标预估方式最重要的因素。

## 二、将开门店的销售目标

将开门店是指目前还没开业的门店,但其采购的产品季为开业后的产品季。将开门店没有任何经营数据可供参考,它们的销售目标预估使用以下方法。

### 1. 盈亏平衡计算法

盈亏平衡计算法也叫保本点计算法,就是假设全部收入等于全部成本,即利润为零的预估方法。

销售目标 = 所有成本

零售行业门店的成本由两部分构成,即固定成本和变动成本。

固定成本包含门店的装修摊销费用、租金(当商场佣金采用固定租金方式计算时)、物业费等其他费用。

变动成本包含商品成本、商场扣点(当商场佣金采用扣点方式计算时)、门店在运营过程中产生的随销售额发生变化的费用(包括员工工资(含奖金))等。

用盈亏平衡计算法计算销售目标的公式如下:

销售目标 = 固定成本 ÷ (1 - 变动成本所占比率)

商品成本是用于生产所销售商品的采购成本,如果是品牌公司自营门店,则商品成本就是商品的含税生产成本;如果是分销商门店,则商品成本是进货成本,即进货的吊牌总额乘以进货折扣率。当用盈亏平衡计算法来计算销售目标时,因为销售额尚是未知数,所以对于销售中的商品成本金额更无从知晓。但是,商品成本占门店销售额的比例是相对稳定的,可以通过对历史数据的统计得到这个比例。如何使用请参见下面的例子。

---

例 6-4:

门店 A 是某品牌公司自营的将开门店,它所在的商场采取

> 扣点租金方式，扣点比率为20%，该品牌商品销售成本的占比为30%，员工薪资的占比为8%，装修费摊销3年，每个月摊销80 000元，水电费及其他固定费用为每个月12 000元，计算门店A在盈亏平衡点时的销售目标。
>
> 门店固定成本 =80 000+12 000=92 000（元）
>
> 门店变动成本所占比率 =20%+30%+8%=58%
>
> 销售目标 =9.2÷（1-58%）=21.9（万元）

**2. 类似预估法**

类似预估法适合有经验的时尚买手使用，就是找到与新开门店同类型的已开门店，用已开门店的销售数据作为参考，计算将开门店的销售目标。这种方法与前面计算已开门店未满1年的销售目标预估举例类似。

使用类似预估法的关键是对已开门店的选择，也就是对类似情形的把握，需要参考门店面积类似、销售商品的品类结构类似、所在商圈类似（或者所在商圈的购买力类似）等多个因素。

**3. 规模增长预估法**

规模增长预估法是指用公司整体规模增长后的目标减去已开门店的销售目标，即可得到将开门店的目标总和，再将总和按比例分配给各将开门店即可。

规模增长是指企业业绩规模的增长，比如企业的销售额从2016年的1亿元增长到2017年的1.2亿元，这其中包含2016年已经开业的50家门店的销售额和2017年新开业的10家门店的销售额。如果只计算50家已开业门店的销售额对比2016年的增长，叫同比或同店增长，而计算50家已开业门店和新增的10家门店的销售额总和对比2016年的增长就是规模增长。

例6-5：

某企业2017年的业绩规模是5000万元，已有门店数为5家，2018年公司的战略是拓展生意规模到8000万元，对已有5家门店的同比增长计划是提升20%，计算2018年将开门店的销售额预估是多少。

2018年已开门店的销售目标=5000×（1+20%）=6000（万元）

2018年将开门店的销售目标=8000-6000=2000（万元）

**4. 季节指数预估法**

服饰商品在销售过程中会受季节影响而产生销售的淡旺季变化规律，将这种规律总结成季节指数，再以季节指数为系数预估销售目标的方式就是季节指数预估法。

例6-6：

M牌眼镜的时尚买手根据历史销售数据，计算出该品牌的季节指数如表6-4所示。

表6-4 M牌眼镜的季节指数

| 月份 | 季节指数 |
| --- | --- |
| 1月 | 0.7 |
| 2月 | 0.7 |
| 3月 | 1.0 |
| 4月 | 1.1 |
| 5月 | 1.1 |
| 6月 | 1.2 |
| 7月 | 1.3 |
| 8月 | 1.3 |

(续)

| 月份 | 季节指数 |
|---|---|
| 9月 | 1.0 |
| 10月 | 1.0 |
| 11月 | 0.8 |
| 12月 | 0.8 |
|  | 12.0 |

季节指数以1为基数,一年共12个月,每个月的指数加总之和为12,指数的大小代表当月销售的淡旺季程度。从表6-4中可以看出,眼镜品类销售的淡旺季规律与服饰行业有差异,从11月到2月都是淡季,6月到8月的夏季是旺季,因为受到学生暑假和太阳镜销售旺季的影响。

该品牌2018年新开门店的整体销售目标为5000万元,根据表6-4中的季节指数计算出2018年新开门店每个月的销售目标,如表6-5所示。

表6-5 用季节指数计算每月销售目标

| 月份 | 季节指数 | 月均目标(万元) | 销售目标(万元) |
|---|---|---|---|
| 1月 | 0.7 | 416.7 | 291.7 |
| 2月 | 0.7 | 416.7 | 291.7 |
| 3月 | 1.0 | 416.7 | 416.7 |
| 4月 | 1.1 | 416.7 | 458.3 |
| 5月 | 1.1 | 416.7 | 458.3 |
| 6月 | 1.2 | 416.7 | 500.0 |
| 7月 | 1.3 | 416.7 | 541.7 |
| 8月 | 1.3 | 416.7 | 541.7 |
| 9月 | 1.0 | 416.7 | 416.7 |
| 10月 | 1.0 | 416.7 | 416.7 |
| 11月 | 0.8 | 416.7 | 333.3 |
| 12月 | 0.8 | 416.7 | 333.3 |
| 全年 | 12.0 |  | 5 000.1① |

①由于四舍五入,数据加总不等于5000。

> 表 6-5 包含以下两个公式：
> 月均目标 = 全年目标 ÷ 12（个月）= 5000 ÷ 12 = 416.7（万元）
> 月销售目标 = 月均销售目标 × 月季节指数

综上所述，时尚买手预估销售目标有多种方式，在实际应用中需要根据实际情况选择最适合自己的方式。

## ·案例 6-1·

表 6-6 是 EM 品牌时尚买手预估 2018 年秋季门店的销售目标计划。

**表 6-6　EM 品牌 2018 年秋季销售目标预估表**

品牌：EM
销售计划：-FW2018

店数：13

| 店铺编号 | 店铺地址 | 2017 年销售额（万元） | | | | 2018 年销售目标预估（万元） | | | | |
|---|---|---|---|---|---|---|---|---|---|---|
| | | 7 月 | 8 月 | 9 月 | 合计 | 增长率 | 7 月 | 8 月 | 9 月 | 合计 |
| EQ02 | 北京市君太百货 | 41 | 72 | 356 | 469 | 9% | 45 | 78 | 388 | 511 |
| E363 | 天津市津乐汇 | 40 | 45 | 17 | 102 | 10% | 44 | 50 | 50 | 144 |
| EQ10 | 天津米莱欧 | 8 | 9 | 13 | 30 | 10% | 9 | 10 | 14 | 33 |
| EU02 | 河北省石家庄东方购物中心 | 15 | 13 | 22 | 50 | 10% | 16 | 14 | 24 | 54 |
| E186 | 山东省济南银座广场 | | 49 | 88 | 137 | 10% | 90 | 90 | 97 | 277 |
| E552 | 山东省烟台振华购物中心 | 13 | 5 | 18 | 36 | 12% | 15 | 6 | 20 | 41 |
| E183 | 黑龙江省哈尔滨远大购物中心 | 82 | 111 | 213 | 406 | 9% | 89 | 121 | 232 | 442 |
| E199 | 辽宁省沈阳罕王商场 | 11 | 29 | 80 | 120 | 10% | 12 | 32 | 88 | 132 |
| E355 | 辽宁省沈阳百盛 | 40 | 56 | 155 | 251 | 11% | 44 | 62 | 105 | 211 |

（续）

| 店铺编号 | 店铺地址 | 2017年销售额（万元） | | | | 2018年销售目标预估（万元） | | | | |
|---|---|---|---|---|---|---|---|---|---|---|
| | | 7月 | 8月 | 9月 | 合计 | 增长率 | 7月 | 8月 | 9月 | 合计 |
| ES06 | 辽宁省大连迈凯乐开发区 | 50 | 55 | 70 | 175 | 10% | 55 | 61 | 77 | 193 |
| E388 | 吉林省延吉市新世纪购物广场 | 20 | 27 | 21 | 68 | 12% | 22 | 30 | 24 | 76 |
| E360 | 山西省太原联洋百货 | 17 | 28 | 98 | 143 | 10% | 19 | 31 | 108 | 158 |
| E391 | 甘肃省兰州国芳百盛 | 15 | 32 | 32 | 79 | 10% | 17 | 35 | 35 | 87 |
| 合计 | | | | | 2 066 | | | | | 2 359 |
| 增长率 | | | | | | | | | | 14% |

根据表6-6可知该时尚买手的预估策略如下：

（1）E363门店，2017年9月的销售额异常，经时尚买手核实，是因为当月经营并不足月，大部分时间是在闭店装修，因此时尚买手没有用2017年的数据进行计算，而是根据其他月份的销售额预估50万元销售额。

（2）E186门店，经时尚买手核实是2017年8月开业的门店，7月份的销售额缺失，但因为8月份是开业的第一个月，销售数据不稳定，因此2018年7月和8月都直接填入了预估数据，且该预估数据参考2017年9月销售数据略做增长，但增幅不超过2018年9月对比2017年9月的增幅。

（3）E355门店，2017年9月的销售额激增，经查实，有约60万元团购录入，该笔团购数据是公司通过其他渠道销售，从E355门店拿货的结果，故时尚买手在预估2018年9月的销售额时将其去除。

（4）每家门店的增长率不同，这是时尚买手根据门店、商圈的实际情况设定而来。

（5）表格最下方计算出的14%的增长率，在这里应被称为规模增长率，因部分门店2017年的销售数据不完整，所以14%不能被称为同店增长率，而应该称为规模增长率。

## 第二节 制定采购目标

上一节讲述了如何计划销售目标，本节将讲述为了完成销售目标，时尚买手需要采购多少金额的商品，即买手常说的OTB（Open to Buy）。

OTB是采购的成本金额，它被比喻为时尚买手钱袋子里的钱，时尚买手参加订货会可以买多少商品，就取决于他们的钱袋子里有多少钱。有过购物经历的人都清楚，在购物时钱袋子里的钱不能太少，太少买不痛快，不能把所有看中的款式都收入囊中；但钱也不是越多越好，太多了，买起来大手大脚，一不小心就把没用的东西买回家了。时尚买手在买货时也遵循这个逻辑，OTB不能太少也不能太多，太少了完不成计划的销售目标，太多了会超买，而超买的结果是积压库存。

OTB要恰到好处，但如何才能做到恰到好处呢？本节就来解答这个问题。

### 一、制定OTB需要考虑的因素

凡事要"三思而后行"，制定OTB也一样。在开始计算OTB前，我们需要先理清楚与之相关的各种因素。

（1）**销售目标**：本章用了一节的内容讲述如何制定销售目标，由此可见其重要性，销售目标是制定OTB的前提，也是制定OTB的基础。

（2）**平均销售折扣**：在日益激烈的竞争环境下，哪怕是奢侈品牌也会用它们自己的方式给消费者一些折扣，所以时尚买手必须把当季的平均销售折扣考虑到OTB的计算中。

（3）**期初库存**：指采购产品季的期初库存，期初库存将与所采购的商品一起作为当季销售商品的库存。期初库存是不可回避的因素，因为零售业的销售规律是库存有进有出，出去的变成现金流，留下的变成下一季的期初库存。期初库存如何影响时尚买手的OTB呢？比如某一常青款帽子，下一季的销售目标是 10 000 顶，现有库存为 1 000 顶，考虑期初库存的采购数量是 9 000 顶，不考虑期初库存的采购数量是 10 000 顶，显然，期初库存一定要作为考虑因素。时尚买手在实际采购过程中如何考虑期初库存因素，将在后文 OTB 的计算方法中讲到。

（4）**新旧货比率**：指当季商品和过季商品在销售中所占的比率，这是紧接着期初库存概念而得来的。既然时尚买手考虑了期初库存对当季销售目标的贡献，那么就需要计划出这些旧货在当季销售中所占的比率。

（5）**售罄率**：前文已经讲过售罄率的概念，这里是指当季采购的新品到季末时的售罄率。无论多么厉害的时尚买手都不可能做到将当季采购的所有商品在当季 100% 售罄，时尚买手只能通过不断积累经验和功底，尽可能地让当季产品的售罄率足够高，少留下一些库存。前面也讲过，售罄率是考核时尚买手的重要 KPI，能够达到售罄率优秀的时尚买手对企业的贡献是无可厚非的。

（6）**毛利率**：如果是分销商买手，则毛利率就等于 1 减去进货折扣率，所以只要考虑进货折扣就考虑了毛利率；如果是品牌公司买手，则在制定 OTB 时考虑的是平均毛利率。

## 二、销售目标计算法

销售目标计算法是时尚买手最常用的 OTB 计算方法，是以销售目标为核心，加入销售折扣率、毛利率、售罄率、新货比率等因素的计算方法。

OTB=［（销售目标 × 新货比率 ÷ 平均销售折扣率）×（1－毛利率）］÷ 售罄率

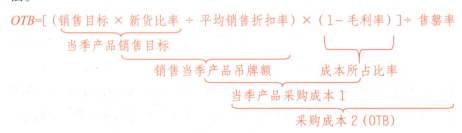

以上公式计算的 OTB 是成本金额，常被品牌公司买手使用。如果企业有固定的清货渠道（比如工厂店等），那么时尚买手在制定 OTB 时可以不考虑新旧货的因素，即不需要乘以新货比率。

*OTB*=[（销售目标÷平均销售折扣率）×（1－毛利率）]÷售罄率

销售的吊牌额　　　　　成本所占比率

采购成本 1

采购成本 2（OTB）

如果是分销商买手，则在使用销售目标计算法计算 OTB 时，只需要将毛利率成本所占比率用进货折扣率替代即可。

*OTB*=[（销售目标×新货比率÷平均销售折扣率）×进货折扣]÷售罄率

当季产品销售目标

销售当季产品吊牌额

当季产品采购成本 1

采购成本 2（OTB）

### •案例 6-2•

K 品牌同时销售男装和女装，在品牌内部以 KM 代表男装、KL 代表女装，表 6-7 是 K 品牌时尚买手计划的 2018 年 2～7 月份 OTB。

大多数外企的时尚买手使用的报告都是英文的，因此在这里笔者没有进行翻译处理，而是直接呈现英文报告。下面是对各 KPI 的解释。

Gross Sales：OTB 公式中的"销售目标"。

Disc.：Discount 的缩写，降价率，1-Disc 就是 OTB 公式中的"平均销售折扣率"。

Gross up Sales：还原折扣因素后的目标，即 OTB 公式中的"销售的吊牌额"，它等于 Gross Sales÷（1-Disc）。

表 6-7　K 品牌 OTB（2018 年 2～7 月份）

Index 100 SS'18
OTB OF N-CHINA FRANCHISE
Regular Sales
Discount sales
RMB'000

Consignment Franchises

| BRAND | Period | Gross Sales (RMB) | Disc. | Gross up Sales (RMB) | GP% | Cost (RMB) | 10% Stock Prov. | Landed Cost (RMB) | Net VAT (RMB) |
|---|---|---|---|---|---|---|---|---|---|
| KM | Feb | 526 | 10.0% | 584 | 80.0% | 117 | 13 | 130 | 111 |
| | Mar | 418 | 15.0% | 492 | 80.0% | 98 | 11 | 109 | 93 |
| | Apr | 539 | 20.0% | 674 | 80.0% | 135 | 15 | 150 | 128 |
| | May | 625 | 30.0% | 893 | 80.0% | 179 | 20 | 199 | 170 |
| | Jun | 650 | 15.0% | 765 | 80.0% | 153 | 17 | 170 | 145 |
| | Jul | 603 | 20.0% | 754 | 80.0% | 151 | 17 | 168 | 144 |
| KM TOTAL | | 3 361 | 19.2% | 4 162 | 80.0% | 833 | 93 | 926 | 791 |
| KL | Feb | 522 | 10.0% | 580 | 80.0% | 116 | 13 | 129 | 110 |
| | Mar | 438 | 15.0% | 515 | 80.0% | 103 | 11 | 114 | 97 |
| | Apr | 352 | 20.0% | 440 | 80.0% | 88 | 10 | 98 | 84 |
| | May | 485 | 30.0% | 693 | 75.0% | 173 | 19 | 192 | 164 |
| | Jun | 486 | 15.0% | 572 | 75.0% | 143 | 16 | 159 | 136 |
| | Jul | 572 | 20.0% | 715 | 75.0% | 179 | 20 | 199 | 170 |
| KL TOTAL | | 2 855 | 18.8% | 3 515 | 77.2% | 802 | 89 | 891 | 761 |
| TOTAL | | 6 216 | 19.0% | 7 677 | 78.7% | 1 635 | 182 | 1 817 | |

GP%：OTB 公式中的"毛利率"。

Cost：OTB 公式中的"采购成本1"，即不包含售罄率的成本，Cost= Gross up Sales×(1−GP%)。

Stock Prov.：Stock Provide 的缩写，预留库存比率，1−Stock Prov. 就是售罄率。

Landed Cost：这里的 Landed Cost 是时尚买手要计算的 OTB。

Net VAT：不含税成本，它等于 Landed Cost÷1.17。

## 三、滚动库存计算法

OTB 的第二种计算方法是从库存角度出发的计算方法，同时结合销售目标、新货比率、销售折扣率等因素，这种方法叫作滚动库存计算法，滚动库存的原理如下：

期初库存 + 当季采购（OTB）− 当季销售 = 期末库存

由此，得出 OTB 的计算公式：

当季采购（OTB）= 期末库存 + 当季销售 − 期初库存

将相关 KPI 代入公式后可以得到如下公式。

（1）计算成本采购额：

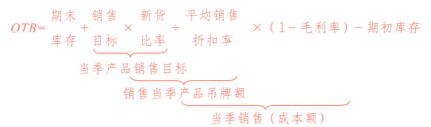

这里的期初库存和期末库存都应使用库存的成本金额，由此计算出的 *OTB* 也是成本采购额。

（2）计算吊牌采购额：

OTB= 期末库存 + 销售目标 × 新货比率 ÷ 平均销售折扣率 − 期初库存

（其中：销售目标 × 新货比率 = 当季产品销售目标；当季产品销售目标 ÷ 平均销售折扣率 = 当季销售（吊牌额））

这里的期初库存和期末库存都应使用库存的吊牌金额，由此计算出的 OTB 也是吊牌采购额。

例 6-7：

某门店的 OTB 计算结果如表 6-8 所示。

表 6-8　OTB 计算结果（滚动库存计算法）　单位：千元

| 店 | 月 | 期初库存 | 期末库存（计划） | 销售目标 | 新货比率（%） | 平均销售折扣率（%） | 1−毛利率（%） | OTB（计划） |
|---|---|---|---|---|---|---|---|---|
| DOOR1 | 2月 | 1 000 | 1 300 | 2 500 | 70.0 | 90.0 | 20 | 689 |
| | 3月 | 1 300 | 1 500 | 2 600 | 80.0 | 90.0 | 20 | 662 |
| | 4月 | 1 500 | 1 400 | 2 800 | 90.0 | 80.0 | 20 | 530 |
| | 5月 | 1 400 | 1 300 | 2 700 | 80.0 | 75.0 | 20 | 476 |
| | 6月 | 1 300 | 1 200 | 2 500 | 90.0 | 75.0 | 20 | 500 |
| | 7月 | 1 200 | 1 000 | 2 500 | 80.0 | 60.0 | 20 | 467 |
| 合计 | | — | — | 15 600 | — | — | | 3 324 |

由表 6-8 可知：

（1）当月的期末库存为次月期初库存，时尚买手需要计划的是第一个月的期初库存和最后一个月的期末库存，即表 6-8 中 2 月的期初库存和 7 月的期末库存是时尚买手需要计划的。其他月份的期初、期末库存自动"滚动"，这就是"滚动"库存的概念。

（2）滚动库存的灵活性更高，一次预估半年销售目标，然后每月将实际达成的目标填入表中可立刻评估是否存在风险。同时会自动计算出新的 OTB。

（3）滚动库存计算法适合采购订单灵活的企业，这种企业不完全依赖期货制，随时可以进行翻单、补单。

## 第三节　提升目标准确性的技巧

无论是对销售目标还是采购目标，都应尽可能提升其准确性。如何提升其准确性，这让笔者想到了小时候亲身经历的一个故事。

笔者在小学三年级以前始终没有找到考试拿100分的"秘诀"，每次都是以八九十分排列全班倒数第几的名次。直到有一天，笔者好像脑子开窍了似的，在做完试卷闲得无聊的时候居然去检查了一遍，检查的时候就发现了一道做错的题目，从那以后笔者就成了拿"双百分"的冠军。秘诀非常简单，就是要检查。

时尚买手如何检查自己的目标呢？除了甄别数据源以外，还应检查运算逻辑，另外，可以借助"零售恒等式"作为检查的辅助工具。

### 一、盲目使用运算逻辑的目标不可取

有的时尚买手一直很困惑，为什么他们提交的预算经常被买手经理或者商品总监驳回或者修改。他们提交的预算明明都是按照计算逻辑，设定正确的公式计算出来的，他们也反复检查了数据源的准确性，但还是不能一次性通过。

时尚买手的这种困惑很常见，在他们的经验还不够丰富的时候、他们考虑问题还不够全面，仅仅依靠计算逻辑制定的预算会出现误差。因为预算会受外部和内部因素影响。经验丰富的时尚买手会根据这些因素对计算出来的预算进行适当的调整。

时尚买手在制定预算时需要考虑的其他因素有以下几个方面。

（1）时尚商品的生命周期。流行趋势和人一样都是有生命的，时尚商品、时尚品牌也和流行趋势一样有生命周期。在不同的生命周期阶段，品牌的销售和利润呈现不同的趋势。时尚商品的生命周期如图6-1所示。

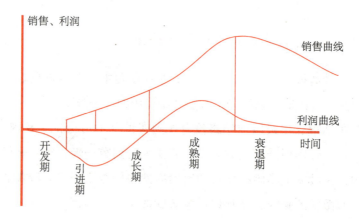

图6-1　时尚商品的生命周期

（2）品牌的战略规划。成熟的企业会做未来3年或5年的战略规划，制定明确的业绩增长目标。

（3）品牌的市场推广。市场推广计划包含在战略规划里，要有具体的执行方案，每一个市场推广方案都有可能影响销售目标的设定。

（4）财务预算。这是可能被时尚买手忽略的问题，他们以为计算了OTB，自己的钱袋子里就真有这个钱了。他们忽略了真正的钱在财务部，OTB中的每一分钱都跟财务有关，能花多少、在什么时间花与财务预算息息相关。尤其是在小型、创业型企业中这一特点尤为突出，时尚买手一定要考虑财务预算的因素。

（5）商圈、商场、竞争品牌的因素。商圈和商场是养育门店的土壤，竞争品牌是在同一片土壤下汲取养分的邻居，它们的任何变化都会影响门店的经营业绩，既有正向影响，也有负面影响。

（6）季节气候因素。时尚买手常说自己是"靠天吃饭的职业"，这真的不是夸张，尤其是对服装买手而言，气候对其销售结果的影响可以说是"简单粗暴"的。在销售冬季服装的时候，如果遇上"寒冬"，羽绒服就会大卖；如果遇上"暖冬"，羽绒服就会无人问津。

（7）社会活动及宏观经济因素。2008年奥运会在北京举办，当年夏天北京的客流明显上升，运动氛围浓厚，当年运动品牌的销售业绩对比往年有大幅增长。宏观经济直接影响的是消费者的钱袋子是否充裕，从而影响他们的消费意愿，如果居民把钱都花在了购买房产上，每家每户背负着巨额房贷，那么他们用于服饰上的费用相对就会减少。

## 二、善用"零售恒等式"复核销售目标

本书第四章所讲的零售恒等式可用于检验销售目标的合理性。

$$营业额 = \underbrace{客流 \times 成交率}_{成交笔数} \times \underbrace{件单价 \times 连带销售率}_{客单价}$$

（营业额）

零售恒等式可以计算营业额，理论上它可以用于预估销售目标。但目前还没有哪个时尚买手采用零售恒等式预估销售目标，主要原因是零售恒等式中的各个KPI都不像其他几种预估方式中的KPI那么稳定。客流容易受商圈、商场环境变化的影响；成交率、连带销售率都容易受零售团队稳定性和管理效率的影响。所有这些因素都很难找到规律，因此不具备成为销售目标计算方式的条件。

但仍然有经验丰富的时尚买手发现，使用零售恒等式检验其他方式计算出来的销售目标的合理性是不错的选择。

用零售恒等式检验合理性，是将已经计算出来的销售目标代入零售恒等式公式中，检验几个KPI的合理性。当门店客流、连带销售率、件单价稳定时，用销售目标除以预估的客流、连带销售率、件单价，得到成交

率，用计算出的成交率与同期实际成交率对比，可判断销售目标设定得是否合理。可采用对比结果的前提是对零售运营能力的判断准确，因为成交率是一个受零售运营能力影响较大的零售 KPI，如果零售运营能力没有显著提升，成交率的同比变化通常不会太大；如果零售运营能力下降，成交率必然会降低。

要运用好零售恒等式检验销售目标，需要对恒等式中各 KPI 的预估具备一定的实战经验。

（1）客流的预估。参考门店未来一年周边环境是否有变化：如果没有任何改变，则客流变化不大；如果门店所在商场、商圈的客流受外部因素影响，预计将有明显下降，则预估门店客流也会下降；如果门店未来一年的周边环境将发生变化，比如新开了客流通道，或者有知名品牌入驻，都有可能给门店带来客流的增长，则客流预估可做增长预估。

（2）成交率的预估。通过评估门店运营能力的稳定性来判断成交率趋势。一家运营稳定的门店，其成交率基本趋于稳定；如果门店的运营能力持续提升，则成交率也会缓慢上涨；如果门店运营能力下降，则成交率会下降。

（3）客单价的预估。客单价的预估可以参考两个因素：一个是件单价，即当季提供的商品组合的件单价，如果件单价对比同期有所提升，而运营水平变化不大，则客单价也会随之提升；另一个因素是连带销售率，影响连带销售率的因素除了门店运营能力外，还有该季商品组合中商品的可搭配性，越是容易搭配的商品组合、可搭配的单品组合越多，越能够提升客单价。

## 第七章
### FASHION BUYER
# 订货会前准备:"庖丁解牛"式拆分OTB

先秦庄周《庄子·养生主》:"庖丁为文惠君解牛,手之所触,肩之所倚,足之所履,膝之所踦,砉然向然,奏刀騞然,莫不中音。"

有一个名叫丁的厨师替梁惠王宰牛,手所接触的地方,肩所靠着的地方,脚所踩着的地方,膝所顶着的地方,都发出皮骨相离声,刀子刺进去时响声更大,这些声音没有不合乎音律的。它竟然同《桑林》《经首》两首乐曲伴奏的舞蹈节奏合拍。

梁惠王说:"嘻!好啊!你的技术怎么会高明到这种程度呢?"

相信庖丁解牛的故事大家都不陌生,而庖丁解牛的境界却与时尚买手拆分采购目标的技巧不谋而合。本章就让我们随着庖丁给惠王的回答,走进时尚买手拆分目标的三重境界吧。

# 第一节　看见整牛：计划订货宽度和深度

庖丁放下刀子回答说："臣下所探究的是事物的规律，这已经超过了对于宰牛技术的追求。当初我刚开始宰牛的时候，（对于牛体的结构还不了解），无非看见的只是整头的牛。"

正如庖丁所讲，在探究更深层次的规律之前，第一步看到的应该是事物的整体，庖丁解牛的过程也是从整体出发的。把这一规律运用到时尚买手拆分采购计划的步骤中，就是要先计划SKU的数量和平均每个SKU的采购件数，即订货宽度和平均深度的拆分。

无论什么样的采购计划，最终都是由一个个有订量的SKU组成的采购订单，因此SKU的宽度和深度构成了采购计划的轮廓。有的品牌一季采购的SKU宽度为100，深度为200；有的品牌一季采购的SKU宽度超过1000，深度只有20，想象一下这两种订货方式，立马可以勾勒出这两种品牌的门店会给人什么印象，第一种遵循"少即是多"的道理，没有太多选择，但件件是精品，给人小巧精致的感觉；第二种追求"大而全"的概念，给人琳琅满目的感觉。

## 一、计划订货宽度和深度的重要性

前文讲到，SKU的宽度即时尚买手可以买多少款式（颜色）的产品，SKU的深度代表平均每个SKU可以买多少件商品。在OTB已经确定的情况下，SKU的宽度和深度是"此消彼长"的关系，增加了宽度，就需要减少深度；增加了深度，则势必要减少宽度。

时尚买手既要平衡好订货的宽度，也要照顾到订货的深度，不能厚此薄彼，也不能简单粗暴地"一刀切"，就好像家庭中的丈夫要平衡好媳妇和母亲之间的关系，不偏袒任何一方，也不能坐视不管任由双方的关系自由发展，更不能添油加醋激化双方的矛盾。聪明的男人都懂得平衡的艺术，因为他们懂得只有良好的婆媳关系才能带来家庭幸福感的最大化。生活中能把媳妇和母亲的关系平衡好男人，通常都是对媳妇和母亲的性格了如指掌的丈夫和儿子。

同样的道理，时尚买手要做好订货宽度和深度的平衡，也一定要清楚宽度和深度的"性格"。以下是SKU宽度和SKU深度的"两重性格"分别对采购计划和门店运营的影响。

**1. SKU宽度对采购计划的影响**

（1）SKU过多会分散OTB的使用，造成SKU平均深度不足，或者核心尺码深度不足，或者潜在的畅销款式无法下量。

（2）SKU过少会造成OTB的浪费，这意味着有一部分OTB购买了市场无力消化的深度。同时，过少的SKU让订购的SKU更聚焦，会增加买货的风险。如果时尚买手订购了100个SKU，有10个SKU没有买准，则买错率是10%，而如果订购的是200个SKU，有10个SKU没有买准，则买错率是5%。

**2. SKU宽度对门店运营的影响**

（1）过多的SKU会让门店的陈列过于拥挤，甚至有的SKU没有陈列位置，只能静静地躺在后仓，等到有SKU售罄的时候，它才有机会"上场"。这还会加大门店陈列调整的难度。

（2）过多的SKU在门店陈列中势必会减少单个SKU的出样件数，出样件数的减少可能导致部分尺码无法出样。如果不能将所有尺码出样，则会降低门店的运营效率，消费者需要频繁地向门店员工查询和确认自己所需尺码的商品是否有货，在试穿的时候也要花更多的时间等待门店员工取货。

（3）过少的SKU会让门店陈列过于单薄，不能吸引消费者进店。

（4）对于过少的SKU无法规划合理的上市波段，时尚买手会因此减少新品上市的频率，减少每次上新品的SKU数，这些都会降低门店对消费者的吸引力。

### 3. SKU 深度对门店运营的影响

（1）过浅的 SKU 深度会让门店在运用过程中迅速出现断码现象，影响后面的销售业绩。

（2）过浅的 SKU 深度还会降低消费者的体验。如果消费者需要的尺码断货了，不能买到或者需要等待一段时间才能买到他们需要的商品，则消费者体验就会降低。

（3）当门店出现断码后，时尚买手不得不进行频繁的调拨，这会增加物流运营的成本。同时，让本该在门店获得更多销售机会的商品，频繁地在物流车上颠簸，减少它们在门店中销售的时间，损失的是机会成本。

（4）过深的 SKU 深度如果超出市场的购买力，则势必造成库存积压，甚至时尚买手为了清库存，还会提前进行打折促销，这不仅会降低整盘商品的销售毛利率，还会降低品牌的价格影响力。

以上，了解了宽度和深度的"性格"，你会不会觉得它们太过"矫情"了，它们都把自己当成是五官端正、身高标准的美女或者英俊潇洒的帅哥了，胖不得、瘦不得，让别人对它们更是说不得、骂不得的感觉。既然已经知道了它们的"性格"，接下来当时尚买手计算 SKU 宽度和深度时就能时刻保持警醒，既不走错路也不走弯路。

## 二、门店 SKU 宽度计算方式

当有人被问到门店的 SKU 容量时，最笨的做法是跑到门店一个个数，再聪明一点的做法是从系统里调出该门店的库存数据，数一下 SKU 的数量。但这两种做法得到的 SKU 宽度都不够准确。

第一种做法，数出来的 SKU 数只能代表当下陈列的 SKU 数，但并不能确保当下陈列出来的这些 SKU 的出样深度都符合标准。

第二种做法，用系统库存数据数出来的 SKU 数为什么也不准确？因为我们同样无法保证系统记录有库存的 SKU 是否完全陈列在卖场中，是否在陈列时按照标准出样件数陈列。

既然这两种方式都不够严谨，那么严谨的方式是什么？答案是，用逻辑计算出来的门店 SKU 宽度才是门店 SKU 宽度，该宽度被称为门店 SKU 容量，是门店可容纳的 SKU 数量的最大值。

门店可容纳 SKU 宽度的最大值代表的是，在保证门店总体陈列的美观性、一致性的情况下门店 SKU 容量的最大值。若超过该宽度，门店陈列将会显得拥挤。

### 1. 如何计算门店 SKU 的宽度容量

（1）门店 SKU 的宽度由门店前场空间面积和家私布局的容量决定。

（2）每一个家私都有其独立的容量，容量因商品陈列的疏密程度和 SKU 出样件数而有所不同，每个家私单元的 SKU 容量值为一个区间值。

例 7-1：

现有一个 1.8 米的挂通，如果每件服装陈列需要 1.5 厘米，每个 SKU 出样 4 件，则这个挂通可以陈列的 SKU 数为：

$$180 \div 1.5 \div 4 = 30$$

如果每个 SKU 出样 6 件，则这个挂通可以陈列的 SKU 数为：

$$180 \div 1.5 \div 6 = 20$$

如果陈列冬天的厚衣服，每件衣服需要 2 厘米，每个 SKU 出样 4 件，则这个挂通可以陈列的 SKU 数为：

$$180 \div 2 \div 4 \approx 22$$

综上所述，考虑季节因素该挂通的 SKU 陈列容量为 20～30 个 SKU。

（3）因单个家私容量是区间容量，故门店总的SKU容量也是区间容量。

（4）为增加视觉冲击力而设计的重复出样区域的SKU容量，不计入门店SKU容量中。

（5）门店SKU容量区间由每个家私的有效容量区间值加总得来。

（6）门店的面积与SKU容量没有固定的数值关系，未必100平方米门店的SKU容量就一定大于90平方米的门店，因为门店因不同的设计、不同的家私组合会有不同的SKU容量。

## · 案例 7-1 ·

表7-1是某休闲品牌多家门店的SKU容量计划表。

表 7-1  SKU 容量计划表（休闲品牌）

| 店铺编码 | 面积 | 高/矮仓 | 中间仓/龙门架 | 二项架 | 四项架 | 环岛家私 | 旋转架 | 陈列台 | 家私单位总数 | 最低系数 | 最少SKU容量 | 最高系数 | 最大SKU容量 |
|---|---|---|---|---|---|---|---|---|---|---|---|---|---|
| K186 | 23 | 14 | 3 |  | 4 |  |  |  | 21 | 2.8 | 59 | 4.0 | 84 |
| K183 | 27 | 10 | 4 | 2 | 16 |  |  |  | 32 | 2.8 | 90 | 4.0 | 128 |
| K325 | 33 | 8 | 4 | 2 | 8 |  |  | 2 | 24 | 2.8 | 67 | 4.0 | 96 |
| K163 | 33 | 12 | 4 |  | 8 |  |  | 2 | 26 | 2.8 | 73 | 4.0 | 104 |
| K328 | 37 | 12 |  | 2 | 8 |  |  | 3 | 25 | 2.8 | 70 | 4.0 | 100 |
| K318 | 42 | 15 |  | 2 | 8 |  | 8 |  | 33 | 2.8 | 92 | 4.0 | 132 |
| k198 | 45 | 18 |  | 2 | 8 |  |  |  | 28 | 2.8 | 78 | 4.0 | 112 |
| K358 | 47 | 16 | 5 |  | 8 |  | 16 | 2 | 47 | 2.8 | 132 | 4.0 | 188 |
| k393 | 48 | 19 | 6 | 4 | 8 |  |  | 3 | 40 | 2.8 | 112 | 4.0 | 160 |
| KS01 | 50 | 22 | 3 | 2 | 16 |  |  | 3 | 46 | 2.8 | 129 | 4.0 | 184 |
| k365 | 50 | 20 | 2 | 2 | 8 |  |  | 2 | 34 | 2.8 | 95 | 4.0 | 136 |
| k321 | 61 | 17 |  | 4 | 8 |  | 16 | 2 | 47 | 2.8 | 132 | 4.0 | 188 |
| k360 | 63 | 20 |  |  | 8 | 20 | 8 |  | 56 | 2.8 | 157 | 4.0 | 224 |
| K319 | 64 | 21 |  | 2 | 16 |  | 16 |  | 55 | 2.8 | 154 | 4.0 | 220 |

（续）

| 店铺编码 | 面积 | 高/矮仓 | 中间仓/龙门架 | 二项架 | 四项架 | 环岛家私 | 旋转架 | 陈列台 | 家私单位总数 | 最低系数 | 最少SKU容量 | 最高系数 | 最大SKU容量 |
|---|---|---|---|---|---|---|---|---|---|---|---|---|---|
| K355 | 64 | 22 | | 4 | 12 | | 16 | | 54 | 2.8 | 151 | 4.0 | 216 |
| K195 | 68 | 18 | 4 | 4 | 8 | | | 2 | 36 | 2.8 | 101 | 4.0 | 144 |
| K192 | 78 | 17 | 4 | | 24 | | | 3 | 48 | 2.8 | 134 | 4.0 | 192 |
| k366 | 100 | 14 | 12 | 4 | 16 | | | 2 | 48 | 2.8 | 134 | 4.0 | 192 |

从表 7-1 可知，该品牌计算 SKU 宽度的逻辑如下：

（1）全店 SKU 容量的计算方式，不是将单个家私容量区间相加得到门店容量区间，而是先将所有家私单元数相加，再分别乘以最低容量系数 2.8 和最高容量系数 4.0，以此得出门店的 SKU 容量区间。

这并不是前文所讲的计算方法，但确实被企业所使用。它的合理性在于，该品牌使用的家私种类单一，其主要的家私单元集中在高/矮仓、龙门架、二项架、四项架和陈列台几种，并且除了二项架的容量是四项架的一半以外，其他几种家私单元的容量与四项架的容量区间接近，所以可以被当成相同的家私使用系数方式计算 SKU 容量。

（2）关于系数的选择，先计算出每种家私单元的容量区间，获取除二项架以外的容量区间的平均值，再根据二项架在门店中的占比，适当将区间调低即可作为区间系数。

· 案例 7-2 ·

表 7-2 是某运动品牌门店的 SKU 容量计划表。

该品牌 SKU 容量计算方式采用的是将家私单元容量乘以家私单元数，再将各区域加总求和的方式，并通过前场服装 SKU 容量乘以单个 SKU 的出样件数，计算出前场服装的出样件数。

表 7-2 门店 SKU 容量计算表（运动品牌）

门店 SKU 容量计算表

| 品类 | 合计容量 | | | 鞋墙 | | 服装墙 | | 容量展桌 | | 小展桌 | | 长挂通 | | 短挂通 | |
|---|---|---|---|---|---|---|---|---|---|---|---|---|---|---|---|
| | 鞋 | 服 | 服装件数 | sku/fixture Qty | 21 SKU | sku/fixture Qty | 10 SKU | sku/fixture Qty | 10 SKU | sku/fixture Qty | 7 SKU | sku/fixture Qty | 8 SKU | sku/fixture Qty | 5 SKU |
| 男装跑步（M's Running） | | | | | | | | | | | | | | | |
| 专业（C） | 63 | 58 | 348 | 3 | 63 | 4 | 40 | 1 | 10 | | | 1 | 8 | | |
| 训练（T） | 21 | 17 | 102 | 1 | 21 | 1 | 10 | | | 1 | 7 | | | 2 | 10 |
| 休闲（E） | 42 | 48 | 288 | 2 | 42 | 3 | 30 | 1 | 10 | | | 1 | 8 | | |
| 合计 | 126 | 123 | 738 | 6 | 126 | 7 | 70 | 2 | 20 | 1 | 7 | 2 | 16 | 2 | 10 |
| 女子跑步（W's Running） | | | | | | | | | | | | | | | |
| 专业（C） | 42 | 48 | 288 | 2 | 42 | 3 | 30 | 1 | 10 | | | 1 | 8 | | |
| 训练（T） | 21 | 10 | 60 | 1 | 21 | 1 | 10 | | | | | | | 1 | 5 |
| 休闲（E） | 42 | 43 | 258 | 2 | 42 | 2 | 20 | 1 | 10 | | | 1 | 8 | | |
| 合计 | 105 | 101 | 606 | 5 | 105 | 6 | 60 | 2 | 20 | | | 2 | 16 | 1 | 5 |
| 女子训练 | 21 | 10 | 60 | 1 | 21 | 1 | 10 | | | | | | | | |
| 男子训练 | 21 | 10 | 60 | 1 | 21 | | | | | 1 | 7 | | | 2 | 10 |
| 合计 | 273 | 244 | 1 464 | 13 | 273 | 14 | 140 | 4 | 40 | 1 | 7 | 4 | 32 | 5 | 25 |

在案例 7-1 中，K319 和 K355 两个门店的面积相同，但 SKU 容量却不同；K183 门店的面积比 K325 小，但容量却更大。其原因正如前文所述门店的设计才是直接影响 SKU 容量的关键因素。那么哪些因素会影响门店的设计？为什么同样面积的门店，设计出来的 SKU 容量会差那么多？

要回答这个问题并不难，比如你去买房子时，一栋楼里同一个户型的邻居很多，没有装修前大家的房子都长一个样子，但是等大家都装修完了再去看，没有哪两家是一模一样的，这就是设计。不同的家庭有不同的诉求，所以产生了不同的设计需求，品牌终端门店的设计同样也有其想要表达的核心诉求。

**2. 影响门店空间设计的因素**

（1）空间限制。虽然每一个品牌都希望商场提供给它们的是方方正正的经营场地，但是这种完美的空间对于大多数品牌来说是可遇不可求的。真实的情况是品牌从商场租到的位置有时候是边边角角，有时候有几个大柱子，有时候被一个通道隔开，有时候是边厅，有时候是中岛。最好的位置、最舒适的空间常常是最有谈判能力的几个品牌在角逐。服饰企业的空间设计师们一方面要保证品牌的诉求，另一方面要降低空间限制的影响，使空间的利用效率最大化。

（2）门店战略定位。这是企业对门店的核心诉求。比如有些门店的定位是销售业绩的承担者，那么它的设计就是以销售最大化为前提，以容纳更多的商品为设计主导方向。有些门店是品牌的"颜值担当"，需要在重要城市的核心商圈树立品牌的形象，这种门店的设计会侧重空间的视觉冲击和美感，会牺牲一些销售空间来增加模特展示区域或者视觉冲击区域的面积。

（3）门店的系列组合。当品牌的产品线有清晰的系列划分时，每个系列的商品有自己独特的风格和核心消费人群，门店空间设计的基础就是系列组合。比如，运动品牌常见的系列有跑步系列、篮球系列、足球系列、训练系列、运动生活系列等。其门店的系列组合就像小朋友玩的搭积木游戏一样,在不同的商圈、不同的商场中用不同的系列搭出不同的门店,有的门店由篮球、足球、运动生活三个系列组成;有的门店由跑步和运动生活两个系列组成。

(4) 商圈客流结构。如果品牌的产品线中同时包含男女性别的产品线,那么门店所处的商圈中的男女客流比例也会影响门店的空间设计,这主要表现在门店男女区域划分比例的不同。在一个以女性消费者为主的商场、楼层,在做空间设计时会以女性产品为主,提供更大的女装产品陈列空间和更多的女子产品区的试衣间。

(5) 顾客动线。门店的空间设计除了要满足商品的容量、外观的美丽外,还要充分考虑消费者进店后的动线合理性。

### 3. 门店 SKU 容量的运用

(1) 在制订门店单店采购计划时,门店 SKU 容量具有重要的参考意义,单店买货订单的 SKU 宽度以门店 SKU 容量为参考,单季订货宽度在低于容量 10% 到高于容量 30% 的范围内都是可以接受的。

(2) 用于制订整体订货宽度计划。门店 SKU 容量是时尚买手整盘订货 SKU 宽度的基础,负责多个门店订货的时尚买手的订货逻辑是:由单店订单组成整盘订单。

(3) 门店 SKU 容量是门店日常运营过程中的重要指标。时尚买手参考门店 SKU 容量判断门店库存 SKU 是否需要调拨。同时零售运营和视觉陈列也会根据 SKU 容量来调整门店的陈列方案。

## 三、订货 SKU 宽度计算方式

对时尚买手而言,不是学会了门店 SKU 宽度的计算,就掌握了订货 SKU 宽度的技巧。因为没有哪一个时尚买手是只负责一家门店订货的,他们通常都会负责多家门店的商品采购工作。

当时尚买手负责某个区域的门店的采购时，当季的订货SKU宽度既不能等于该区域最大的一家门店的SKU容量，也不应该等于该区域所有门店的SKU容量之和，合理的SKU订购宽度是处于这两者之间的某个数值。如果时尚买手仅按照容量最大的门店的SKU宽度锁定整个订货宽度，其采购结果很难在市场上做门店区分，尤其是在同一商圈开店非常密集的品牌，比如耐克、阿迪达斯品牌在同一条商业街开设超过十家门店，甚至在同一家购物中心开设两三家门店，这种开店密度要求各门店之间提供有差异化的商品组合。但若把所有门店做百分之百的差异化，也就是总订货宽度等于各门店容量之和，也是不可取的，因为这不符合品牌经营的基本条件，违背了品牌的标准化、规模化属性，给品牌的商品开发和运营带来巨大的挑战。

时尚买手确定订货宽度的方式有以下三种：

第一种，从下至上（Bottom Up）的方式。Bottom是指区域内各门店的订货宽度，Up是指订货宽度。这种方式来源于门店单店订货逻辑，将各门店的单店订单汇总后得到区域订货订单，区域订货订单的SKU宽度即为该季订货宽度。

第二种，从上至下的方式（Top Down）。这种方式常被品牌公司买手采用，品牌公司买手从品牌定位、同期销售数据、门店结构、渠道开发计划等角度综合考虑，规划品牌当季的订货SKU总宽度，然后各区域、门店在这个宽度内进行订货。

第三种，用OTB计算订货SKU宽度。前两种确定订货宽度的方式都只是间接用到当季OTB，而非直接使用OTB做宽度规划。直接使用当季OTB计算SKU宽度的方法有两种。

用OTB除以计划订货平均深度和本季提供商品的平均单价，得到计划订货的SKU宽度，用计算出的订货SKU宽度与同期实际SKU宽度进行对比，判断其合理性，在此基础上做调整。

基于这个逻辑，我们也可以用 OTB 除以同期销售有效的 SKU 数量和本季提供商品的平均单价，得到计划的平均深度，将计算出来的平均深度与同期实际销售的平均深度进行对比，以此作为调整宽度的依据。在使用平均深度进行对比时应注意，实际销售的平均深度与采购的平均深度之间应考虑售罄率因素，如果同期销售的平均深度是 10，采购的平均深度必须大于 10，原因是要有适量的备货。

例 7-2：

品牌去年同期订货和销售的 SKU 宽度为 500 个 SKU，本季计划的 OTB 吊牌金额为 5000 万元，本季商品的平均单价为 100 元/件，若以同期的订货宽度为本季计划订货宽度，则本季采购的平均订货深度为：

平均订货深度 = OTB ÷ 订货宽度 ÷ 平均单价

本季计划平均订货深度 = 5000 万 ÷ 500 ÷ 100 = 1000（件/SKU）

若同期每个 SKU 的平均销售件数为 600 件，本季采购计划售罄率为 60%，则计划本季订货宽度为 500 个 SKU 被认为合理，判断的依据是：

计划平均每个 SKU 销售件数 = 平均订货深度 × 计划售罄率
= 1000 × 60% = 600（件）

计算出来的计划平均每个 SKU 销售件数与同期实际发生的销售数据持平。如果计算出来的数据与同期销售数据差异巨大，则应退回去调整 SKU 宽度。

**Tips：用 OTB 计算订货 SKU 宽度的注意事项**

（1）在使用 OTB 计算订货 SKU 宽度时应首先确保满足以下两个条件：

1）同期数据健康，即同期销售结构合理，季末售罄率符合计划目标。

2）本季销售渠道与同期没有发生变化。

（2）在OTB公式中SKU宽度、SKU深度、OTB、平均单价之间存在等式关系，时尚买手的采购行为应先确定OTB，平均单价由产品开发结构的稳定性决定，在通常情况下可预估。对于剩下的SKU宽度和SKU深度应先确定其中任何一个，另一个就由计算逻辑得出。所以，时尚买手可根据实际情况判断，是用宽度推深度，还是用深度推宽度。无论选择哪个推导，另一个被推导出来的值都要与同期实际发生的数据进行对比来验证。

（3）在计划订货宽度时还要考虑新品上市波段、商品应季占比两个因素。如果在一个商品季中有三个上市波段，从第一个上市波段到第三个上市波段，每个波段提供的新品SKU数比例以50%、30%、20%为宜。

（4）订货SKU宽度不仅包含总宽度，还应包含各品类、系列的SKU宽度。

## 四、订货SKU深度的计算方式

时尚买手的工作是"花钱"的工作，看上去风光无限，但要做到"不花冤枉钱"，时尚买手必须得是一个会计算的采购员：花多少钱订货要算一算，采购多少个SKU要算一算，平均每个SKU采购多少件要算一算，要不要打折要算一算，要不要补货要算一算，一次要补多少货也要算一算……每一个"算一算"都不能是随便"掐指一算"，而是要用有效的数据和严密的逻辑计算，因此这份工作被时尚买手调侃为不是"买买买的工作"而是"算算算的工作"。的确，时尚买手的工作是先算后买，算准了再买。

前文讲了如何计算订货宽度，接下来让我们看看时尚买手如何计算订货深度，归纳起来订货深度应包含以下四种深度：

（1）平均深度，运用 OTB、平均宽度、平均深度、平均单价之间的等式关系计算平均深度：

平均订货深度 = OTB ÷ 平均订货宽度 ÷ 平均单价

（2）单个 SKU 深度，单个 SKU 深度的计算公式是：

单个 SKU 深度 = 平均每周销售件数 × 预计销售周数

预计销售周数是预计的 SKU 的生命周期，使用单个 SKU 深度计算法订货的订货方式被称为商品生命周期订货方式。

（3）最低订量，是指订单中订量可以最少的 SKU 的订货深度。最低订量也被称为起订量，常在品牌公司对分销商的订货要求中出现。

鞋类品牌单个 SKU 的起订量为 12，制定 12 的原因是它们运输使用的箱子容量是 12 双，除此以外，还因为它们的仓储管理已经实现了自动化，仓库中拣货、装箱、打包的活交给了机器人，一箱只放一款商品对机器人来说更容易操作。

对于服装的起订量，大多数品牌采用的是"一套尺码"制，女装品牌的尺码范围是 S、M、L、XL，"一套尺码"的订量通常包含 S 码 1 件、M 码 2 件、L 码 2 件、XL 码 1 件，最低订量为 6 件。

（4）畅销款深度，每个品牌都很重视畅销款的订货深度，关注的 KPI 是畅销款的平均订货深度和畅销款订货占总订货的比例，被称为 Top SKU 订货平均深度和 TOP SKU 订货占比。运动品牌耐克一季订货的总宽度超过 2000 个 SKU，但是在这 2000 个 SKU 中的前 100 个 SKU 的订货金额能占到总订货的 40% 左右。

Tips：选 Top20 还是选 Top50，应如何决定？

到底是选择前 20、前 50 还是前 100 作为畅销款，这是很多初级时尚买手无法熟练决策的事情。

对于畅销款 SKU 数的确定，首先应看品牌的总 SKU 数，畅销款的 SKU 数参考当季总 SKU 数的 20%，可等于或小于 20% 的值，但不可高于20%的值。再计算同期每个SKU的销售占总业绩的比率，以降序排序，从排名第一的SKU开始计算累计占比，直到占比值累计达到50%或60%。数出此时的SKU数，可将它作为畅销款SKU数的界定参考值。

## 第二节 感触牛的肌理：结构拆分

庖丁的第二个境界："三年之后，见到的是牛的内部肌理筋骨，再也看不见整头的牛了。现在宰牛的时候，臣下只是用精神去接触牛的身体就可以了，而不必用眼睛去看，就像视觉停止活动了，而全凭精神意愿在活动。顺着牛体的肌理结构，劈开筋骨间大的空隙，沿着骨节间的空穴使刀，都是依顺着牛体本来的结构。"

庖丁闭着眼睛都能够感受到牛的肌理，这说明这些结构早已在他的心中，他无须睁眼观看。在这个阶段，庖丁看到的牛已经不是牛的外形，而是一块块肌理。

将庖丁的第二个境界运用到OTB的拆分中就是进行结构拆分，OTB的结构就像牛身上的肌理一样，看上去遍布全身，很复杂，但其实有很强的规律性。

### 一、结构拆分的维度

分析时尚商品的结构维度以品类维度、系列维度、子品类维度和上市波段维度为主。

**1. 品类维度**

时尚买手拆分OTB的第一刀砍在品类上，对于品类的界定因品牌属性不同而有差异性，但归纳起来可以认为产品属性分类的第一个层级就是品类维度。

运动品牌、户外品牌的品类可分为服装、鞋类、装备。

服装品牌的品类可分为男装、女装、童装。

鞋类品牌的品类可分为男鞋、女鞋、童鞋。

多品店的品类可以直接按照每个品牌分类。

**2. 系列维度**

系列（Category）是从设计属性上的分类，与之类似的分类方式还有故事主题等。

服装品牌每一季至少有三个故事主题，这三个故事主题也被称为三个系列。系列与设计师的灵感来源和设计主题相关，所以每一季可能会有变化。

运动品牌的系列按照不同运动项目划分为跑步系列、篮球系列、足球系列、运动生活系列、女子健身系列、男子健身系列、网球系列等。这种划分具有稳定性，不会经常发生变化。

户外品牌的系列划分方式与运动品牌类似，按照户外运动的项目划分为登山系列、徒步系列、溯溪系列、滑雪系列等。

有的鞋类品牌的系列划分与服装的划分方式类似，按照设计主题划分；有的鞋类品牌的系列常年不变，尤其是有悠久历史的鞋类品牌，它们的一个经典鞋款就是一个系列，代表一种风格，这种风格经久不衰。比如已有几百年历史的德国 Birkenstock 品牌，在这个品牌家族中有多个经典鞋款自成系列，"波士顿""伦敦"都是以城市命名的鞋款，也是系列。

**3. 子品类维度**

子品类是品类维度下的次级分类维度。女装品牌的子品类有衬衫（长袖、短袖）、T恤（长袖、短袖）、夹克、棉服、羽绒服、马甲、长裤、短款、长裙、短裙、针织衫、毛衣、风衣等。

**4. 上市波段维度**

上市波段（Flow）是从时间属性上划分的纬度，每季新品按照不同时间分批次上市就形成新品的不同上市波段。对于一年有四个产品季的品牌，如果SKU总数不多，那么每一季的上市波段一般为三个，即每个月上一次新品；如果SKU总宽度太宽，一季有上千个SKU（常见于运动品牌），则其上市波段以六个为主，每半个月上一次新品。

以上四个维度之间的关系既有上下层级关系，也有并列关系，订货的结构维度和各维度间的关系共同组成订单的肌理（见图7-1）。

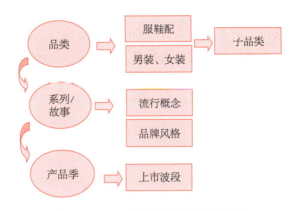

图7-1 OTB结构拆分维度间的关系

**Tips：关于提前波段应该知道的常识**

一些新入职的时尚买手，常常对提前波段（Early Launch）不是很理解，认为既然已经有了第一波段、第二波段、第三波段，为什么还要加个提前波段。

提前波段，顾名思义是比正常上市波段更早的一个上市波段，为什么品牌需要提前波段？企业上市提前波段的目的和意义有以下几种。

第一种，引领时尚潮流，奠定品牌时尚引领者的地位。通常，时尚品牌的提前波段不仅是本品牌最早的上市波段，同时也力争成为行业里同类品牌最早的上市波段。通过提前波段的商品，品牌提前向市场、消费者传递当季流行趋势，起到"先入为主"的效应，并以此引领时尚潮流。越是行业领导者品牌，提前波段越早。

第二种，试销。有的品牌通过提前波段对新产品进行试销，试销结果好的商品快速投入大货生产，以此降低订货偏差的风险。

第三种，增加商品的销售时间。有的品牌将原有的上市波段提前，第一个上市波段就变成了提前波段，其目的是让商品更早上市，获得更长的销售生命周期。

虽然提前波段有很多好处，但作为时尚买手，不得不面对的提前波段真正的尴尬，就是提前波段的上市时间的季节适销性。春季的提前波段商品上市时，季节气候还处于寒冷的冬季，而春季产品线多以轻薄为主，其季节适销性并不好。又比如，秋季的提前波段上市时间正好是春夏季商品的打折季，其销售机遇不算好。

因为这些尴尬，提前波段没有成为所有品牌追求的上市波段，只有部分有条件的品牌和企业做了这个波段。

## 二、"四周八周"原则

知道了结构拆分的维度，或许你现在迫切想知道的是结构拆分的方法，不要着急，有了结构拆分的维度，你还需要有支持结构拆分的数据源。第四章介绍了如何甄别数据源的有效性，这里再介绍一个时尚买手选取数据源的黄金原则，即"四周八周"原则。

"四周八周"从字面意思可知是选取商品上市后的前四周和前八周的销售数据作为数据分析的数据源，该选取方式对OTB结构拆分尤为重要。

**为什么要选取"四周八周"数据作为OTB结构拆分数据源？**

（1）"四周八周"是同期产品上市的正价销售期。众所周知，每个品牌都有售罄率目标，为了达到售罄率目标，有的品牌在季末打折，有的品牌从季中开始逐渐降低折扣。但多数品牌在新品刚上市的第一个月内不会做价格上的促销，或者促销幅度不大，所以用前八周数据作为分析的数据源，可以真实地反映消费者对商品、设计本身的接受情况，而不是受各种促销影响的结果。

（2）新品上市的前"四周八周"，也是商品在市场上还没有断码的销售阶段，所以在这期间的销售数据可以反映市场真实的购买意愿和潜力。假如选取的数据是在断码情况下的销售数据，这样得出的结果不能真实地反映市场需求，仅能代表同期采购订单结构下的销售趋势，如果同期采购结构已有偏差，那么依据"买决定了卖"的原理，本季继续以这个结果为导向采购，会增加犯错的风险。

（3）在期货制订单模式下，时尚买手买的都是在未来半年或一年内上市的商品，时尚买手准备OTB的时间是参加订货会前1～2个月期间，很有可能出现时尚买手要分析的同期数据正是当下正在销售的产品季的情况。在这种情况下，同期数据源本身就不具备时间上的完整性，时尚买手不可能等到这个产品季数据完整了才做OTB。

综合上述原因，时尚买手在做OTB结构拆分的时候，对历史数据应优先选择前"四周八周"的数据进行分析。

## 三、OTB 结构拆分技巧

有了维度、数据来源，现在我们开始拆分OTB，OTB结构的拆分共分以下三步。

**第一步，确定结构拆分同期数据的分析维度。**

（1）SKU宽度和SKU深度，这是上一节"庖丁解牛"第一步的内容，所以必不可少。

（2）同期采购占比，在各个维度下所有SKU的买货占当季总买货、维度总买货的比例。

（3）同期销售占比，在各个维度下所有SKU的销售占当季总销售、维度总销售的比例。

（4）同期售罄率，在各个维度下所有SKU的综合售罄率。

**第二步，选取同期"四周八周"销售数据，并分析其结构（见表7-3）。**

表 7-3 "四周八周"结构分析(KL 品牌 SU17)

| 品类 | 系列 | SKU 宽度 | | | | 采购金额占比 | 销售占比 | | 售罄率 | |
|---|---|---|---|---|---|---|---|---|---|---|
| | | 4月 | 5月 | 6月 | 合计 | | 4周 | 8周 | 4周 | 8周 |
| 服装 | 系列1 | 8 | 16 | 5 | 29 | 6% | 8% | 7% | 14% | 25% |
| | 系列2 | 30 | 50 | 20 | 100 | 42% | 40% | 42% | 10% | 23% |
| | 系列3 | 10 | 22 | 10 | 42 | 10% | 6% | 7% | 9% | 19% |
| | 合计 | 48 | 88 | 35 | 171 | 58% | 54% | 56% | 11% | 23% |
| 鞋靴 | 系列1 | 5 | 15 | 5 | 25 | 8% | 9% | 8% | 14% | 26% |
| | 系列2 | 15 | 25 | 10 | 50 | 17% | 19% | 19% | 16% | 28% |
| | 系列3 | 6 | 16 | 10 | 32 | 10% | 10% | 10% | 13% | 25% |
| | 合计 | 26 | 56 | 25 | 107 | 35% | 38% | 37% | 12% | 25% |
| 配件 | 系列1 | 2 | 6 | 4 | 12 | 2% | 2% | 2% | 13% | 23% |
| | 系列2 | 3 | 7 | 5 | 15 | 4% | 4% | 4% | 14% | 25% |
| | 系列3 | 1 | 4 | 3 | 8 | 1% | 2% | 1% | 15% | 25% |
| | 合计 | 6 | 17 | 12 | 35 | 7% | 8% | 7% | 13% | 26% |
| 合计 | 系列1 | 15 | 37 | 14 | 66 | 16% | 19% | 17% | 14% | 25% |
| | 系列2 | 48 | 82 | 35 | 165 | 63% | 63% | 65% | 13% | 25% |
| | 系列3 | 17 | 42 | 23 | 82 | 21% | 18% | 18% | 12% | 23% |
| | 合计 | 80 | 161 | 72 | 313 | 100% | 100% | 100% | 12% | 25% |

第三步,根据同期数据计划本季采购结构比例(见表 7-4)。

表 7-4 OTB 结构拆分(KL 品牌 SU18)

| 品类 | 系列 | KL 品牌 SU17 "四周八周"数据结构 | | | | | | | | | SU18 | | | | |
|---|---|---|---|---|---|---|---|---|---|---|---|---|---|---|---|
| | | SKU 宽度 | | | | 采购金额占比 | 销售占比 | | 售罄率 | | SKU 宽度 | | | 合计 | 采购金额占比 |
| | | 4月 | 5月 | 6月 | 合计 | | 4周 | 8周 | 4周 | 8周 | 4月 | 5月 | 6月 | | |
| 服装 | 系列1 | 8 | 16 | 5 | 29 | 6% | 8% | 7% | 14% | 25% | 8 | 16 | 5 | 29 | 6% |
| | 系列2 | 30 | 50 | 20 | 100 | 42% | 40% | 42% | 10% | 23% | 30 | 50 | 20 | 100 | 42% |
| | 系列3 | 10 | 22 | 10 | 42 | 10% | 6% | 7% | 9% | 19% | 10 | 18 | 8 | 36 | 8% |
| | 合计 | 48 | 88 | 35 | 171 | 58% | 54% | 56% | 11% | 23% | 48 | 84 | 33 | 165 | 56% |
| 鞋靴 | 系列1 | 5 | 15 | 5 | 25 | 8% | 9% | 8% | 14% | 26% | 5 | 15 | 5 | 25 | 8% |
| | 系列2 | 15 | 25 | 10 | 50 | 17% | 19% | 19% | 16% | 28% | 18 | 28 | 10 | 56 | 19% |
| | 系列3 | 6 | 16 | 10 | 32 | 10% | 10% | 10% | 13% | 25% | 6 | 16 | 10 | 32 | 10% |
| | 合计 | 26 | 56 | 25 | 107 | 35% | 38% | 37% | 12% | 25% | 29 | 59 | 25 | 113 | 37% |

（续）

| 品类 | 系列 | KL品牌SU17"四周八周"数据结构 ||||||||| SU18 |||||
| --- | --- | --- | --- | --- | --- | --- | --- | --- | --- | --- | --- | --- | --- | --- | --- |
| | | SKU 宽度 ||| | 采购金额占比 | 销售占比 || 售罄率 || SKU 宽度 |||| 合计 | 采购金额占比 |
| | | 4月 | 5月 | 6月 | 合计 | | 4周 | 8周 | 4周 | 8周 | 4月 | 5月 | 6月 | | |
| 配件 | 系列1 | 2 | 6 | 4 | 12 | 2% | 2% | 2% | 13% | 23% | 2 | 6 | 4 | 12 | 2% |
| | 系列2 | 3 | 7 | 5 | 15 | 4% | 4% | 4% | 14% | 25% | 3 | 7 | 5 | 15 | 4% |
| | 系列3 | 1 | 4 | 3 | 8 | 1% | 2% | 1% | 15% | 25% | 4 | 4 | 3 | 11 | 2% |
| | 合计 | 6 | 17 | 12 | 35 | 7% | 8% | 7% | 13% | 26% | 9 | 17 | 12 | 38 | 7% |
| 合计 | 系列1 | 15 | 37 | 14 | 66 | 16% | 19% | 17% | 14% | 25% | 15 | 37 | 14 | 66 | 16% |
| | 系列2 | 48 | 82 | 35 | 165 | 63% | 63% | 65% | 13% | 25% | 51 | 85 | 35 | 171 | 65% |
| | 系列3 | 17 | 42 | 23 | 82 | 21% | 18% | 18% | 12% | 23% | 20 | 38 | 21 | 79 | 20% |
| | 合计 | 80 | 161 | 72 | 313 | 100% | 100% | 100% | 12% | 25% | 86 | 160 | 70 | 316 | 100% |

表7-4中OTB结构拆分的调整技巧：

（1）服装系列3的同期采购金额占10%，八周销售仅占7%，且售罄率远低于整体水平，因此SU18采购计划调低至8%占比。

（2）鞋靴系列2的同期采购金额占17%，八周销售已占到19%，且售罄率高于整体水平，因此SU18采购计划调高至19%占比。

（3）虽然配件系列3的同期采购金额占1%，八周销售仅占到1%，但由于前4周的高售罄率，故SU18采购计划调高至2%占比。

## 第三节　沿着骨节间的空穴使刀：商品属性分析

庖丁的第三个境界："宰牛的刀从来没有碰过经络相连的地方、紧附在骨头上的肌肉和肌肉聚结的地方，更何况股部的大骨呢？技术高明的厨工每年换一把刀，是因为他们用刀子去割肉。技术一般的厨工每月换一把刀，是因为他们用刀子去砍骨头。现在臣下的这把刀已用了十九年，宰牛数千头，而刀口却像刚从磨刀石上磨出来的一样。牛身上的骨节是有空隙的，刀刃也并不厚，用这样薄的刀刃刺入有空隙的骨节，那么在运转刀刃时就一定宽绰而有余地了，因此用了十九年的刀刃仍然像刚从磨刀石上磨出来的一样。虽然如此,但每当碰上筋骨交错的地方,我一见那里难以下刀,就十分警惧而小心翼翼,目光集中,动作放慢。刀子轻轻地动一下,哗啦一声骨肉就已经分离了,像一堆泥土散落在地上。我提起刀站着,为这一成功而得意地四下环顾,一副悠然自得、心满意足的样子。拭好了刀把它收藏起来。"

庖丁给我们的启示是,即使对肌理已经烂熟于心,在下刀的时候也不能一味蛮干,还要对内容进行精细的分解。对时尚买手来说,就是在有了SKU的宽度深度框架、结构拆分后,还需要对其中的内容进行更深层次的分解。如果框架和结构是牛的骨骼和肌理,那么蕴含在结构中的内容就是每一件商品的属性,有了商品属性,这头牛就是有血有肉的活牛。

在进行商品属性分析前,我们应先知道商品属性分析的重要性和分析维度。

## 一、商品属性分析的重要性

商品的基本属性包含:款式、尺码、颜色、价格和材质等。这些都是消费者直接可以感知到的属性,也就是说,商品属性分析是对目标消费者喜好的分析,对商品属性分析得越准确,时尚买手的采购计划就越能直达消费者的需求。

商品属性分析的重要性如下:

(1)商品属性分析是直达消费者需求的分析,是决定采购是否成功的重要因素。

(2)商品属性分析可以让品牌的设计风格、产品的属性得到延续,积淀出稳定的品牌力。

(3)从消费者需求出发可以积累和稳固品牌的目标客群,明确自己的品牌定位。

(4)通过商品属性分析品牌可以及时发现市场对某类产品的反应,以此扬长避短，不断优化品牌产品线。

（5）尺码分析的积累可以使品牌获知目标客群对尺码的需求，甚至可以帮助品牌优化板型。

## 二、商品属性分析的维度

商品属性分析的维度主要有五个，即款式、尺码、颜色、价格、材质。

### 1. 款式

款式是设计风格的最小单元，但它不是产品的最小单元，产品的最小单元是SKU。

### 2. 尺码

尺码包含了产品的大小和板型，有其行业标准，尺码的行业标准由大量数据总结而来，并被大多数品牌使用。中国有中国的尺码标准，国际上通用的尺码标准有：美国尺码、欧洲尺码和日本尺码。各国尺码标准之间存在对应关系。

在现实生活中，我们有时会听到这样的反馈："这个鞋子偏小，我平常穿36码的鞋，但这款鞋我要穿37码的。"这样的抱怨难免让人质疑这个品牌用的尺码不"标准"。

是的，尺码虽然有行业标准，但各个品牌因设计风格和板型的不同，会出现尺码的偏差。另一种情况是如果品牌采用的是自己品牌的尺码标准，而非行业标准，则也会出现上文所述现象。奢侈品牌和高端男士服装品牌的板型、尺码数据被它们当成具有竞争力的"无形资产"，就像可口可乐的"秘方"一样重要。

### 3. 颜色

颜色在时尚买手的分析中被叫作色系分析。因为颜色的丰富性，时尚买手在分析过程中不可能针对色卡上的每个颜色做分析，而是对某一个色系进行研究。

#### 4. 价格

价格分析包含产品的吊牌价格（零售价格）、实际销售价格，以及与之相关的折价率的分析。

价格的分析可以是某个单一价格的分析，也可以是某个价格区间的分析，就是常说的价位段、价格带的分析。

#### 5. 材质

材质就是面料，材质分析是对生产服饰所用的主要面料的分析。除了四大天然面料棉、麻、丝、毛外，每年各种合成面料层出不穷，这些面料的诞生或可改善人们的穿着体验，或可满足消费者的消费需求，或是为了满足设计师某个设计上的特殊要求。

运动品牌追逐于新的功能面料的开发，让新的面料给消费者带来更舒适的穿着体验是它们的首要任务。

户外品牌注重面料保护性能的开发，让新面料给消费者带来更多的保护，比如防风防雨、保暖、吸湿排汗、速干等功能。

时尚女装品牌对面料的追求是更多的颜色、图案的附着力等。

### 三、OTB 商品属性分析技巧

OTB 商品属性分析的原则和方法与结构分析一样，不再赘述，这里用案例介绍如何做畅销款分析和颜色分析。

#### 1. 畅销款分析

·案例 7-3·

某服装品牌 2017 年 5 月份的销售前十报告如表 7-5 所示。

表 7-5 对畅销款的分析技巧是：

（1）最畅销的款式（SKU 号 71052352）一个月可以售卖 336 件。

### 表 7-5 服装品牌 2017 年 5 月份的销售前十报告

销售时间：2017-05-01 ~ 2017-05-31

| 排名 | SKU 号 | 名称 | 牌价（元） | 颜色 | 产品系列 | 销售数量（件） | 销售额（元） | 销售额占服装比例 | 售罄率 | 平均销售折扣 |
|---|---|---|---|---|---|---|---|---|---|---|
| 1 | 71052352 | 印花褶皱衬衫 | 269 | 粉色 | 系列 1 | 336 | 64 694 | 10% | 20% | 90% |
| 2 | 71052551 | 棉麻长裤 | 329 | 白色 | 系列 1 | 265 | 63 287 | 8% | 22% | 90% |
| 3 | 71052574 | 脚口开叉长裤 | 269 | 白色 | 系列 2 | 293 | 56 801 | 7% | 18% | 90% |
| 4 | 71052356 | 压皱衬衫 | 269 | 黑色 | 系列 3 | 223 | 42 935 | 6% | 19% | 89% |
| 5 | 71052754 | 花长 T | 269 | 白色 | 系列 1 | 201 | 39 869 | 5% | 17% | 89% |
| 6 | 71052369 | REPEST 长衬衫 | 269 | 白色 | 系列 2 | 194 | 39 474 | 4% | 15% | 87% |
| 7 | 71052952 | 金属丝衬衫 | 299 | 黑色 | 系列 1 | 155 | 33 650 | 3% | 14% | 90% |
| 8 | 71052571 | 裤脚纽扣中裤 | 299 | 黑色 | 系列 2 | 138 | 29 764 | 3% | 16% | 93% |
| 9 | 71052353 | 左右搭衬衫 | 299 | 黑色 | 系列 1 | 118 | 25 984 | 2% | 14% | 90% |
| 10 | 71052553 | 竖条麻长裤 | 329 | 蓝色 | 系列 1 | 100 | 24 209 | 2% | 17% | 90% |
| 合计 | | | | | | | | 50% | | |

（2）销售前 10 的 SKU 占总销售 50% 的金额。

（3）白色和黑色畅销的 SKU 居多，各有 4 个 SK。

（4）系列 1 的产品畅销的 SKU 居多，10 个 SKU 中有 6 个属于系列 1。

（5）畅销款中 269 和 299 两个价位最多，分别有 5 个和 3 个。

## 2. 颜色分析

除了上面案例中通过畅销款分析得到颜色分析的方法以外，我们还可以单独做颜色分析。品牌通常会把颜色信息编入 SKU 的编码规则中，这种编码被称为色号，色号的编码遵循一定的规律。比如，有的品牌让所有黑色系的颜色编码中都包含 1，纯黑色的编码是 010，浅灰色的编码为 011；让所有蓝色系的颜色编码中都包含 4，湖水蓝的编码是 400，深蓝色的编码是 410。有了这样的编码规则，时尚买手要做颜色分析就容易多了。

## ·案例 7-4·

某品牌的颜色分析报告如表 7-6 所示。

**表 7-6　品牌颜色分析报告**

日期：2017-04-01～2017-06-30

| 排名 | SKU 号 | 色号 | 销售数量 | 销售额（元） | 销售毛利（元） | 销售成本（元） | 吊牌金额（元） | 折扣 | 牌价（元） | 现价（元） | 均价（元） | 毛利率 |
|---|---|---|---|---|---|---|---|---|---|---|---|---|
| 2 | 71062556 | 00A | 500 | 87 115 | 60 115 | 27 000 | 149 500 | 58% | 299 | 150 | 176 | 69% |
| 4 | 71052574 | 00A | 507 | 81 941 | 54 969 | 26 972 | 136 383 | 60% | 269 | 135 | 162 | 67% |
| 12 | 71052353 | 00A | 342 | 58 417 | 39 778 | 18 639 | 102 258 | 57% | 299 | 150 | 171 | 68% |
| 20 | 71052356 | 00A | 292 | 45 997 | 31 397 | 14 600 | 78 548 | 59% | 269 | 135 | 158 | 68% |
| 23 | 71052753 | 00A | 396 | 44 713 | 28 556 | 16 157 | 78 804 | 57% | 199 | 100 | 113 | 64% |
| 24 | 71052751 | 00A | 414 | 44 689 | 26 721 | 17 968 | 82 386 | 54% | 199 | 100 | 108 | 60% |
| 27 | 71052358 | 00A | 313 | 43 060 | 30 102 | 12 958 | 74 807 | 58% | 239 | 120 | 138 | 70% |
| 8 | 71052571 | 00B | 422 | 68 457 | 41 111 | 27 346 | 126 178 | 54% | 299 | 150 | 162 | 60% |
| 22 | 71052952 | 03B | 260 | 44 978 | 30 678 | 14 300 | 77 740 | 58% | 299 | 150 | 173 | 68% |
| 10 | 71062579 | 10 | 417 | 59 131 | 38 781 | 20 350 | 112 173 | 53% | 269 | 135 | 142 | 66% |
| 13 | 71052369 | 13 | 310 | 57 883 | 41 236 | 16 647 | 83 390 | 69% | 269 | 135 | 187 | 71% |
| 9 | 71062556 | 20C | 378 | 62 660 | 42 248 | 20 412 | 113 022 | 55% | 299 | 150 | 166 | 67% |
| 11 | 71052759 | 20C | 384 | 58 512 | 36 547 | 21 965 | 103 296 | 57% | 269 | 135 | 152 | 63% |
| 26 | 71062368 | 20C | 393 | 43 868 | 30 584 | 13 283 | 78 207 | 56% | 199 | 100 | 112 | 70% |
| 28 | 71052357 | 20C | 270 | 41 768 | 27 350 | 14 418 | 72 630 | 58% | 269 | 135 | 155 | 66% |
| 17 | 71052754 | 23A | 263 | 49 069 | 34 867 | 14 202 | 70 747 | 59% | 269 | 135 | 187 | 71% |
| 21 | 71062365 | 44 | 413 | 45 083 | 28 976 | 16 107 | 82 187 | 55% | 199 | 100 | 109 | 64% |
| 1 | 71052352 | 54 | 576 | 100 243 | 68 908 | 31 334 | 154 944 | 65% | 269 | 135 | 174 | 69% |
| 18 | 71062556 | 52C | 294 | 48 531 | 32 655 | 15 876 | 87 906 | 55% | 299 | 150 | 165 | 67% |
| 14 | 71072475 | 53A | 131 | 56 482 | 45 688 | 10 794 | 61 439 | 92% | 469 | 469 | 431 | 81% |
| 3 | 71052553 | 62B | 441 | 83 497 | 54 832 | 28 665 | 145 089 | 58% | 329 | 165 | 189 | 66% |
| 30 | 71052951 | 63A | 237 | 38 590 | 24 797 | 13 793 | 63 753 | 31% | 269 | 135 | 163 | 64% |
| 15 | 71052952 | 76B | 312 | 54 658 | 37 498 | 17 160 | 93 288 | 59% | 299 | 150 | 175 | 69% |
| 7 | 71052574 | 91 | 457 | 70 242 | 45 930 | 24 312 | 122 933 | 57% | 299 | 150 | 154 | 65% |
| 19 | 71052575 | 91 | 286 | 47 938 | 27 918 | 20 020 | 85 514 | 56% | 299 | 150 | 168 | 58% |
| 25 | 71052573 | 90A | 296 | 44 268 | 29 645 | 14 622 | 79 624 | 56% | 269 | 135 | 150 | 47% |
| 5 | 71052551 | 90C | 343 | 77 007 | 57 731 | 19 277 | 112 847 | 68% | 329 | 165 | 225 | 75% |
| 6 | 71052571 | 99B | 432 | 76 041 | 48 047 | 27 994 | 129 768 | 59% | 299 | 150 | 176 | 63% |
| 16 | 71062365 | 99B | 462 | 50 003 | 31 985 | 18 018 | 91 938 | 54% | 199 | 100 | 108 | 64% |
| 29 | 71062763 | 99B | 274 | 41 326 | 26 913 | 14 412 | 73 706 | 56% | 269 | 135 | 151 | 65% |

颜色分析：夏季货品中以白色、粉色、灰色为顾客更容易接受的颜色。

表7-6选取占总销售额80%的前30个SKU进行颜色分析,在该品牌的颜色编码规则中A为白色系、B为粉色系、C为灰色系,由此可知最畅销的颜色为白色、粉色和灰色。

本章前三节以庖丁解牛的三重境界为引子,分别讲解了时尚买手拆分OTB的三个步骤,笔者将OTB拆分的顺序归纳为一张图,以供读者使用(见图7-2)。

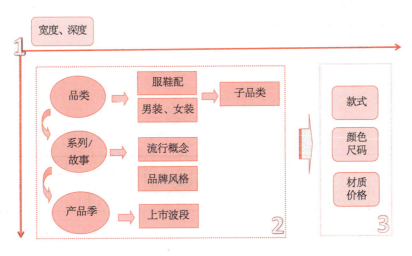

图7-2 "庖丁解牛式"拆分OTB的顺序

## 第四节 七个步骤完成OTB制定

第六章讲了OTB目标的设定,本章前三节跟随庖丁的"解牛刀"讲述拆分OTB的维度和先后顺序,本节读者请跟随笔者的实例分享,感受一下时尚买手用七个步骤完成OTB制定的全过程。

第一步,整理门店基础信息,门店基础信息包含门店的面积、平均月单产、所在商圈、运营的客户、门店级别等，其他信息时尚买手可根据自己的需要添加。请记住，信息越完善对时尚买手的帮助越大。

表 7-7 为某门店基础信息表。

表 7-7　门店基础信息表（编号 812 门店）

| 门店编号 | 812 | 地址 | | 门店级别 | | 面积和业绩 | |
|---|---|---|---|---|---|---|---|
| 门店名称 | 西单商场店 | 大区 | 北区 | 战略级别 | 高 | 面积 | 700 平方米 |
| 代理商 | KA004 | 城市 | 北京 | 生意级别 | 好 | 月均营业额 | 4 000 000 元 |
| 区域经理 | 张三 | 级别 | T-0 | 渠道 | 运动 | 客户收货编号 | 12345678 |
| 买手 | 李四 | 商圈 | 西单 | 环境 | 街边店 | 门店收货编号 | 12345678-812 |

第二步，确认当季采购计划的系列优先级，目的是在设定 OTB 占比时，根据优先级适当调整系列占比。正如表 7-8 所示，男子篮球系列是该门店本季最优先的系列。

表 7-8　系列优先级（编号 812 门店）

| 男子 | | | | | 女子 | | |
|---|---|---|---|---|---|---|---|
| 男子跑步 | 足球 | 篮球 | 男子训练 | 运动生活 | 女子跑步 | 女子训练 | 运动生活 |
| 优先级 2 | 优先级 3 | 优先级 1 | | | 优先级 4 | | |

第三步，分析同期销售额结构，从三个维度进行，即月份、品类、性别（见表 7-9）。

表 7-9　同期销售数据结构分析（编号 812 门店）

| （1）月份维度 | | | | |
|---|---|---|---|---|
| 月 | 10 | 11 | 12 | 合计 |
| 销售额（元） | 4 083 941 | 3 070 382 | 4 038 735 | 11 193 058 |
| 占比 | 37% | 27% | 36% | 100% |
| （2）品类维度 | | | | |
| 品类 | 鞋 | 服装 | 装备 | 合计 |
| 销售额（元） | 5 129 683 | 5 550 733 | 512 642 | 11 193 058 |
| 占比 | 45% | 50% | 5% | 100% |

(续)

| （3）性别维度 | | | |
|---|---|---|---|
| 性别 | 男子 | 女子 | 合计 |
| 销售额（元） | 8 276 734 | 2 916 324 | 11 193 058 |
| 占比 | 74% | 26% | 100% |

第四步，根据同期业绩设定本季 OTB（见表 7-10）。

表 7-10　HO18 采购目标（编号 812 门店）

| （1）HO17 销售 KPI | | | | |
|---|---|---|---|---|
| 同期增长率 | 实际销售额（元） | 售罄率 | 平均销售折扣 | 新货占比 |
| 3% | 11 193 058 | 58% | 85% | 62% |
| （2）根据 HO17 销售 KPI 设定 HO18 销售 KPI 目标 | | | | |
| 同期增长率 | 销售目标（元） | 售罄率 | 平均销售折扣 | 新货占比 | OTB（吊牌金额）（元） |
| 4% | 11 640 780 | 60% | 85% | 65% | 14 836 289 |

在表 7-10 中，时尚买手参考同期数据和当季多种因素设定的 KPI 目标，用加粗字体显示。计算 OTB 依据的公式如下：

HO18 销售目标 = HO17 实际销售额 ×（1+ 同期增长率）
　　　　　　 = 11 193 058 ×（1+4%）=11 640 780（元）

HO18 OTB = HO18 销售目标 × 新货占比 ÷ 折扣率 ÷ 售罄率
　　　　　 = 11 640 780 × 65% ÷ 85% ÷ 60%=14 836 289（元）

第五步，按照结构拆分 OTB（见表 7-11）。

表 7-11　按照结构拆分 HO18 OTB（编号 812 门店）

| （1）从品类维度拆分 OTB | | | | |
|---|---|---|---|---|
| 品类 | 鞋 | 服装 | 装备 | 合计 |
| OTB | 6 973 056 | 7 269 781 | 593 452 | 14 836 289 |
| 占比 % | 47% | 49% | 4% | 100% |
| （2）从性别维度拆分 OTB | | | | |
| 性别 | 男子 | 女子 | 合计 | |
| OTB | 11 423 942 | 3 412 346 | 14 836 289 | |
| 占比 % | 77% | 23% | 100% | |

同样，加粗字体是时尚买手参考同期数据和当季因素设定的计划占

比，由计划占比拆分 OTB。

第六步，分析同期销售数据结构（见表 7-12）。

表 7-12 HO17 销售数据的结构分析（编号 812 门店）

| 系列 | 品类 | 销售数量 | | 销售金额 | | | 销售金额占比 | | 销售平均件单价 | | 平均销售深度 | |
|---|---|---|---|---|---|---|---|---|---|---|---|---|
| | | 男子 | 女子 | 金额 | 占比 | 售罄率 | 男子 | 女子 | 男子 | 女子 | 男子 | 女子 |
| 运动生活 | 合计 | 2 105 | 980 | 6 104 361 | 55% | 72% | 73% | 27% | 749 | 670 | 13 | 5 |
| | 鞋 | 746 | 393 | 2 238 535 | 37% | 74% | 67% | 33% | 852 | 734 | 8 | 6 |
| | 服装 | 1 192 | 451 | 3 774 335 | 62% | 76% | 78% | 22% | 762 | 667 | 16 | 3 |
| | 装备 | 167 | 136 | 91 491 | 1% | 47% | 63% | 37% | 196 | 229 | 10 | 10 |
| 跑步 | 合计 | 451 | 365 | 1 305 105 | 12% | 56% | 50% | 50% | 868 | 942 | 9 | 2 |
| | 鞋 | 386 | 331 | 1 173 461 | 90% | 62% | 48% | 52% | 917 | 969 | 16 | 2 |
| | 服装 | 64 | 34 | 130 595 | 10% | 37% | 62% | 38% | 581 | 665 | 2 | |
| | 装备 | 1 | | 1 049 | 0% | 33% | 100% | | 699 | | | |
| 篮球 | 合计 | 875 | 82 | 1 493 925 | 13% | 78% | 97% | 3% | 828 | | 5 | |
| | 鞋 | 452 | | 1 124 874 | 75% | 85% | 100% | | 11 541 | | 6 | |
| | 服装 | 410 | | 315 065 | 21% | 69% | 100% | | 479 | | 5 | |
| | 装备 | 13 | 82 | 53 986 | 4% | 70% | 25% | 75% | 507 | | | |
| 男子训练 | 合计 | 1 046 | 1 056 | 1 262 967 | 11% | 48% | 89% | 11% | 450 | | 16 | |
| | 鞋 | 149 | | 292 758 | 23% | 71% | 100% | | 802 | | | |
| | 服装 | 664 | | 704 512 | 56% | 68% | 100% | | 383 | | 12 | |
| | 装备 | 233 | 1 056 | 265 697 | 21% | 38% | 61% | 39% | 415 | | 48 | 48 |
| 女子训练 | 合计 | | 320 | 371 736 | 3% | 50% | | 100% | | 527 | | 5 |
| | 鞋 | | 101 | 105 045 | 28% | 51% | | 100% | | 696 | | 4 |
| | 服装 | | 150 | 210 629 | 57% | 58% | | 100% | | 505 | | 5 |
| | 装备 | | 69 | 56 062 | 15% | 39% | | 100% | | 328 | | |
| 足球 | 合计 | 528 | 86 | 654 965 | 6% | 62% | 94% | 6% | 548 | 529 | 8 | |
| | 鞋 | 210 | 4 | 195 010 | 30% | 70% | 98% | 2% | 531 | | 8 | |
| | 服装 | 303 | 3 | 415 598 | 63% | 60% | 99% | 1% | 569 | 529 | 9 | |
| | 装备 | 15 | 79 | 44 357 | 7% | 55% | 26% | 74% | 349 | | | |
| 合计 | | 5 005 | 2 889 | 11 193 059 | 100% | 62% | 74% | 26% | 687 | 698 | 13 | 4 |

第七步，根据第六步的 HO17 多维度结构分析结果，拆分 HO18 的 OTB。拆分维度与 HO17 的分析纬度相同，即类别、系列、SKU 宽度、深度。在拆分的同时，将计划 SKU 宽度与门店 SKU 容量进行对比。经过

这样的拆分,OTB从一头完整的"牛"变成了庖丁刀下的一片片"牛肉"(见表7-13)。

从表7-13看OTB的拆分技巧：

(1)在设定各种占比时以参考同期数据为主,辅以当季其他因素。在设定占比后,与计划的OTB金额相乘即得各维度下的拆分金额。

(2)计划销售数量=计划金额÷HO17实际平均销售件单价。

(3)在设定SKU平均深度时,同样应参考同期数据和当季其他因素。

(4)SKU宽度=HO18计划金额÷HO18计划平均深度÷HO17实际销售平均件单价。

**Tips：如何巧用OTB拆分的SKU宽度和SKU深度**

细心的读者不难发现,在上文制定OTB的七个步骤中对宽度和深度的拆分不在OTB拆分的第一步,反而是在最后一步中才涉及,似乎与本章前面所述内容"不符"。这是因为上面的案例是以一家门店的OTB制定为例的,单一门店的订货宽度由门店SKU容量和同期销售宽度为主要确定因素。也就是说,单一门店的SKU宽度在OTB拆分前已经基本确定,经过OTB精确拆分后得到的SKU宽度与门店容量对比,可以进一步验证SKU宽度的合理性。

用OTB计算出的订货宽度和深度除了可用于多家门店的订货外,还有以下"妙用"。

(1)OTB拆分的宽度可用于预估样品选中率。

预估样品选中率=计划订货SKU宽度÷订货会提供的总SKU宽度

当时尚买手计划订购的SKU为560个,而订货会提供的SKU总宽度为700个时,就意味着本次订货会有80%的SKU需要被选中。时尚买手根据预估选中率,结合看样品的结果,判断当季样品是否符合自己的预期。如果买手看完当季样品,觉得只有70%的样品符合自己的订购计划,则时尚买手需与开发部或品牌公司沟通提高款式质量,或者调整OTB。

表 7-13 HO18 OTB 拆分（编号 812 门店）

| 系列 | 品类 | HO18 计划 | | 性别占比 | | | 计划金额（元） | | | 计划数量（件） | | | SKU 平均深度 | | | SKU 宽度 | | | SKU 容量 | | | SKU 宽度/容量 | | |
|---|---|---|---|---|---|---|---|---|---|---|---|---|---|---|---|---|---|---|---|---|---|---|---|---|
| | | 占比 | 金额 | 男子 | 女子 | | 男子 | 女子 | | 男子 | 女子 | | 男子 | 女子 | 合计 | 男子 | 女子 | 合计 | 男子 | 女子 | 合计 | 男子 | 女子 | 合计 |
| 运动生活 | 合计 | 55% | 8 159 959 | | | | 6 020 418 | 2 139 541 | | 7 813 | 3 156 | | | | | 306 | 114 | 420 | 224 | 82 | 306 | 137% | 139% | 137% |
| | 鞋 | 37% | 3 019 185 | 67% | 33% | | 2 022 854 | 996 331 | | 2 374 | 1 357 | | 15 | 24 | | 158 | 57 | 215 | 124 | 42 | 166 | 128% | 135% | 129% |
| | 服装 | 62% | 5 059 174 | 78% | 22% | | 3 946 156 | 1 113 018 | | 5 176 | 1 668 | | 38 | 34 | | 136 | 49 | 185 | 100 | 40 | 140 | 136% | 123% | 132% |
| | 装备 | 1% | 81 600 | 63% | 37% | | 51 408 | 30 192 | | 263 | 131 | | 22 | 16 | | 12 | 8 | 20 | | | | | | |
| 跑步 | 合计 | 10% | 1 483 629 | | | | 728 758 | 754 870 | | 841 | 800 | | | | | 67 | 61 | 128 | 54 | 50 | 104 | 124% | 122% | 89% |
| | 鞋 | 92% | 1 364 939 | 48% | 52% | | 655 170 | 709 768 | | 715 | 732 | | 14 | 14 | | 51 | 52 | 103 | 42 | 42 | 84 | 122% | 125% | 123% |
| | 服装 | 8% | 118 690 | 62% | 38% | | 73 588 | 45 102 | | 126 | 68 | | 8 | 8 | | 16 | 9 | 25 | 12 | 8 | 20 | 132% | 106% | 41% |
| | 装备 | | | 100% | | | | | | | | | | | | | | | | | | | | |
| 篮球 | 合计 | 17% | 2 522 170 | | | | 2 522 170 | | | 2 944 | | | | | | 196 | | 196 | 163 | | 163 | 120% | | 120% |
| | 鞋 | 75% | 1 891 627 | 100% | | | 1 891 627 | | | 1 639 | | | 22 | | | 74 | | 74 | 63 | | 63 | 118% | | 118% |
| | 服装 | 21% | 529 656 | 100% | | | 529 656 | | | 1 106 | | | 10 | | | 111 | | 111 | 100 | | 100 | 111% | | 111% |
| | 装备 | 4% | 100 887 | 100% | | | 100 887 | | | 199 | | | 18 | | | 11 | | 11 | | | | | | |
| 男子训练 | 合计 | 9% | 1 335 266 | | | | 1 335 266 | | | 2 996 | | | | | | 61 | | 61 | 50 | | 50 | 122% | | 122% |
| | 鞋 | 24% | 320 464 | 100% | | | 320 464 | | | 400 | | | | | | | | | | | | | | |
| | 服装 | 56% | 747 749 | 100% | | | 747 749 | | | 1 953 | | | 32 | | | 61 | | 61 | 50 | | 50 | 122% | | 122% |
| | 装备 | 20% | 267 053 | 100% | | | 267 053 | | | 643 | | | | | | | | | | | | | | |
| 女子训练 | 合计 | 3% | 445 088 | | 100% | | | 445 089 | | | 880 | | | | | | 54 | 54 | | 50 | 50 | | 109% | 109% |
| | 鞋 | 28% | 124 625 | | 100% | | | 124 625 | | | 179 | | | 12 | | | 15 | 15 | | 20 | 20 | | 75% | 75% |
| | 服装 | 58% | 258 151 | | 100% | | | 258 151 | | | 511 | | | 16 | | | 32 | 32 | | 30 | 30 | | 106% | 106% |
| | 装备 | 14% | 62 312 | | 100% | | | 62 312 | | | 190 | | | 25 | | | 7 | 7 | | | | | | |
| 足球 | 合计 | 6% | 890 177 | 100% | | | 890 177 | | | 1 659 | | | | | | 119 | | 119 | 92 | | 92 | 129% | | 129% |
| | 鞋 | 31% | 275 954 | 100% | | | 275 954 | | | 520 | | | 12 | | | 43 | | 43 | 42 | | 42 | 103% | | 103% |
| | 服装 | 63% | 560 812 | 100% | | | 560 812 | | | 986 | | | 15 | | | 66 | | 66 | 50 | | 50 | 131% | | 131% |
| | 装备 | 6% | 53 411 | 100% | | | 53 411 | | | 153 | | | 16 | | | 10 | | 10 | | | | | | |
| 合计 | | 100% | 14 836 289 | | | | 11 496 789 | 3 339 500 | | 16 253 | 4 836 | | | | | 749 | 229 | 978 | 583 | 182 | 765 | | | |

同样，预估选中率不仅适用于评审当季所有的SKU，时尚买手还可以深入了解各个结构下的预估选中率，有的放矢地找到问题所在和解决方案。

（2）OTB拆分的深度同样可用于对订货会上样品的判断，时尚买手对每季商品的销售情况了如指掌，在看当季商品时必然会将其与同期商品进行对比。时尚买手将预估的平均深度与同期实际销售的深度进行对比，再结合到款式上，可以判断预估的平均深度是否合理。当本季提供的商品品质远优于同期销售的商品的品质时，如果本季拆分的平均深度与同期持平，则说明预估的深度不合理，时尚买手应该减少宽度、增加深度，或者增加额外的OTB以增加深度。

## 总结：一张图搞定OTB制定流程

总结第六章和第七章所讲内容，时尚买手前往订货会前准备OTB的流程可归纳为图7-3。

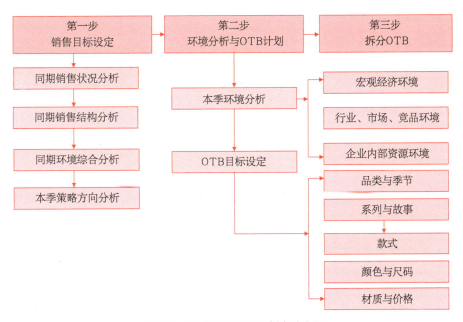

图7-3 时尚买手OTB制定流程图

## 第八章
FASHION BUYER

# 订货会技巧一：看货四部曲

制定销售目标、制定OTB、拆分OTB等工作，是时尚买手在出发去订货会之前要完成的工作。现在，时尚买手可以带着这些数据踏上订货会之旅了。

在开启订货会之旅前，我们还要先看看中国的时尚买手都参加哪些形式的订货会。

（1）"流水席"一样的大型订货会，通常是门店数量众多的品牌，因为参加订货会的人员众多，所以这类订货会一般在会展中心、大型酒店召开。单场订货会的时长为一周左右，第一天上午做开场秀，下午分享当季的主推故事和产品重点。从第二天开始，由产品部向时尚买手讲解产品卖点，讲解完后留一两天时间给时尚买手浏览样品和试穿。最后，时尚买手在订货会现场制作当季采购订单。

（2）走"精品"路线的格调订货会，一般是设计师品牌。它们选择在时装周期间举办订货会，先邀请时尚买手观看时装周的走秀，再在酒店举办订货会，让时尚买手在那里看样品、制作采购订单等。

（3）"商业化"的订货会。有的品牌把订货会搬到展会上，尤其是一些做跨国业务的品牌，它们在参加展会时把世界各国的分销商召集过来，让新老客户直接在展会上完成当季订单的采购。笔者就曾在德国杜塞尔多夫展会上参加过一个国际品牌的订货会，在展会期间来自世界各国的该品牌的时尚买手齐聚一堂，互相交流和分享，笔者当时感觉这与其说是一场订货会，不如说是品牌召开的各国分销商的年会。

（4）样品间订货会。一些规模小、分销商少的品牌以及还在初创期的品牌，会选择在自己的办公室或者公司的样品间里举办订货会。

（5）"足不出户"的产品目录订货会。部分鞋类品牌、配件品牌，因为产品线稳定且以经典延续款为主，所以其订货会更"简略"，只是向分销商买手寄送当季产品目录或者样品，时尚买手足不出户在自己的办公室里就把"订货会"召开了。

（6）网上订货会。在电子商务时代，有的品牌与时俱进，开创了网上召开订货会的新模式，邀请时尚买手上品牌的网站，根据网站上提供的样品图片、商品信息等制作当季采购订单。

电子商务平台的时尚买手通常是一个人管理多个品牌，到了订货季，就难免出现各品牌订货会时间"撞车"的情况，于是他们只挑选OTB最大的品牌参加订货会，其他品牌以图册订货、电子文档订货、网站订货等方式进行。EL品牌订货产品图册（节选）如图8-1所示。

在了解完订货会的形式以后，本章内容以时尚买手去订货会会场的订货方式介绍订货会看货四部曲。这四个步骤同样适用于不去订货会会场的订货方式，因为无论用什么方式订货，无论在订货会场待多少天，时尚买手的采购流程都是通用的。

| EL 品牌2017年 FALL 产品图册 ||||||
|---|---|---|---|---|---|
| 图片 | 款号 | 成份 | 售价 | 颜色 | 卖点 |
| 类别：针织外套和羽绒 | | | | | |
| | 62002801 | 36.8%棉<br>63.2%苎麻 | ¥199 | 93B<br>51A | 薄的细针背心。款型特别后背下摆处棉织带相拼 |
| | 62002802 | 100%全棉<br>镶料：100全棉 | ¥299 | 98B<br>64A | 针织同针织布相拼，材质对比强烈并且采用水洗手法，产生陈旧感 |
| 类别：羽绒服 | | | | | |
| | 62002601 | 表面：100%锦纶<br>填充物：70%鸭绒<br>　　　　30%鸭毛<br>领口罗纹：89%晴纶<br>　　　　　11%羊毛 | ¥799 | 04A<br>69 | 塔丝隆面料，同52002658面料牛角扣 |
| | 62002602 | 100%涤纶<br>70%鸭绒<br>30%鸭毛 | ¥699 | 04A | 春亚纺面料配以貉子毛毛领 |
| 类别：毛衣 | | | | | |
| | 62002902 | 81%羊毛<br>16.8%锦纶<br>2.2%氨纶 | ¥269 | 99B<br>52<br>10B | 领口抽褶处理面料柔软，手感好 |
| | 62002908 | 2.1%马海毛<br>25.2%羊毛<br>16.4%锦纶<br>56.3%晴纶 | ¥299 | 65A<br>90A | 马海毛金属亮片搭配灯笼袖的设计 |

图 8-1　EL 品牌订货产品图册（节选）

# 第一节　先看结构：跟随设计师的思路

当时尚买手舟车劳顿抵达订货会现场后，经验丰富的时尚买手并不急于马上看货和下单。正所谓"心急吃不了热豆腐",他们心里很清楚,在没有全盘掌握本季商品趋势之前做这两件事情是不明智的。

所以,品牌会在订货会开始的第一天要么安排时尚秀,要么安排设计师、商品团队给时尚买手讲解当季设计灵感和主题故事,以此让时尚买手先有整盘概念。

时尚秀(Fashion Show)是订货会的第一个项目,那我们就先从看秀说起吧。

## 一、在看秀时读懂当季故事

"你会看秀吗?"这个问题笔者问过很多人,有人说:"会看啊,这有什么会不会的,不就是看模特走来走去嘛。"有人说:"怎么算会看啊,那些奇装异服我还真看不懂,什么人能穿出去啊?"也有人说:"我没什么机会去看秀啊,从哪儿可以拿到时尚秀的门票啊?"或者直接说:"你能帮我找几张时尚秀的门票吗?"

先放下从哪儿拿到时尚秀门票的问题不谈,如果你是一个刚入行的时尚买手,当你去参加订货会,坐在秀场里,看到靓丽的模特鱼贯而入时,你是看得眼花缭乱,还是已经被现场的音乐和灯光直接带进设计师的故事里?

有人会说"去看时尚发布秀就是去享受视觉的盛宴,何必想太多""我就是去看看压轴的模特""我是为了去瞻仰一下仰慕已久的设计大师""我就想看看有没有喜欢的单品"。对于一般的看秀嘉宾来说,能有这些觉悟已经足够了。

时尚买手作为专业人士,坐在秀场第一排的位置上,他们享受视觉和听觉上的盛宴。当一场秀结束时,他们就会知道当季设计的主题故事、色系、流行趋势和款式风格。

看懂这些并不难,只要留意以下几个要点,你马上就可以从"菜鸟"

升级为"达人":

（1）开场前的表演是为主题做铺垫的。如果一场时尚秀的开场表演是一段苏州评弹，它通过评弹营造其主题和代入感，T台端的大屏幕上出现的是苏式建筑，那么此时我们可以判断本季主题与苏式建筑元素有关。

（2）一场秀包含一个大主题和几个小系列，大主题是当季灵感来源和设计方向的概括。小系列是从大主题中延伸出来的几个方向。暇步士品牌曾有一年推出的设计主题是红酒，当季小系列则是以波尔多、勃艮第等红酒产区为命名和灵感来源。

（3）在走秀过程中，系列之间的切换由音乐、灯光的变化开始。在一场时尚秀中，第一段是慢节奏的音乐，灯光也很柔和。当这个系列款式走完之后，中间会有小小的停顿，然后灯光变得昏暗，音乐节奏变快，切换到第二个系列的展示，第二个系列展示的服装更欢快和明朗。

（4）高级时装的时尚发布会包含两个设计系列：成衣系列和创意系列。成衣系列是日常穿着的款式，创意系列是展示设计师的想象力和表达力的系列，创意系列不适合日常穿着，它们看上去更像"奇装异服"。有人因为看到创意系列而发出"这个衣服怎么穿得出去呀"的感叹，稍懂时尚的人都知道创意系列更具看点。越是顶级的设计师，他们的创意系列越是被时尚界热切期待，因为这是设计师灵感的精华，这里面的某些细节和元素将可能成为当季的流行趋势。

（5）时尚秀不只为品牌召开，也以设计师或者设计师工作室的名义召开。大师级的设计师以自己的名字注册为一个高级时装品牌，定期召开自己的时尚发布会。张肇达先生是世界上中国最知名的四大服装设计师之一，他的高级时装品牌"马克·张"的时尚秀曾是中国时装周最大的看点。

（6）近年来，因科技的发展和对成本因素的考虑，品牌开始尝试不开实体时尚秀的形式，做一种现场没有观众的时尚发布会，通过网络播放给观众看。这种时尚发布会也被称为样品间时尚秀。

## 二、跳出单款看结构

看完时尚秀，接下来是浏览样品的时间。浏览样品的正确"姿势"不是一头扎进去逐款看，而是要跳出单款先看结构。

这里的结构与前面拆分OTB结构中的结构类似，包含SKU宽度、主题故事、系列、风格、色系等。

为什么要跳出单款先看结构？

（1）通过看结构，我们可以了解设计师的整体设计理念、主题故事，以及主题故事下的各个系列、款式间的关联关系等。看懂这些，我们就能避免在选款的时候把结构买得七零八碎，以至于上市后不能讲述完整的故事，传递完整的品牌设计理念。这是设计师最害怕看到的结果，时尚买手没有完整地买入他们的故事，在门店中呈现的时候陷入欲言又止的绝望，不能让消费者直接感受到设计师想要传递的理念。

例如，设计师设计的"春日花语"系列共有50个SKU，分别包含几个子品类。时尚买手在采购时没有考虑子品类的结构，完全凭对单款的喜好下了采购订单，有的子品类只订购了一两个SKU，有的子品类一个SKU都没有订购。在商品上市后，陈列开始抱怨了，由于子品类的缺失，导致"春日花语"的主题故事无法呈现。

（2）先看结构有利于时尚买手先看清楚设计主题、系列故事、本季创新等，避免盲目地按照同期商品结构买货，而放弃对潜在市场的探索。保守的时尚买手会完全按照同期销售结果来计划本季买货，而忽略设计师对创新款式的探索。如果这样季复一季、年复一年地采购下去，品牌将会丧失新意，慢慢变得索然无味，进入消退期，最后被消费者抛弃。这类时尚买手也许在第一年、第二年会因高售罄率获得较好的业绩达成，但是再往后去他们就会遇到困境，因为每年的畅销款都雷同，市场终究会饱和，消费者也会审美疲劳。

（3）先看结构有利于时尚买手把设计师的结构与自己计划的订货结构进行对比，从而及时调整OTB的拆分计划。时尚买手在订货会前制定的OTB和OTB拆分计划，到了订货会现场可以根据实际情况进行调整。所有的计划都是事前工作，是在看到样品之前用同期销售数据做出的预估，是由过去推算未来。然而时尚买手的工作性质是购买未来的趋势，当他们在订货会现场看到不一样的情况时，理应进行适当的调整，这是资深时尚买手必备的素质。

在什么情况下时尚买手会调整结构？

例如，时尚买手按照同期销售数据，计划本季在跑步系列上投入的金额占比为20%，预估采购60个SKU。当他来到订货会会场后，了解到这一季有跑鞋的全新科技推出，且跑步系列提供了200个SKU以供订购，占总SKU宽度的30%。在此种情况下，时尚买手需调整跑步系列的OTB占比，并且增加跑步系列的订货SKU宽度。

综上所述，要看懂设计师的结构，参考图8-2即可。

图8-2　时尚买手订货会看货思路图（结构）

## 第二节　再看单款：Touch and Feel

"看货四部曲"的第二部是看每个款式，也被称为触摸和感受（Touch and Feel）环节。在这个环节中，时尚买手要不断触摸、试穿样品，亲身感受和判断每个款式。

在触摸和感受的时候，时尚买手研究每一个SKU的卖点，通过触摸和感受，资深时尚买手可以锁定畅销款式，而初级时尚买手仍需按部就班、稳扎稳打地做好四部曲的每一步。

时尚买手在触摸和感受的时候要做好两件事情，即完成单款看货要点的记录和对商品进行评分。

## 一、单款看货要点

单款看货要点是时尚买手所要关注的商品属性，包含款式、卖点、板型、廓形、材质、科技、价格、颜色、尺码、组合搭配等。

图8-3为时尚买手订货会看货思路图。

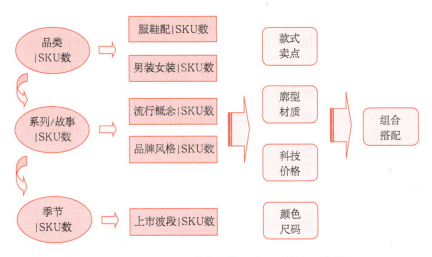

图8-3　时尚买手订货会看货思路图（结构+单款）

### 1. 款式

时尚买手在看货时看的款式主要是指样品所呈现的设计风格、板型、材质、科技、价格、颜色、尺码等，这些因素是组成款式风格的重要部分。越是畅销的款式，在以上要点中表现优秀的方面越多，就越接近完美。

## 2. 卖点

时尚买手关注的卖点和销售人员FAB话术中的卖点不完全一样。时尚买手看到的卖点可以是款式的与众不同、性价比的优势、面料的舒适性、产品的功能性、新科技的创新等。

比如，某一款运动鞋的卖点是"采用最新科技，这种科技可以通过减轻这款鞋自身的重量来提升跑步的成绩"。

又比如，某一条裙子的卖点是"全新的板型，可以让穿着者穿起来更加修身，但同时没有束缚感"。

## 3. 板型

服装买手在买货时关注的板型是服装穿着的合体性。根据这个定义，板型有紧身型、合体型、半宽松型、宽松型和超宽松型。

紧身型：紧贴身体的板型，充分显示人体曲线，通常用于内衣及礼服设计，近年来在运动品牌中也颇为流行，运动紧身衣就是紧身型。

合体型：既可以显示线条又不像紧身型那样有太强的包裹性，使穿着者感到更加舒适。这是各个品牌最常用的板型。

半宽松型：介于合体型和宽松型之间的板型。

宽松型：让穿着者完全感受不到束缚感，人体与服装间的空隙较大，一般运动服装和休闲服装常使用宽松型。

超宽松型：一种超大尺寸的板型，比如嘻哈风格的衣服。

服装的板型与设计风格紧密相关，运动服中的紧身衣一定是紧身型，而男士西服一定会用合体型，孕妇装一定会用宽松型，嘻哈风格的服装就是超宽松型。

服装有服装的板型，鞋也有鞋的板型，即鞋的楦型。

鞋楦，又称楦头，是鞋的母体、鞋的成型模具。鞋楦不仅决定鞋的造型和样式，更决定鞋是否合脚，能否起到保护脚的作用。

鞋楦的材质有木、塑料和金属3种，根据板型可分为窄鞋楦、正常鞋楦、宽鞋楦三种。它们的区别是在相同脚长的情况下，窄鞋楦适合脚面窄的人、宽鞋楦适合脚掌宽的人。有的品牌会根据不同的鞋款使用不同的鞋楦，大多数品牌使用的都是正常鞋楦。

**4. 廓形**

廓形（Silhouette）一词起源于路易十五时代，一种说法是财务大臣艾蒂安·德·希尔埃特（Etienne de Silhouette）因大力推行极端节俭的政策，让人们嗤之以鼻，很多人用勾勒漫画的方式加以嘲讽，于是这种白描的轮廓就被称为 Silhouette；另一种说法是这位大臣自己有画肖像的爱好，所以将表达轮廓外形的肖像称为 Silhouette。

服装的廓形是服装设计中外轮廓的造型，它是服装款式造型的第一要素。从较远的距离观察一件服装，廓形比任何细节都更早映入人的眼帘。因为服装的颜色会受光线变化的影响，而廓形却是人们看到的服装最本质的形态。廓形是服装给人的第一印象，对传达服装总体设计的美感、风格、品位有巨大的作用。

每一季时装发布会都既有旧廓形也有新廓形。新廓形的推出一般会成为该季流行趋势的焦点，有的旧廓形与其他流行元素结合，以新的面貌重新出现，与新廓形一样也会成为流行的焦点。

随着服装历史的发展，近几个世纪以来，廓形经历了不计其数的更替变化。克里斯汀·迪奥在 20 世纪 50 年代推出的一系列字母造型时装成为经典的服装廓形代表。

X 型：X 型由迪奥先生在"新形象"（New Look）中首次使用，它完美地展现了女性的 S 型身材，打破当时饱受战火煎熬的沉闷的社会形态，用这种华丽女装为人们带来象征和平时代到来的期望。迪奥因此一举成名，巴黎的高级时装业也借机重新树立起威信，迎来 20 世纪 50 年代支配世界流行趋势的第二次鼎盛期。X 型以收腰为主要特征，将服装的肩部和臀部稍微夸大，整体看上去像个 X。X 型主要传递的是性感美。

A型（钟型、膨体型）：A型是一种上窄下宽的平直造型，在视觉上能产生结实、安全的效果。A型服装的轮廓与三角构图相似，三角形是一个稳固的图形，能给人带来平稳、牢固的感觉。下部比肩膀宽大的A型轮廓服装不仅能给人安全感，并且因为肩膀略显小，更有利于表现柔和、优雅的女性美。

H型（直线造型）：腰围是决定H型廓形的关键，它的造型特点是平肩、不收紧腰部、简形下摆。它弱化肩、腰、臀之间的宽度差异，外轮廓类似矩形，从整体上看类似大写字母H。H型服装所展示的美丽是明朗、单纯的形象以及高深的教养，它不会像肉体美一样随着无情岁月的变迁而迅速消逝，它可以增添年轻的品位、永久的贤明与智慧。

O型：服装的上下收紧，而腰部和臀部圆鼓蓬起的服装廓形是O型，O型服装如同蚕茧一般，它是脱离身体结构最严重的廓形。相比X型散发女性S型身材的曲线之美，H型体现除去肉体的精神之美，O型则是在完全没有反映身材特征的前提下形成的一种独特外廓。从这一点来看，O型廓形的服装从身材的制约中完全解脱，是一种追求无限自由的廓形。O型是在X型、A型、H型这三种经典造型上的创新，类似这样的创新还有很多，比如T型、直线型、宽松型、喇叭形、钟型等。

### 5. 材质

材质是指服饰产品的主要面料、材料。材质决定了服装、鞋靴的穿着舒适度，每一个时尚买手都应具备常用的面料知识，这样才能在采购中做出正确的决策。

作为服装三要素之一，面料不仅可以诠释服装的风格和特性，也直接影响服装的色彩、造型的表现效果。

面料的成分决定了面料的诸多属性，如手感、护理方法、功能、色泽等。面料的成分信息被强制要求向消费者提供，每件服装的吊牌上都有面料的成分信息。成分信息由组成面料的纤维加上各种纤维的含量比例构成，常见的有"100%棉""90%棉和10%涤纶"等。

时尚买手根据面料成分可以判断面料的特性，包括舒适度、色牢度、耐磨程度等。这些都是消费者在购买时最关心的因素，时尚买手自然不能忽视。

优秀的时尚买手是面料方面的行家，对各种面料如数家珍，不仅知道每种面料的织法、加工工艺、物理特性，还对其产地、供货价格、生产商、流行趋势等烂熟于心。

### 6. 科技

时尚买手关注科技革新给面料、织法、工艺等带来的创新，尤其是运动品牌和户外品牌的时尚买手。运动鞋的缓震科技、户外服的防风防寒科技等，每一个科技进步都会给消费者带来更好的体验和保护。

一个新的科技在推出时虽然会有品牌的市场推广，但要被大多数消费者所接受，仍需要时间的积淀。时尚买手在看货时应清楚该产品的科技目前处于哪个阶段。

### 7. 价格

合理的价格和性价比是决定款式是否能成为畅销款的重要因素，时尚买手在看货时要关注核心价格带、高单价和起步价等几种价格。核心价格带是生意的核心组成；高单价商品往往是品牌的高科技、高品质产品，代表未来前景；起步价也叫品牌的最低价、门槛价，是品牌价格带的底线，决定品牌的入门级消费人群。

### 8. 颜色

时尚买手第一眼被商品的轮廓、造型吸引，然后是颜色。吸引时尚买手的颜色既有商品的色彩，也有商品的图案和花纹。女装追求颜色、图案、花纹的丰富多彩，有时候一个好的印花就可以成就一个畅销款。

除了关注单个商品的颜色以外，时尚买手还应结合当季的色系规划一起考量，色系让门店更有视觉冲击力，更容易打动消费者。

## 9. 尺码

订货会上的样品是统一尺码，女子服装 M 码，男子服装 XL 码，女子鞋 37 码，男子鞋 42 码。时尚买手看样品的板型、尺码是否正常，以及 SKU 提供的尺码范围是否足够。在分配尺码订量的时候，对板型偏瘦的款式多订偏大的尺码段，对板型偏肥的款式多订偏小的尺码段。

## 10. 组合搭配

组合搭配既有横向的也有纵向的。在不同品类间的搭配，上衣与裤子的搭配就是横向组合。纵向组合是指在同一个品类下或同一款式内的搭配，夹克的正常领型、小立领、大翻领等领型作为组合就是纵向的组合搭配。

## 二、商品评分策略

时尚买手在看货时的重要任务是对 SKU 进行评级和打分。每个时尚买手都有自己习惯的评分方式，有人喜欢用数字评分，从 1 分到 10 分；有人喜欢用字母评分，从 A 到 B、C、D、E 等。

下面以字母评分为例：

A：非常看好的 SKU，预判会成为畅销款，可以订最深的深度。

B：款式、性价比尚可的 SKU，不是最畅销的款式，但当畅销款不够卖的时候这类款式可以作为替补顶上。

C：在前卫、创新款式中需要继续培养消费者接受度的一部分；款式过于陈旧，已经流行过一段时间，生命周期开始下滑的款式。被评为 C 的款式的订货深度接近起订量，作为故事、色系完整性的补充 SKU 订购。前卫、创新款式是吸引顾客进店的"利器"；延续款是满足消费者需求的补充，订量控制得益就不会有库存风险。

D：介于 C 和 E 之间，可担任 C 类款式的替补，在下订单时如果 C 类 SKU 数不能满足订购需求，就可以少量订购一些 D 类 SKU。

E：绝对不会采购的 SKU，这类 SKU 既可能是已经被证实的滞销款，也可能是已经过时的款式，或者款式设计有缺陷、质量有风险的款式等。总之，E 类 SKU 是被时尚买手在看货时"毙掉"的 SKU。

在 A 和 B 两个评级中，时尚买手还会用 A+、A-、B+ 的方式进行区分，这是为了做更精确的深度预测，越是可以订很深量的 SKU 越需要与其他的 A 类 SKU 区分，因此要标注成 A+。在实际订货中，时尚买手给 Top10 SKU 的打分为 A+，给其他能占到买货前 20% 的 SKU 的打分为 A，当 OTB 不够时，需要降低深度将 B 级别的 SKU 标为 A-。此时的商品分级蕴含了商品订量的分级。时尚买手的商品分级表如表 8-1 所示。

时尚买手看货除了做商品分级以外，也会备注款式和价格的修改建议，这类买手通常是品牌公司买手，因为他们可以与商品开发部门沟通修改意见。

## 第三节　缩小选款范围：择优录取

Touch and Feel 也被称为海选款式，第三部曲是精选款式，通过择优录取缩小选款范围。虽然前面时尚买手已经对每个 SKU 都做了评级和打分，但还不能直接使用打分结果进行订单制作，原因有三：

（1）海选款式的评级是"第一印象"分，是单独看每个 SKU 的感觉。然而品牌订货是以商品组合的方式在门店中呈现，也就是说，时尚买手订购的商品不应是单打独斗的英雄，而应是团队作战的组合。

要团队作战就会有分工、有秩序、有主次，只有彼此配合好了才能有 1+1>2 的效果。换句话说，两个类似的 SKU 放在同一个时间点、同一个位置上市，它们会互相竞争，但如果把它们错开上市时间，一前一后，它们就有可能成为互相扶持和接力的"好兄弟"。

表 8-1 时尚买手的商品分级表

| 大类 | SKU 信息 ||||| 零售价 | 毛利率 | 尺码范围 | 时尚买手看货备注 ||商品分级 |
|---|---|---|---|---|---|---|---|---|---|---|---|
| | 款号 | 色号 | 面料 | 描述 | 成本 | | | | 款式修改要求 | 建议成本 | |
| Blazer | 82082101 | 00C | 100%棉 | 基本款西装 | ¥104.0 | ¥499 | 79% | S~XL | | ¥100 | A+ |
| | 82092105 | 99C | 100%棉 | 基本款西装 | ¥104.0 | ¥499 | 79% | S~XL | | ¥100 | A- |
| | 82092104 | 99C | 100%棉 | 两粒扣西装 | ¥138.0 | ¥629 | 78% | S~XL | 改丝绒面料，袖子修改 | ¥126 | B |
| | 82102209 | 91B | 100%皮 | 配套条纹一粒扣西装 | ¥91.0 | ¥469 | 81% | S~XL | 袖子里布取消 | | B+ |
| | 82102203 | 99C | 80%棉 20%涤纶 | 皮衣改外套款 | ¥150.0 | ¥769 | 80% | S~XL | 改假皮 | ¥130 | B- |
| | 82102206 | 60 | 80%棉 20%涤纶 | 金色短棉外套 | ¥189.0 | ¥899 | 79% | S~XL | 做棉服 | ¥110 | A |
| Outwear | 82092207 | 30 | 80%棉 20%涤纶 | 可脱卸袖子短款棉外套 | ¥130.0 | ¥899 | 86% | S~XL | | ¥130 | B |
| | 82102210 | 10 | 100%棉 | 可脱卸袖子短款棉外套 | ¥130.0 | ¥899 | 86% | S~XL | | | B |
| | 82092208 | 99C | 80%棉 20%涤纶 | 双排扣基本款风衣 | ¥139.0 | ¥729 | 81% | S~XL | | | B+ |
| | | 96C | 80%棉 20%涤纶 | 可脱扣毛领外套 | ¥150.0 | ¥799 | 81% | S~XL | 改充棉 | ¥130 | C |
| | | | | 双排扣短袖外套，建议洗软 | ¥109.0 | ¥599 | 82% | S~XL | 建议洗软一点 | | B |

（2）海选款式无法精确考虑OTB因素，也不能顾及OTB计划中的SKU宽度和拆分的结构因素，有可能从A到C的SKU加起来已经远超过计划的最大宽度。也有可能，从A到C的SKU加起来达不到计划采购的SKU宽度，因为在海选的时候时尚买手只看款，不考虑结构计划。

那么有人会说，干吗海选的时候不多考虑一点，直接把计划考虑进去不是更好？时尚买手一定要凭"第一印象"海选款式，不应该被计划的条条框框限制，因为在海选款式的时候时尚买手应具备艺术家的眼光，需要依靠自己的审美功底做出对款式的正确判断。在时尚买手的实战经验中，以"第一印象"打分的方式不容易错过好款式。

（3）在海选款式的时候不考虑价格带的分配、上市波段的分配等因素，如果完全按照打分结果下订量，就是莽撞而没有方向的。有些时尚买手的第一反应会更青睐低单价的产品，因为他们知道消费者会更喜欢这类SKU，这样订下去整个价格带就会被拉低。精选是让订单向计划靠拢必不可少的步骤。

所以，第三部曲之"择优录取"非常有必要，要做好"择优录取"就需要先锁定看货框架，再确定买货Top SKU。

## 一、锁定看货框架

锁定看货框架可以解决前面提到的各种顾虑，在海选款式结束后，对照OTB拆分的框架锁定SKU范围。

时尚买手将海选评级为A、B、C、D的SKU总数与OTB拆分计划的SKU宽度进行对比，并通过对比发现其中的差异（见表8-2）。

经过对比发现，有几个系列的SKU海选超出计划范围，有几个系列未达计划宽度。面对这样的结果，时尚买手回到有差异的系列中筛选已经评分的SKU，对"第一印象"评分进行修正。

表 8-2  Touch and Feel 看货结果与 OTB 拆分宽度的对比（编号 812 店）

| 系列 | 品类 | HO8 OTB 拆分计划 | | | | | | | | 看货挑选 SKU | | | | | |
|---|---|---|---|---|---|---|---|---|---|---|---|---|---|---|---|
| | | SKU 平均深度 | | SKU 宽度 | | | SKU 容量 | | | 初选 SKU 宽度 | | | 与计划差异 | | |
| | | 男子 | 女子 | 男子 | 女子 | 合计 | 男子 | 女子 | 合计 | 男子 | 女子 | 合计 | 男子 | 女子 | 合计 |
| 运动生活 | 合计 | | | 306 | 114 | 420 | 224 | 82 | 306 | 340 | 132 | 472 | 34 | 18 | 52 |
| | 鞋 | 15 | 24 | 158 | 57 | 215 | 124 | 42 | 166 | 180 | 60 | 240 | 22 | 3 | 25 |
| | 服装 | 38 | 34 | 136 | 49 | 185 | 100 | 40 | 140 | 150 | 66 | 216 | 14 | 17 | 31 |
| | 装备 | 22 | 16 | 12 | 8 | 20 | | | | 10 | 6 | 16 | -2 | -2 | -4 |
| 跑步 | 合计 | | | 67 | 61 | 128 | 54 | 50 | 104 | 65 | 67 | 132 | -2 | 6 | 4 |
| | 鞋 | 14 | 14 | 51 | 52 | 103 | 42 | 42 | 84 | 50 | 55 | 105 | -1 | 3 | 2 |
| | 服装 | 8 | 8 | 16 | 9 | 25 | 12 | 8 | 20 | 15 | 12 | 27 | -1 | 3 | 2 |
| | 装备 | | | | | | | | | | | | | | |
| 篮球 | 合计 | | | 196 | | 196 | 163 | | 163 | 204 | | 204 | 8 | | 8 |
| | 鞋 | 22 | | 74 | | 74 | 63 | | 63 | 75 | | 75 | 1 | | 1 |
| | 服装 | 10 | | 111 | | 111 | 100 | | 100 | 121 | | 121 | 10 | | 10 |
| | 装备 | 18 | | 11 | | 11 | | | | 8 | | 8 | -3 | | -3 |
| 男子训练 | 合计 | | | 61 | | 61 | 50 | | 50 | 55 | | 55 | -6 | | -6 |
| | 鞋 | | | | | | | | | | | | | | |
| | 服装 | 32 | | 61 | | 61 | 50 | | 50 | 55 | | 55 | -6 | | -6 |
| | 装备 | | | | | | | | | | | | | | |
| 女子训练 | 合计 | | | | 54 | 54 | | 50 | 50 | 8 | 56 | 64 | 8 | 2 | 10 |
| | 鞋 | | 12 | | 15 | 15 | | 20 | 20 | | 23 | 23 | | 8 | 8 |
| | 服装 | | 16 | | 32 | 32 | | 30 | 30 | | 26 | 26 | | -6 | -6 |
| | 装备 | | 25 | | 7 | 7 | | | | 8 | 7 | 15 | 8 | 0 | 8 |
| 足球 | 合计 | | | 119 | | 119 | 92 | | 92 | 93 | | 93 | -26 | | -26 |
| | 鞋 | 12 | | 43 | | 43 | 42 | | 42 | 36 | | 36 | -7 | | -7 |
| | 服装 | 15 | | 66 | | 66 | 50 | | 50 | 48 | | 48 | -18 | | -18 |
| | 装备 | 16 | | 10 | | 10 | | | | 9 | | 9 | -1 | | -1 |
| 合计 | | | | 749 | 229 | 978 | 583 | 182 | 765 | 765 | 255 | 1 020 | 16 | 26 | 42 |

当然，时尚买手不会 100% 按照 OTB 拆分的计划增减 SKU，在修正的过程中，他们会根据自己的经验，允许一定的偏差幅度。经过修正后留下的 SKU 基本上就是圈定的买货 SKU 范围。

## 二、确定买货 Top SKU

当圈定了 SKU 的采购范围后，接下来最重要的工作是要确定买货的

Top SKU，确定订量最深的 SKU。

第一步，在确定 Top 的数量时，每个时尚买手都有自己的习惯，有的选择 Top10，有的选择 Top20，还有的选择总 SKU 宽度的 Top 10% 的 SKU 数。无论怎么定义，其意义是一样的，就是选择买货最深的 SKU。

笔者根据多年的采购经验认为，对二八原则的解读至关重要："前 20 个 SKU 占 80% 的生意"只适用于总订货 SKU 在 100 左右的订单；"前 20% 的 SKU 占 80% 的生意"同样不适用于订货宽度超过 1000 个 SKU 的订单。靠谱的做法是，用二八原则的逻辑，加上历史数据的分析做参考，比如，休闲服装品牌前 20 个 SKU 的生意可以占到 35%～50% 的销售额，则该品牌的 Top 可以确定为前 20 个 SKU；运动品牌前 20% 的 SKU 可以占到 50%～60% 的销售额，该品牌的 Top 可以确定为 SKU 宽度的前 20%，如果订购宽度为 500 个 SKU，则 Top 就是前 100 个 SKU。

第二步，根据确定的 Top 范围重新审视所有的 A+SKU。如果认为 A+ 给得比较保守，就把 A 的 SKU 筛选出来再研究，看哪些可以提升至 A+，此时考虑的是这些 SKU 的"团队"属性，以及它们在价格、上市日期上的优势。

例如，一个核心价位的 SKU 第一次被标记为 A，时尚买手在再次看它的时候发现，从"团队"属性上来说没有与它款式类似的 SKU，同时在 A+SKU 里面有可以与它搭配销售的 SKU，但唯一不足的是，这个 SKU 的上市波段是最后一个上市波段。

面对这种情况，时尚买手可以做的事情是，向生产部或品牌公司（不同类型的买手面对的不一样）确认这个 SKU 是否可以调整上市日期到第一波段，如果可以，则果断将它提升到 A+；如果不可以，则应适当降低该 SKU 的等级。道理很简单，对于最后一个上市波段的商品而言，其销售周期比其他 SKU 短，不宜采购过深的数量。

## 第四节　确定订货款式：精耕细作

第三部曲将选款的范围从"第一印象"进一步缩小和精确，第四部曲是看货的最后一个环节，也是精耕细作环节。第三部曲确定的买货范围仍然不是最终的范围，仍有一些因素没有被考虑到，第四部曲就是最后的调整机会。

看货的四部曲就像净水器的工作原理，不经过八层、九层、十层的过滤网和杀菌层，就不足以将水中的杂质和有害物质去掉。要想成为优秀的时尚买手，就要有足够的耐心，不要怕麻烦，也不要想走捷径，必须要层层筛选、步步为营。

如果说第一部曲和第三部曲都是理性的，第二部曲是感性的，那么第四部曲则是艺术的。看货第四部曲是基于商品组合和视觉买货做调整。

最让时尚买手引以为豪的是，时尚买手的工作是"艺术与科学相结合的工作"。这份工作时而感性，时而理性，时而科学，时而艺术，看上去会让人精神崩溃，但时尚买手却很享受这样的工作状态，他们享受在艺术与科学间切换的节奏，时常可以迸发出火花。

当自己太艺术的时候，用科学把自己拉回来；当自己太理性的时候，用艺术将自己的思路放飞。优秀的时尚买手，都是可以收放自如的高手，从表面上看他们嘻嘻哈哈、大大咧咧，但干起活来却有条不紊、有理有据，这是时尚买手的可爱之处。

### 一、从商品组合角度调整

无论是只有几百万元买货额的时尚买手，还是坐拥几亿元买货额的大买手，他们工作的性质都是采购商品，商品在终端门店销售产生价值，每一家门店的商品形成的组合就是一个商品组合，与其说时尚买手采购的是商品，不如说他们采购的是商品组合。他们采购不同的商品组合，目的是做门店的差异化。

品牌规模越小，门店商品组合的差异化程度越小，因为受开发能力和成本效率等因素的限制。当品牌的规模足够大、门店数量足够多的时候，差异化将是品牌业绩增长的重要突破口。

例8-1：

某休闲服装品牌每季订货会提供的SKU宽度约为1000个，订货门店数量为2000家，该品牌产品分为基础款、时尚款、潮流款、常青款，门店按照商圈、生意规模分为大、中、小三类。该品牌门店的订货策略如下。

"小"门店的商品组合：常青款＋基础款的组合。

"中"门店的商品组合：常青款＋基础款＋时尚款的组合。

"大"门店的商品组合：常青款＋基础款＋时尚款＋潮流款的组合。

考虑商品组合后的看货表如表8-3所示。

从表8-3看从商品组合的角度调整选款的技巧：

（1）确保各个级别的商品组合结构的完整性，"麻雀虽小五脏俱全"，即使是最小的商品组合也要确保品类齐全。

（2）在每种商品组合中都有Top SKU。

（3）商品组合的大小与门店OTB挂钩，以确保合理的深度。

（4）大、中、小商品组合间的关系是包含关系：大包含中，中包含小。

（5）对每个商品组合中的款式都要充分考虑其搭配性。

表 8-3 考虑商品组合后的看货表

| 大类 | SKU信息 | | | | | | | | | 时尚买手看货备注 | | | |
|---|---|---|---|---|---|---|---|---|---|---|---|---|---|
| | 款号 | 色号 | 面料 | 描述 | 成本 | 零售价 | 毛利率 | 尺码范围 | 款式修改要求 | 建议成本 | 商品分级 | 商品组合 |
| Blazer | 82082101 | 00C | 100%棉 | 基本款西装 | ¥104.0 | ¥499 | 79% | S~XL | | ¥100 | A+ | 小 |
| | 82092105 | 99C | 100%棉 | 基本款西装 | ¥104.0 | ¥499 | 79% | S~XL | | ¥100 | A− | 小 |
| | 82092104 | 99C | 100%棉 | 两粒扣西装 | ¥138.0 | ¥629 | 78% | S~XL | 改丝绒面料，袖子修改 | ¥126 | B | 中 |
| | 82102209 | 91B | 100%皮 | 配套条纹一粒扣西装 | ¥91.0 | ¥469 | 81% | S~XL | 袖子里布取消 | | B+ | 中 |
| | 82102203 | 60 | 80%棉 20%涤纶 | 皮衣改外套款 | ¥150.0 | ¥769 | 80% | S~XL | 改假皮 | ¥130 | B− | 中 |
| | 82102206 | 30 | 80%棉 20%涤纶 | 金色短棉外套 | ¥189.0 | ¥899 | 79% | S~XL | 做棉服 | ¥110 | A | 大 |
| Outwear | 82092207 | 99C | 80%棉 20%涤纶 | 可脱卸袖子短款棉外套 | ¥130.0 | ¥899 | 86% | S~XL | | ¥130 | B | 小 |
| | | 10 | 100%棉 | 可脱卸袖子短款棉风衣 | ¥130.0 | ¥899 | 86% | S~XL | | | B | 小 |
| | 82092207 | 99C | 80%棉 20%涤纶 | 双排扣基本款风衣 | ¥139.0 | ¥729 | 81% | S~XL | | | B+ | 大 |
| | 82102210 | 99C | 80%棉 20%涤纶 | 可脱卸毛领外套 | ¥150.0 | ¥799 | 81% | S~XL | 改充棉 | ¥130 | C | 小 |
| | 82092208 | 96C | 80%棉 20%涤纶 | 双排扣短袖外套，建议洗软 | ¥109.0 | ¥599 | 82% | S~XL | 建议洗软一点 | | B | 小 |

## 二、从视觉买货角度调整

视觉买货是指将买货组合以图片的方式呈现,给人以更好的视觉效果。

为什么时尚买手需要视觉买货?

视觉买货是时尚买手在买货阶段检验商品组合在门店中的呈现效果最直观的方法,通过视觉买货判断该商品组合是否符合品牌形象,是否足够吸引消费者进店。好的视觉陈列不亚于拥有几个好的销售人员。

时尚买手常用的视觉买货技巧有以下三种。

第一种,时尚买手将确定采购的商品组合的样衣,在模拟的门店样板间中陈列,按照故事、色系搭配陈列后,判断该商品组合的视觉是否有缺失,是否需要调整。

第二种,时尚买手将采购的SKU的彩色图片打印出来,在一张大白纸或者大白板上做拼图,按照故事、色系、板墙模拟贴出来,以此判断视觉效果。

第三种,时尚买手将选中的SKU电子图片放到PPT里面,按照上市波段、品牌、故事、色系、门店空间排序,检查是否有调整空间。

### ·案例8-1:耐克品牌的视觉买货计划·

图8-4至图8-6为耐克品牌的视觉买货计划(VLP)。

时尚买手通过视觉买货,可以发现海选、精选阶段被忽略的问题,如故事有缺失、色系有缺失、色系杂乱等。在发现这些问题后,时尚买手可以即时调整订单。

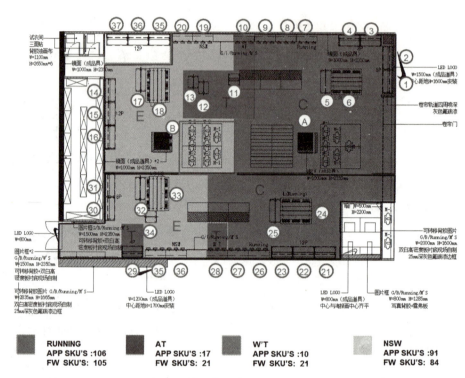

图 8-4  将所有的陈列道具进行编码

图 8-5  区域 A（模特群组）的买货计划

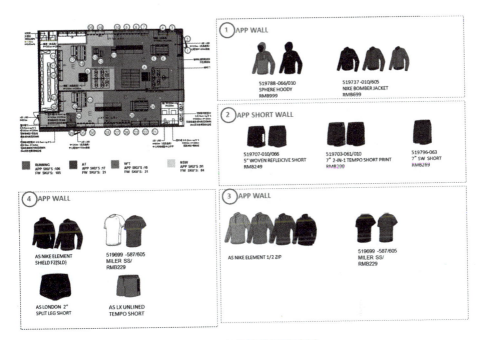

图 8-6　服装墙的买货计划

## ·案例 8-2：时尚买手眼光养成记·

Lucy 毕业于一个纯理工科的大学，原本与时尚扯不上任何关系的她，却因为对时尚的热爱，在毕业后找到了一份服装公司的工作，在八年的职业生涯中 Lucy 完成了一个工科女生的华丽转身，成为知名时尚女装品牌的时尚买手。每次与大学同学聚会，Lucy 的穿着打扮和搭配风格都受到大家的赞扬，他们夸她是不折不扣的时尚达人。

成为时尚买手的 Lucy 不只提升了自己的穿衣品位，更重要的是，她把自己的眼光也"养"出了时尚感，每次在看货的时候她总能精准地把握住每个款式的时尚度，因此她的采购订单总是下得恰到好处：不放过时尚经典款式，不错过时尚流行款式，不误选已经过时的款式。

关于 Lucy 的时尚眼光养成记，笔者与她有一次深入的对话。

笔者：你作为一个工科专业毕业生，当时为什么会选择成为时尚买手？

Lucy：我是家里的独生女，从小妈妈就把我打扮得漂漂亮亮的，长大后我也很喜欢逛街，喜欢时尚的东西。因为喜欢，所以大学期间我就开始在一些服装门店做兼职导购，当时了解到了有时尚买手这个职业，也是在那个时候我树立了要成为时尚买手的目标。

笔者：你虽然是非时尚专业毕业的时尚买手，却有敏锐的时尚眼光和深厚的时尚功底，你是如何获得这些的？

Lucy：是的，我本科所学专业与时尚毫无关系，虽然我自己在生活中热爱时尚，但是通过逛街和阅读时尚杂志所获得的时尚信息与知识都是零星而不成体系的，不足以支撑我成为时尚买手。我的时尚眼光和时尚功底是在进入时尚产业后逐步养成的。

笔者：如果让你归纳自己的时尚眼光养成过程，你认为对你帮助最大的因素是什么？

Lucy：时尚买手的眼光是"养"出来的，我从一张白纸到能够及时捕捉时尚信息，得益于我长期从事时尚买手的工作，我因工作需要系统地了解了各种时尚基础知识，再将这些知识运用到工作中，经过大量的实践和总结后形成了我自己的时尚感觉。

笔者：可以看出你的眼光是一步步养成的，那么归纳起来你经历了哪几个"养眼"的阶段？

Lucy：养成时尚买手的眼光，我共经历了四个阶段。第一个阶段是对时尚基础知识的积累阶段，正所谓千里之行，始于足下，我在大学里并没有受过时尚方面的教育，在进入时尚行业后，我通过阅读、参加培训等方式开始学习时尚基础知识。一切都从零开始，当我开始系统地学习这些理论知识的时候，我发现以前让我引以为豪的自己对时尚的了解其实是粗浅的，那些从时尚杂志中获得的信息只是让我知其然而不知其所以然。现在的我之所以能灵活地运用各种时尚信息，正是因为我建立了自己的流行时尚知识体系，不仅知其然，更知其所以然。

笔者：你所指的时尚知识体系都包含哪些知识？

Lucy：我总结的时尚买手需要掌握的时尚知识包含几个方面的知识结构：时尚流行的原理、色彩学、服装设计基础、服装生产和加工工艺、服装材料学等。比如，在没有学习这些知识前，我阅读时尚杂志，关注的是时尚编辑推荐的某个好看的款式，并通过时尚编辑的介绍知道这是什么品牌、什么设计师的作品，然后就认为这就是现在流行的时尚，仅此而已。但现在再看时尚编辑的推荐时，我会看这个款式的设计理念、廓形、色彩及流行元素，以此来判断这是否会成为流行趋势。

笔者：时尚媒体是传播当季时尚信息的载体，是时尚产业必不可少的一部分，我想当你具备时尚基础知识后，你就会发现它们的用处了，那么你"养眼"的第二个阶段是什么？

Lucy：是的，正如你所说，时尚买手"养眼"的第二个阶段确实离不开时尚媒体。这个阶段是拓宽自己的时尚视野的阶段，时尚买手不要只关注自己在服务的品牌，也不要只看自己喜欢的几个品牌，而是要尽可能看更多的品牌，不仅要看这些品牌当季的产品，还要看它们过去的经典作品，让自己的眼睛真正做到见多识广。这个过程就是在"养眼"，时尚媒体是提供"养眼"资料的最佳平台。

笔者：有了基础，又有了宽阔的视野，接下来的阶段是什么？

Lucy：前两个阶段都是时尚基础的储备，第三个阶段可以被称为实践阶段，即将时尚知识运用到时尚买手买货阶段。

笔者：懂得将时尚知识运用到买货中是成熟时尚买手的标志，可以分享一下你在买货的时候是如何运用时尚知识的吗？

Lucy：每一个时尚买手都清楚自己购买的是时尚商品，因此采购阶段是最能体现时尚买手时尚敏感度的过程，有的时尚买手把时尚敏感度形容为一种感觉，感觉是一个看不见、摸不着的东西，而我认为时尚敏感度是一种有逻辑的思维方式。我在买货的时候对款式的判断背后都有一套时尚的逻辑：从流行趋势的角度，判断流行的生命周期；从设计的角度，判断穿着的美感和场合；从工艺的角度，判断该穿着的舒适度；从色彩和板型的角度，判断人群细分和搭配性等。

笔者：你的这个逻辑将别人说不清、道不明的"感觉"说清楚了，在外人看来时尚买手对时尚的准确把握，背后确实有大量的逻辑支撑。你已经能够熟练地运用这些逻辑，那么第四个阶段还需要做什么呢？

Lucy：我认为第三个阶段是运用和实践的阶段，当我懂得在采购的时候运用时尚知识后，我要经历几个采购季的采购实践，并且通过跟进这几个季节商品的销售结果，对自己的买货决策进行积淀和总结。从而进入下一个时尚眼光养成的阶段，也就是第四个阶段——对流行趋势进行预判的阶段，我所说的预判与流行趋势研究机构发布的流行趋势预测不同，时尚买手对流行趋势的预判是指准确解读流行趋势预测报告，并运用到自己的采购行为中，形成对期货款式的准确判断。正是因为有了对流行趋势的预判能力，我的采购订单才被大家认为是能够准确把握流行趋势的订单。

笔者：通过四个阶段，你把自己的"时尚眼光养成记"总结得非常清楚，最后可以再分享一下你在每个阶段借助的工具或者使用的方法吗？

Lucy：第一个阶段可以被认为是补习大学时尚设计专业课程的阶段，因此最好的方式就是按照时尚设计专业补习知识，方法是阅读该专业的教材和参加时尚设计培训课程等。第二个阶段借助的工具除了可以阅读的书籍、杂志外，还包括一些时尚品牌历年发布会的视频，以及权威的时尚网站发布的信息。第三个阶段借助的工具就是本职工作中的商品和所有数据报告等。第四个阶段应及时关注流行趋势预测报告，包含对面料、颜色、流行元素的预测，以及有代表性的一线品牌的新款信息等。

# 第九章
## FASHION BUYER
# 订货会技巧二：下单三步骤

经过OTB的准备、拆分和看货，现在时尚买手应该有点"万事俱备只欠东风"的感觉，已经走到了下订单的阶段。对于时尚买手的"买"字来说，前面如此冗长的准备工作，都只是为了最后一刻买得畅快、买得准确。

这让笔者想起一个生活中真实发生过的事情。在一次久未见面的同学聚会上，当大家知道笔者的职业是时尚买手的时候，纷纷好奇地问"时尚买手是做什么的"，笔者想了想，想用最简单又最通俗易懂的话语来回答他们，于是说"买衣服的"。

然后，女同学们纷纷激动了，七嘴八舌地要马上拉着笔者一起去逛街，用她们的话说"你肯定比我们会买衣服"，当时笔者脸上是大写的尴尬，马上补充了一句"我一般一次买好几个亿的衣服，一件衣服可能会买几万件"。

然后就有同学明白了"噢,你是说你是做服装采购的吧"。

从此以后,当再遇到行业外的人问笔者时尚买手是做什么的时,如果时间不充裕笔者就会说是"服装采购,负责下订单的"。

经过本书的讲解读者可以知道以上说法并不准确,它只是表达了时尚买手职能中最重要的一个部分而已,接下来将是时尚买手"买"的重要环节,无论是有经验的时尚买手还是刚入行的时尚买手,在订货下单的时候都遵从先下单款订量,再整体调整订单,最后分配尺码这三步。

## 第一节 先下单款订量:巧用分级的下单技巧

时尚买手的订货口诀为"门店分级、商品分级、订量分级"。

### 一、门店分级策略

时尚买手在下订单时有两种常用的方式:一种是单店买货策略,按照每家门店的需求制定单店采购订单,再将订单汇总成当季采购总订单。另一种是根据OTB制定整盘采购订单,再将订单中的每个SKU分配给各个门店。

门店分级策略是将门店的需求特性归类汇总,定义为不同的级别。门店分级的核心是将消费者需求进行分级,商品组合分级服务于门店分级。

订货口诀中的"商品分级"是看货阶段的任务,上一章所述的商品评分就是订货阶段的商品分级。本章进入下订单环节,先关注门店分级和单款订量分级。

门店分级的策略如下。

(1)门店单产:单产越高门店级别越高。

(2)门店面积:可与单产一起考量,低单产、大面积和中单产、大面积的门店在定级的时候均提高一个档次,定为中单产、高单产级别。

(3)门店所处商圈:越是核心的商圈门店级别越高,级别越低的商圈门店级别越低。在最核心的商圈里,即使门店的单产没有达到最高级别,但为了品牌形象,可以将门店级别调至最高。一个高单产的门店,如果所在的城市级别和商圈级别都不高,就不可以定义为高级别门店。

(4)未来规划:如果门店的未来规划中有单产、面积等方面的变化,则在采购时会根据新的规划调整级别。

## · 案例 9-1 ·

以下是品牌时尚买手通过门店分级、匹配商品评分的订货策略。

第一步,设定销售额级别和门店面积级别的标准(见表9-1)。

表9-1 销售额级别和门店面积级别的标准

| 销售额(万/月) | | 销售面积(平方米) | |
|---|---|---|---|
| 大(L) | ≥12 | 大 | ≥80 |
| 中(M) | 6~12 | 中 | 50~80 |
| 小(S) | <6 | 小 | <50 |

第二步,根据销售额定级、面积定级的组合,确定门店定级以及可匹配的最高评分商品(见表9-2)。

表9-2 门店定级标准及可匹配的最高评分商品

| 销售额 | 门店面积 | 门店级别 | 最高商品评分 |
|---|---|---|---|
| L | L | Ⅰ | A |
| | M | Ⅰ | A |
| | S | Ⅱb | B1、B2 |
| M | L | Ⅱa | A、B1 |
| | M | Ⅱa | B1 |
| | S | Ⅱb | B2 |
| S | L | Ⅱb | B2 |
| | M | Ⅲ | C |
| | S | Ⅲ | C |

Ⅰ级别的门店，可匹配的最高商品评分为A，则Ⅰ级别门店订货的商品评分包含：从C到A的所有商品，以此类推。因此可以将表9-2总结为表9-3。

第三步，简化门店与商品评分之间的对应关系（见表9-3）。

表9-3 门店定级与可订商品标准

| 门店/商品 | A | B1 | B2 | C |
| --- | --- | --- | --- | --- |
| Ⅰ | √ | √ | √ | √ |
| Ⅱa | √p | √ | √ | √ |
| Ⅱb |  | √p | √ | √ |
| Ⅲ |  |  |  | √ |

第四步，按照第三步的定级规则对每家门店进行销售额定级、面积定级后，匹配相应的商品评分（见表9-4）。

表9-4 按照定级标准匹配门店商品

| 区域 | 城市 | 门店编号 | 店名 | 销售面积 | 平均月单产 | 销售额定级 | 面积定级 | 门店定级 | 可定商品最高评分 |
| --- | --- | --- | --- | --- | --- | --- | --- | --- | --- |
| BJ | 北京 | KQ03 | 北京市新世界 | 93 | 128 609 | L | L | Ⅰ | A |
| BJ | 北京 | K123 | 北京市中关村 | 70 | 98 241 | M | M | Ⅱa | B1 |
| BJ | 北京 | KQ02 | 北京市君太百货 | 80 | 111 548 | L | L | Ⅰ | A |
| BJ | 北京 | K303 | 北京市中友百货 | 87 | 151 480 | L | L | Ⅰ | A |
| BJ | 北京 | K305 | 北京市中关村MALL | 100 | 69 131 | M | L | Ⅱa | B1 |
| BJ | 北京 | K309 | 北京市津乐汇 | 66 | 24 500 | S | M | Ⅲ | C |
| BJ | 北京 | K311 | 北京市望京来福士 | 70 | 39 771 | S | M | Ⅲ | C |
| BJ | 北京 | K312 | 北京市望京来福士 | 50 | 91 389 | M | M | Ⅱa | B1 |
| BJ | 北京 | K313 | 北京市华宇时尚购物中心 | 80 | 65 957 | M | L | Ⅱa | A，B1 |
| BJ | 北京 | K315 | 北京市新中关购物中心 | 80 | 51 536 | S | L | Ⅱb | B2 |
| BJ | 北京 | K320 | 北京物美新街口 | 114 | 43 342 | S | L | Ⅱb | B2 |
| BJ | 北京 | KQ05 | 北京新世界3期 |  | 22 995 | S | M | Ⅲ | C |

KQ03店可订的商品包含评分为A、B1、B2和C的商品。

## 二、单款订量分级策略

时尚买手下订单的习惯千奇百怪，越是刚入行的时尚买手和初级时尚买手，在他们的订单中每个款式的订量看上去越"杂乱无章"，越是资深的时尚买手下的订单数量看上去越"整洁"。这并不是因为时尚买手的工作做久了，他们变得有"洁癖"或者"强迫症"了，而是因为时尚买手下过的订单越多，积累的经验越多，就越能熟练地使用订量分级策略。

没有订量分级的订单看上去很"随心所欲"，容易带给看订单的人一种"随意"的感觉。

表9-5是一个时尚买手下的订单。

从这个时尚买手的订单中我们可以看到，他虽然根据商品评分做了订量深度的区分，但是同样为B级的商品在订量上却有80、81、82、83四种，同一个级别的商品订量差异1件的意义是什么，时尚买手并不能说清楚。也许就是为了凑够OTB，也许只是刚好想到了这个数字。这样的订单在现实订货中并不少见，很多时尚买手并没有意识到他们的这种订量方式是不好的习惯，也没有思考过订量分级的好处。

下面来看一个资深时尚买手下订单前做的订量分级（见表9-6）。

从表9-6看订量分级的技巧：

（1）首先要判断不同系列、相同评级的商品订量级别是否需要区分，在表9-6中同为A+的商品，在运动生活系列中的订量级别为180而在专业运动系列中为80。这是因为该品牌运动生活系列的销售占比最高，该系列畅销款的销售数量是专业运动系列的两倍多。

那为什么不把专业运动系列A+的级别改为A-或者B+？这样就可以使整个产品线的定级与订量之间具有一致性了。笔者的回答是"不可以"。按照表9-6的例子，如果运动生活系列和专业运动系列的OTB发生变化，相应的每个级别的订量也会发生变化，如果专业运动系列的OTB增加，该系列A+级别的订量相应地会大于80。这说明，不同系列、

表 9-5 KQ03 门店订单（局部）

| 大类 | SKU 信息 | | | | | | | | | KQ03 门店订单 | | |
|---|---|---|---|---|---|---|---|---|---|---|---|---|
| | 款号 | 色号 | 面料 | 描述 | 成本 | 零售价 | 毛利率 | 尺码范围 | 商品评分 | 数量 | 订货金额 |
| Blazer | 82082101 | 00C | 100%棉 | 基本款西装 | ￥104.0 | ￥499 | 79% | S~XL | A+ | 120 | 59 880 |
| | 82092105 | 99C | 100%棉 | 基本款西装 | ￥104.0 | ￥499 | 79% | S~XL | A- | 95 | 47 405 |
| | 82092104 | 91B | 100%棉 | 两粒扣西装 | ￥138.0 | ￥629 | 78% | S~XL | B | 80 | 50 320 |
| | 82102209 | 99C | 100%皮 | 配套条纹一粒扣西装 | ￥91.0 | ￥469 | 81% | S~XL | B+ | 85 | 39 865 |
| | 82102203 | 60 | 80%棉 20%涤纶 | 皮衣改外套款 | ￥150.0 | ￥769 | 80% | S~XL | B- | 79 | 60 751 |
| | 82102206 | 30 | 80%棉 20%涤纶 | 金色短棉外套 | ￥189.0 | ￥899 | 79% | S~XL | A | 100 | 89 900 |
| Outwear | | 99C | 80%棉 20%涤纶 | 可脱卸袖子短款棉外套 | ￥130.0 | ￥899 | 86% | S~XL | B | 81 | 72 819 |
| | 82092207 | 10 | 100%棉 | 可脱卸袖子短款棉外套 | ￥130.0 | ￥899 | 86% | S~XL | B | 82 | 73 718 |
| | 82102210 | 99C | 80%棉 20%涤纶 | 双排扣基本款风衣 | ￥139.0 | ￥729 | 81% | S~XL | B+ | 90 | 65 610 |
| | 82092208 | 96C | 80%棉 20%涤纶 | 双排扣毛领外套 | ￥150.0 | ￥799 | 81% | S~XL | C | 50 | 39 950 |
| | | | | 双排扣短袖外套，建议洗软 | ￥109.0 | ￥599 | 82% | S~XL | B | 83 | 49 717 |

不同定级的SKU的订量不会有固定的对应关系，深度会因OTB金额变化而发生改变。

表9-6　某品牌的订量分级

| 系列 | 商品评分 | 订量级别 |
| --- | --- | --- |
| 运动生活 | A+ | 180 |
| | A | 130 |
| | A- | 100 |
| | B+ | 70 |
| | B | 50 |
| | B- | 30 |
| | C | 10 |
| 专业运动 | A+ | 80 |
| | A | 40 |
| | B | 25 |
| | C | 10 |

（2）各商品级别间的订量差异规律：越畅销的级别，订量差异越大。比如在运动生活系列中C和B-的差异是20一级，而B+和A-的差异开始以30为一级。

（3）A+级别的订量为最畅销款式的深度，订量依据历史销售数据结合当季商品质量和市场环境调整，或激进，或保守。

（4）C级别的订量为起订量，利用C和A+之间的订量差值可设定B到A之间的订量级别差异。

（5）订量之间的差异跨度可以选择"一套尺码"为单位，比如鞋类商品"一套尺码"的订量是12双，各级别订量之间的差异跨度可设为12、24、48。以表9-6中专业运动系列的订量为例，可设定为：C/12、B/24、A/48、A+/96。

## 三、巧用分级的下单技巧

即使前面的准备工作已经做得很充分，但仍有时尚买手需要花两三天的时间做订单，他们要么瞻前顾后、畏首畏尾，要么来回调整，把前面的思路推翻。有经验的时尚买手如果做好了准备工作，下起订单来就有如神助，既顺畅又痛快，有人只需要几个小时便可以完成下订单和订单调整的工作，这是时尚买手经验的体现。时尚买手在制作订单时也有技巧，常见的下单方式有以下几种。

（1）逐一下单的方式。从第一个SKU开始逐个下订量，直到下完选中的最后一个SKU的订量，然后刷新订单的透视表，检查订单的结构，再与OTB计划的结构进行对比，逐一调整SKU的深度，以达到与计划匹配的目的。初级时尚买手都很爱用这种方式，但这种方式很耗时间，来回调整也容易把思路扰乱，影响自己对款式的判断，而且容易将订单调整成如表9-5所示的订单结果。

（2）边下单边检查的方式。采用这种方式的时尚买手更聪明一些，他们虽然也是逐个SKU下订量，但是会边下单边刷新订单结构透视表，随时将它与计划对比，及时调整。这种方式比前一种方式节省时间。

（3）由浅到深的下单方式。这种方式是先筛选出评级最低的SKU，下这些SKU的订量，通常是起订量。然后下评级较深和最深的SKU的订量。这种下单方式初步符合对产品定级定量的思路。根据计划的深度下完整张订单，再对比结构计划调整个别SKU的深度，可以避免前两种方式所忽略的产品级别深度差异问题。

（4）由深至浅的下单方式。这种方式的逻辑与第三种类似，只是调换了顺序，先将最深量SKU的量订下去，再订其他SKU，这样可以减少调整SKU深度级别的概率。举个例子，时尚买手先筛选出评级最末的SKU，平均下量20，接着是倒数第二的SKU，平均下量30，以此类推。如果时尚买手在下完所有SKU的订量后发现订单与OTB计划的差异太大，就需要调整每个商品级别的深度。反之，如果时尚买手先下订量最深的SKU的订量，根据前面讲过的Top SKU深度原则，最深的订量确定后直接匹配到 A+ 级别的 SKU，然后再下其他评级的 SKU，边下单边调整。如果 OTB 足够，就加深 A 和 B 级别 SKU 的深度；如果 OTB 不够，就减少 C 或者 B- 级别 SKU 的订量。这样，整个下单过程既有序也不会打乱商品定级策略。

以上几种方式都是常见的下订量的方式，过去和现在都有时尚买手在使用这几种方式。一些采购效率很高的时尚买手还有他们的"秘诀"，下面两种方式是能大幅提升下单效率的下单方式：

（1）**起订量倒推式**。大多数品牌都有起订量的要求，而起订量常常是时尚买手调整订单的第一步。既然起订量是底线，那何不从底线开始下单呢，说到底，怎么调整都不能打破起订量不是吗？所以，起订量倒推式就是先将每个 SKU 的订量都按照起订量订下去，然后刷新订单的透视表格，按照 OTB 的结构计算每个系列还剩多少 OTB，用各系列剩余的 OTB 金额除以该系列的平均件单价和需要加深量的 SKU 数，得出剩余 OTB 可以给 A 和 B 级别 SKU 加的平均深度，最后按级别加深度。这种下单方式既可以保证结构与计划的匹配，也能保证各个级别 SKU 的深度差异。

（2）**拆分深度的下单方式**。这种方式是将 OTB 结构拆分带入看货后确定的 SKU 范围中，分别计算出各个系列 A、B、C 三类 SKU 的平均深度，计算的公式是：

A 级别的平均深度 = OTB 金额 × A 级别计划买货金额占比 ÷ A 级别的平均件单价 ÷ A 级别的 SKU 数

同理可以计算出各系列 B 和 C 级别 SKU 的平均深度。

在计算出 A、B、C 级别的平均深度后，直接筛选 A、B、C 级别的商品，把相应的订量订下去，刷新订单分析表格，微调个别 SKU 的深度即可。

这种下单方式的好处是计划性很强，调整的概率更小，有很强的可控性，不容易打乱思路。

虽然看上去拆分深度的计算很麻烦，但是用 Excel 工具，只是设定几个公式而已，操作起来并不麻烦，感兴趣的时尚买手不妨试试。

## 第二节　再整体调整：精准下单

调整订单是为了让订单结构、深度、搭配更合理。调整方向是对比OTB拆分的结构，但如果实际看货后认为OTB有需要调整的地方，可以先调整OTB计划，再用新的计划对比订单。

调整订单前要先做订单分析，以下是订单分析的维度。

### 一、订单分析的维度

虽然订单调整是对比OTB拆分计划进行的，但订单分析的维度并非完全与OTB拆分的维度一致，订单分析的维度应包含以下几项：

（1）OTB总额，整个订单的订货总额是否合理。
（2）各品类、系列订货的占比是否合理，即订单结构是否合理。
（3）订货的宽度和平均深度是否合理。
（4）畅销款是否准确，畅销款的深度是否合理。
（5）上市波段是否合理。
（6）价格带分布是否合理。
（7）色系订货是否合理。
（8）商品组合是否合理。
（9）门店与商品组合的匹配是否合理。

### 二、订单调整的技巧

调整订单的过程就像在游乐园里坐跷跷板一样，一会这边高了一会那边高了，所以在调整之前需要找准核心问题，只有在想清楚调整的方向后才开始调整，做到有的放矢，而不是以"调一调、试一试"的心态来回调整,那样很容易适得其反,越调越乱。

(1) OTB 总金额。在下订单的时候有的时尚买手特别容易发愁,舍不得加或者舍不得减,最后买出来的金额要么低于 OTB 计划,要么高于 OTB 计划。

遇到 OTB 买不够的情况,时尚买手在做订单分析和调整的时候需要仔细分析和权衡,问自己几个问题,即"OTB 没买够是因为什么款式的缺失""缺失的款式是否可以在已经提供的样品里面找到替代款""如果找不到替代款,是否可以要求设计师提供""如果设计师不能提供类似款,是否可以用同期的 SKU 翻单替代"。

遇到 OTB 买超的情况,时尚买手则要问自己"为什么买超了""是在哪个品类、哪个系列、哪个款式上买超的""买超的部分是否值得做额外的投资"。判断这些的依据是看这些款式是否为全新的款式,是否有足够的竞争力。如果有已有款式与之类似,则把它们与类似款放在一起调整订量;如果是全新款式,则适当增加 OTB 金额,时尚买手为一个潜力款式多付出一些 OTB 是值得的。

(2) 结构分析。看实际下单的结构与计划的结构之间的差异,分析产生差异的原因是什么。如果是产品开发端导致的差异,那么就接受差异,毕竟时尚买手买的是未来,希望未来和去年同期有一些改变。

(3) 平均深度的分析。看整个订单的平均深度与门店实际销售的平均深度之间的合理性。如果门店平均销售深度是 30,而买货买了 60,这就是有风险的订货。如果深度太深,则在调整时增加宽度、降低深度;如果深度过浅,则在调整时减少宽度、增加深度。

(4) 畅销款的深度是否订足,要看 Top SKU 的买货金额占比是否达到销售结果中 Top SKU 的占比,以及单个 SKU 的深度是否订到了同期最畅销 SKU 的深度。如果超了很多,就需要反思,是不是这个 SKU 确实比同期的 Top1 更有潜力;如果少太多,就要问自己是不是今年的 Top

SKU 的品质不如同期。

（5）上市波段分析。当上市波段与计划有差异时，首选方案是选择一些 SKU 与生产部门或品牌公司沟通调整上市日期，以此调整上市波段的合理性。其次才回到已选 SKU 中做取舍、更替。在一个产品季中三个月上市的 SKU 占比分配以 50%:35%:15% 为宜，半数的 SKU 应在第一个月上市，最后一个月上市的 SKU 不能超过 15%。

## 第三节　做好最后一步：准确的尺码

下订单的最后一步是匹配尺码，匹配尺码不以单店为单位，而应以订单为单位匹配。有的时尚买手花大量的时间在看货、下订单环节，而在匹配尺码的时候往往"草草了事"，简单拉出同期销售的尺码比例作为当季尺码匹配的比例匹配下去。匹配尺码可以说是订货会的最后一步，如果这"临门一脚"的一步出了问题，可能会让前面的工作付之东流。

### 一、准确尺码的重要性

有的时尚买手不注重匹配尺码这个环节、每一季、每一年都用同一个尺码逻辑分配所有 SKU 的尺码。经过日积月累后他们发现，即使前面千辛万苦选款、下订量，到最后核心尺码却不够卖，或者核心尺码买太多导致两端的尺码上市一周后就断码了，这就是忽视尺码匹配的准确性所导致的失败的采购结局。

准确的尺码是买货成功的重要因素，尺码匹配不准等同于订货不准，与选错款是一样的后果。消费者会选择让自己穿着舒适和美观的尺码，如果本品牌无法提供，那么消费者自然会选择其他品牌。

时尚买手在追求正确的款式、正确的深度、正确的门店的同时，还应追求正确的尺码。只有当这四个"正确"都到位的时候，订货才是完美的。

## 二、巧用尺码表

尺码表（Size Curve）是时尚买手匹配尺码的工具，包含尺码范围和每个尺码订量的占比。巧用尺码表既能提高尺码订购的准确性，也能提升时尚买手的工作效率。

（1）在看货时关注每个SKU的板型，是为下准尺码做准备，时尚买手通过自己试穿或者看模特试穿的效果判断板型是正常、偏肥还是偏瘦。针对不同的板型尺码组合的选择应不同，对偏瘦板型选偏大的尺码组合，对偏肥板型选偏小的尺码组合。

（2）使用尺码表下尺码订单可以节省时间，并且事半功倍。

（3）尺码表的数据模型应从本品牌的历史数据中选取，在选取数据源时要避免非正常板型SKU进入数据源。

（4）在建立尺码表模型时要区分地域，不同地域对尺码的偏好差异很大，北方和南方的数据如果放在一起做尺码表的话，做出来的结果一定会被两个区域同时"嫌弃"。

（5）对于板型有很大差异的系列，在做尺码表时也要注意区分，在运动品牌中篮球系列的尺码表和跑步系列的尺码表就要分开做，因为它们之间的差异很大。

（6）有了尺码表，就可以用订量乘以尺码表分配的比例直接得到尺码订单。

表9-7是某品牌的尺码表。

表9-7 某品牌的尺码表（运动生活系列）

| 系列 | 尺码（美国） | 南区 | | 北区 | |
|---|---|---|---|---|---|
| | | 男子 | 女子 | 男子 | 女子 |
| 运动生活 | 5 | | 8% | | 2% |
| | 5.5 | | 14% | | 9% |
| | 6 | | 20% | | 14% |
| | 6.5 | 3% | 23% | 2% | 21% |

(续)

| 系列 | 尺码（美国） | 南区 | | 北区 | |
|---|---|---|---|---|---|
| | | 男子 | 女子 | 男子 | 女子 |
| 运动生活 | 7 | 11% | 19% | 5% | 23% |
| | 7.5 | 9% | 8% | 5% | 13% |
| | 8 | 20% | 5% | 13% | 12% |
| | 8.5 | 19% | 2% | 16% | 4% |
| | 9 | 13% | 1% | 17% | 1% |
| | 9.5 | 13% | | 19% | 1% |
| | 10 | 7% | | 12% | |
| | 10.5 | 2% | | 5% | |
| | 11 | 2% | | 4% | |
| | 12 | 1% | | 2% | |
| 男子核心尺码占比 | 8~10 码 | 72% | | 77% | |
| 男子大号尺码 | 9~10 码 | 33% | | 48% | |
| 女子核心尺码占比 | 5.5~8 码 | | 89% | | 92% |
| 女子大号尺码 | 7~8 码 | | 32% | | 48% |

## 第四节 时尚买手的十大订货误区

订货是时尚买手最重要的工作职责，也是影响时尚买手绩效的重要因素，每一个时尚买手的成长之路都是在不断地修炼和提升自己的订货技巧。笔者在多年的从业经历中，不仅自己参加过上百场大大小小的订货会，还组建和带领过多个品牌的时尚买手团队，并且与行业内大量的时尚买手接触，通过对他们的订货方式的观察和了解，总结出了时尚买手十大订货误区。

### 一、无法克制自我喜好

小 A 是一个瘦小的女生，她很喜欢打扮，每天上班都要画个精致的淡妆，穿衣风格喜欢板型偏瘦的潮流服饰，总能展现出她的小巧、时尚和精致，让人觉得很舒服。小A从事的是运动品牌时尚买手工作，每次在参加订货会的时候，她在运动生活产品区域停留的时间远大于在其他运动类产品区域停留的时间，因为她克制不住个人的喜好。运动生活产品线提供的商品是她喜欢的潮流服饰风格，她没有客观分配自己看货的时间，在下订单的时候也往往对运动生活产品线更偏重，而忽视了其他运动类产品线的市场空间。

像小A这样，不自觉地因为个人喜好而影响自己订货的时尚买手比比皆是，因为每个人都有自己的穿衣品位和喜欢的风格。时尚买手作为业内人士，对设计、风格都有清晰的认识和喜好，一开始这些喜好会潜移默化地被带到订货的过程中，从而影响订货决策，这是一种误区。

当小A的买手经理发现小A无法克服这个误区后，随即为小A调整了品牌，让她负责一个和她的穿衣风格接近的潮流品牌的采购。果然，在新的岗位上，小A做得游刃有余，对畅销款式的把握非常准确，充分发挥了她的潜能。

小A非常幸运，有一个敏锐的经理，同时还有一个宽阔的平台，让她有机会做自己擅长的品牌。然而，对于大多数时尚买手来说，他们并不具备这种天时地利人和的条件。

专业的时尚买手从不对品牌"挑肥拣瘦"，他们克服个人喜好对订货的影响的方法是通过大量的数据对自己进行"洗脑"，被数据"洗脑"后的时尚买手才会培养出对品牌全新的认知，当他们在订货的时候内心的声音不再是"这是我喜欢的风格""我不喜欢这款"，而是"这款很适合我们的顾客""消费者不会喜欢这种风格"等。

## 二、不敢尝试创新产品

2013年秋冬季，耐克品牌首次在大中华区推出新型面料Tech Fleece系列服装商品，并邀请中国网坛名将李娜作为该系列的代言人，

Tech Fleece 系列上市后立刻受到众多体育、娱乐明星的喜爱，时常出现在电视镜头中。当时市场上销售该系列商品的门店并不多，并且每家门店的订货数量也非常少，这背后就有时尚买手不敢尝试创新的因素。

当耐克品牌公司第一次将 Tech Fleece 系列的样品展示给分销商的时尚买手时，很多时尚买手因为价格因素认为这个系列很难被大众消费者接受，更别说会成为畅销款。Tech Fleece 系列的零售价刷新了当时耐克非棉羽类服装的最高价格，一件带拉链的 Tech Fleece 外衣单价超过 1000元，同时 Tech Fleece 系列作为一个创新系列，没有可供参考的历史销售数据，因此分销商买手不敢尝试。

最终，耐克品牌公司对 Tech Fleece 系列第一季的订单采用了分配的方式，不开放给分销商买手自由下订单，而由耐克品牌公司分配指定数量的商品给指定门店。

时尚买手在订货时不敢尝试创新产品也是一个订货误区，造成这种误区的主要原因是时尚买手太过保守，对流行趋势没有前瞻性，对消费者的需求和喜好把握不够完善，当他们面对创新商品的时候没有足够的信心和决断力。

要克服这个误区，时尚买手需要不断修炼内功、提升眼光，同时还应严格按照订货流程对 OTB 进行拆分，为创新商品留出合理的 OTB 空间。

## 三、左右摇摆，犹豫不决

在时尚产业链中，设计师根据他们对品牌发展的展望和当季流行趋势的理解，进行商品款式的设计和开发，在每一季订货会上设计师提供的 SKU 数量都远大于时尚买手实际需要订购的数量，这正是时尚买手参加订货会的意义，他们从众多 SKU 中寻找和选择他们认为最适合消费者的 SKU 进行下单。

订货对时尚买手而言就像是不断做选择题：同样都是衬衫，为什么选这些款式而不选其他；同一款衬衫，为什么选这几个颜色而不选其他颜色；

同一个花纹、同一种面料，为什么选这个款式而不选别的款式；有的款式看第一遍的时候觉得很好，看第二遍的时候觉得不那么好，再看一遍又觉得可能会是畅销款。类似这样的问题，是每一个时尚买手都经历过的心路历程，尤其是在他们刚开始参加订货会的时候，总表现出举棋不定、犹犹豫豫的样子。

如果是刚开始参加订货会的新手表现出左右摇摆、犹豫不决，尚可以认为是经验不足，然而一些已经有几年订货经验的时尚买手，在订货会场仍表现出对款式的万般纠结，则是进入了订货误区。

造成时尚买手进入"左右摇摆，犹豫不决"订货误区的主要因素有：缺乏对同期销售数据的分析，尤其是没有对畅销款式进行拆解分析；对品牌的风格方向把握不清晰，抓不住重点特征；与设计师的沟通不充分，吃不透设计师要表达的理念，对设计细节的美感、功能性不能把握等。

时尚买手走出"左右摇摆，犹豫不决"误区的方法有：在订货会前的准备要足够充分，除了做大量的数据分析以外，还要复习同期款式的销售数据，做到烂熟于心；认真听设计师对设计灵感、当季故事、流行趋势、单款卖点等的讲解；在看货时心中永远装着OTB的结构拆分，在适当的时候需要用结构框架做取舍决策。

## 四、不试穿，盲目判断

进入"左右摇摆，犹豫不决"订货误区的时尚买手给人以拖拖拉拉的印象，他们花太多时间去纠结选哪个、订多少的问题，往往是最后一个完成订单的时尚买手。而另一种时尚买手与"左右摇摆，犹豫不决"的时尚买手相反，他们往往是订货会上最早完成订单的时尚买手，他们看上去效率非常高，从来不纠结，甚至花很短的时间看完样品就开始下订单。但若是仔细审核他们的订单，就会发现有很多考虑不完善的地方，这一类时尚买手的订货误区是"不试穿，盲目判断"。

在订货会现场试穿样品是常见现象，时尚买手可以自己在订货会上试穿样品，也可以请会场的试穿模特帮忙试穿。试穿的目的首先是帮助时尚买手判断样品上身后的穿着效果，同时感受其舒适度。

曾经有一个运动品牌分销商买手，在参加某次订货会的时候因为时间不宽裕，没有对所有款式进行试穿。他是一个经验丰富的时尚买手，对该品牌有多年的采购经验，熟悉每一个系列产品的卖点和特性，因此他当时觉得没有必要将所有款式都试穿一遍，于是就按照自己的经验下了那一季的采购订单。但那一季他犯了很大的错误，因为没有试穿，他没有发现部分款式的板型与之前发生了变化，结果他的订单在尺码方面出现了很大的偏差。这位时尚买手的案例印证了"淹死的都是会游泳的"这句俗话，由此可见订货误区并非只有初级时尚买手会犯，稍有懈怠，有经验的时尚买手也同样会进入误区。

### 五、过度追求基础颜色，忽略色系组合

笔者曾在订货会上见过一个非常认真的时尚买手，她每天都比别人花更多的时间看货，总是第一个进入会场，最后一个离开。她比别人花更多的时间在会场，因为在看样衣的时候，除了要试穿每一件样衣外，她还将每一件样衣与同期商品进行对比，认真将同期类似款式的销售数据写在看货记录中。

除此以外，她的认真还体现在下订单的过程中，她严格按照同期销售结果作为判断当季款式的标准，基于这样的订货逻辑，最终她提交的采购订单暴露出的问题是色系太过基础，70%的SKU集中在黑色、白色、灰色三个颜色中，而当季设计主题中包含的蓝色系SKU的订购率不足20%，这将造成商品上市后终端无法陈列出主题故事，甚至无法向消费者传递品牌的设计理念。

参照同期销售结果订货的思路是大多数时尚买手都会遵从的订货准

则，逻辑是以需求决定采购，即"以销定采"的模式。这位时尚买手遵从的正是"以销定采"的逻辑，只是她对市场需求的把握太过保守，导致她进入一个误区，即过度追求基础颜色，忽略色系组合。

对于大多数大众消费品牌来说，毋庸置疑基础颜色永远是需求量最大的色系，因为基础颜色更便于搭配，不善搭配的消费者穿搭基础色系永远不会出错，善于搭配的消费者用基础色系与流行色系搭配更显品位。优衣库、无印良品等品牌只提供基础款式、基础颜色，却获得了很大的成功。但这并不代表每一个品牌都要把基础色系的占比做到最大，甚至以牺牲当季流行色系为代价，如果品牌买手进入这个采购误区，导致的后果将是品牌力逐年减弱。创新商品、流行色商品因时尚买手的买货决策而无法与消费者见面，这会让品牌核心消费者逐渐流失。

进入"过度追求基础颜色，忽略色系组合"误区的时尚买手并不在少数，尤其是在企业对时尚买手进行严格的KPI管理的制度下，很多时尚买手为了完成业绩指标而选择这种看似安全的采购方式。要走出这个误区，时尚买手就需要多关注流行趋势，在选款的时候对影响消费者的流行趋势做到心中有数。同时，不要以任何理由省略掉视觉买货这一步，在下订量前应对所选款式进行终端模拟陈列，再次检查色系是否完整。

## 六、订量太过均衡

在订货的时候有的时尚买手擅长选款，有的时尚买手擅长订量，也有的时尚买手经过多年经验的积累对时尚买手的各项技能驾轻就熟，成为成熟的时尚买手。目前对于大多数非资深时尚买手来说，或多或少存在一些订货误区。前面已讲的五个误区可以归纳为看货阶段的误区，接下来的五个误区将是订量阶段的误区。

时尚买手在下单时最常见的误区是每个SKU的订量太过均衡，整个订单体现不出各个商品级别间的差异，最被看好的SKU和次被看好的

SKU 的订量深度差别不大。

比如，笔者就曾遇到过一个时尚买手，他在看货的时候做了货品分级，用 A 到 D 等字母在每个 SKU 后面标注看货的商品分级，A 为最畅销 SKU，B 为次畅销 SKU，以此类推。根据看货结果，他开始制作单店订单。他先用 OTB 计算出单店平均深度是 50 件，于是他的 SKU 订量为 A 类 SKU 订 60 件、B 类 SKU 订 55 件、C 类 SKU 订 50 件、D 类 SKU 订 10 件。

他的订单从结构、平均深度、OTB 上看都没有问题，但令人担忧的是，从 A 到 C 三个级别的 SKU 深度太均衡，他没有对最看好的款式下更深的数量，而第三等级 C 类 SKU 的订量与 A 类 SKU 仅相差 10 件。这个订单的风险在于，畅销款的订量不足会导致在销售过程中畅销款迅速售罄，错失更多的销售机会。同时，C 类 SKU 有订量过深的风险，容易成为库存。调整这个订单的方式非常简单，即降低 C 类 SKU 的订量，将 OTB 用于增加 A 类 SKU 的订量。

对这样的订单调整，每一个参与过订货的时尚买手都非常清楚，然而在实际订货过程中，有的时尚买手明知道订单过于平均，还是会下订量均衡的订单。时尚买手有他们独立的订货逻辑，有的时尚买手认为均衡订量可以规避因"看走眼"带来的风险，他们认为只要不将 30%～40% 的 OTB 集中订在某些个 SKU 上，就不会因为看错 SKU 而出现过大的风险，为此他们愿意放弃由畅销款式带来的高销售额、高售罄率，而选择均衡订量，这是一种典型的"中庸"订货思路。

还有的时尚买手采用均衡订量，是因为他们认为在该季产品线的单个商品中找不到可以成为畅销品的 SKU，因此在下订单的时候采用均衡的订单量。笔者从事采购和商品运营管理十多年，曾多次遇到在订货时 Top50 的 SKU 订量占订单金额的 30%，但实际销售结果却是 Top50 的 SKU 占总销售额的 40% 以上，并且订货的 Top50 和销售的 Top50 的 SKU 明细重合率并不是百分之百，这说明首先 Top50 的选款有偏差，其次 Top50

的订量也有偏差，采购与销售不匹配。

## 七、最深量订单只下给同期畅销的延续款式

笔者在走访市场的时候，常听到消费者抱怨他们为了买到当季某款新品不得不去多家门店的状况。这种现象常出现在运动品牌市场中，耐克、阿迪达斯、彪马等运动品牌都存在这样的现象，例如对于一些当季的创新款式，只有某几家门店有售，还因为订量太少，上市几天就卖断了尺码，让很多消费者白跑一趟；或者消费者跑了好几家门店，每家都说没有该商品售卖，需要去更大的门店购买等。

排除个别款式是品牌公司的"饥饿营销款式"外，大部分款式出现这种现象的原因是时尚买手在订货的时候太谨慎，最深量的订单只下给他们认为最有把握的延续款，创新款式的订量很少，只够在一些核心商圈的重点门店铺货。

与休闲服饰品牌以开设直营门店为主的经营模式不同，体育用品市场是直营率最低的细分市场，无论是以耐克、阿迪达斯、彪马为代表的国际体育用品公司，还是以安踏、李宁为代表的国内体育品牌公司，都是以经销、加盟为主要方式在全国开设门店，品牌公司直营的只是为数不多的核心城市、核心商圈的品牌形象店。这意味着遍布全国的体育品牌门店的商品都是分销商买手采购的，时尚买手的采购喜好直接影响消费者是否能就近买到自己想要的商品。而为什么体育品牌的分销商买手采购会很容易走入上述"误区"呢？

要解释这个现象，首先需要了解体育品牌的商品结构。每一个体育品牌虽然定位不同、提供的商品不同，但其商品结构都可以划分为专业运动产品线和运动生活（休闲）产品线；在品类上都提供服装、鞋类和配件产品。对专业运动产品而言，科技是其核心竞争力，每一个新科技从诞生到上市、到被市场追捧、再到慢慢消退，会经历好几年的时间，有的鞋类科

技的生命周期甚至是数十年，比如耐克品牌的气垫鞋多年来一直是支撑耐克鞋类产品销售的主要科技。

分销商买手也是零售买手，是为各零售终端采购商品的时尚买手，他们买货的逻辑是"什么容易卖出去，就多采购什么"，采购已经被市场接受的科技对分销商买手来说风险最小。因此，当每一次品牌公司推出新科技时，很少有分销商买手主动充当"第一个吃螃蟹的人"，对他们而言，采购新科技商品是在冒风险。由于各分销商买手的采购误区，导致了体育品牌的许多创新产品的流行速度放缓。

休闲品牌的时尚买手也会对新的款式、新的廓形、新的颜色、新的面料保持谨慎的态度。

时尚买手要克服这个误区，首先需要具备正确判断创新款式是否会成为流行款式的能力，同时需要积累丰富的订货经验，可以准确地把对款式的判断变成下单的数量。只有具备这种能力的时尚买手才能成为对企业最有价值的资深时尚买手。

## 八、没有单店订货的意识

有些时尚买手缺乏单店订货的意识，当他们为多家门店订货的时候，虽然销售目标的制定由单店目标得来，但在下单时却跳过单店，直接根据总的OTB下每个SKU的订量。这种忽略单店的订货逻辑，也是常见的时尚买手订货误区之一。

为什么没有单店订货的意识是时尚买手的订货误区？原因是：门店是商品销售的终端，每一家门店因所在的城市、商圈和位置不同，其消费者构成和喜好就不同，其销售结果以及对销售款式和商品组合的需求也不同。忽略单店订货逻辑的采购订单实际上是忽略单店需求的订单，违背了时尚买手"以需求定采购"的大逻辑。

每个时尚买手都知道订货目标来源于每家门店的销售目标，却往往在订货的时候忘记考虑门店的个性因素，有的时尚买手甚至认为做到按单店制定销售目标就是单店订货逻辑，这更是错误的观点。

时尚买手在订货时充分考虑单店订货逻辑的订货方式有以下两种。

第一种是"由小到大"式，即分别下每家门店的单店订单，再将多个单店订单合并成当季的采购订单。这种订货方式的优点是充分考虑单店订货需求，缺点是如果时尚买手负责的门店数过多，则工作量会很大。是否使用这种订货方式取决于时尚买手负责的门店数量。

第二种是"分类分级"式，即将需求类似的门店进行归类和分级，再根据每种门店的分级组合相应的商品组合，采购订单由各级别商品组合乘以相应的门店数量得来。这种订货方式既满足单店订货需求，也可以解决时尚买手负责门店过多的庞大工作量问题，这也是耐克、阿迪达斯等运动品牌近年来正在使用的订货方式。

## 九、对市场款的订量判断不准确

阿迪达斯品牌在首次推出"清风"系列跑鞋的时候，在那一季的订货会上标注了"清风"系列中一个蓝色的SKU跑鞋为当季的市场主推款式，以便时尚买手在订货的时候给予更多的关注。

参加那次订货会的一位电子商务买手在订货时并未因为那个SKU是市场主推款而增加订量，因为他认为这个SKU的市场支持只是在线下门店的店内海报中展示，对线上销售的影响并不大。

后来商品上市后，阿迪达斯对"清风"系列的市场推广非常强势，在店内海报上的那个蓝色清风鞋成为当季市场上最热门的单品。"清风"一词也久居电子商务平台搜索关键词的前十名，成为当时线上线下的畅销款式。

在这个案例中，时尚买手对市场主推款式的重视不够，错误地以为线下的市场推广对线上市场没有影响，导致自己错失了一个畅销款式。

是不是每一个市场款式都应该下最深的订量？对市场款式订量的判断

不应过度保守，但也不能盲目乐观，正确的态度是客观、理性，运用逻辑计算订量深度。

市场款式的订量逻辑是：

市场款式订量 = 预估平均每周销量 × 销售周数

销售周数的判断取决于市场款式本身的定位和属性，比如某个市场款式是当季所有门店橱窗、内店海报都主推的款式，则其生命周期应为一整季；如果某个款式是因某个阶段性的事件成为市场款式，则其生命周期应参考该事件的时间周期来定，以奥运会的市场款式为例，生命周期的设定应为4～5周。对于销售周数较短的市场款式，在采购时的预估售罄率要设定为100%。

## 十、随性地调整订单

调整订单是时尚买手订货过程中必不可少的一步，时尚买手调整订单的目的是提升订单质量，修正看货和下单时被忽略的一些细节问题。

并不是每个时尚买手都完全掌握调整订单的技巧，有的时尚买手调整订单只是因为订单未达到OTB计划。调整的方式更是简单粗暴，直接增加或删除款式，或直接增加或减少最深量SKU的订量，直到刚好达到OTB预算，调整就算完成。

有的时尚买手在重新审视订单的时候，发现自己对某些SKU的看法发生了改变，于是大刀阔斧地进行调整。

有的时尚买手因为听到会场其他时尚买手对某个款式的讨论后，改变对该款式的订量，从而进行订单调整。

以上种种调整订单的方式总结起来就是：太随性。任何调整都会给整张订单结构带来变化，很有可能降低订单结构的质量，使整个采购过程"功亏一篑"。避免订单调整误区的方式是在调整前先根据已有订单结构做判断，在找到最适合调整的系列后，再调整该系列的某些SKU的订量，时时刻刻关注订单结构和合理占比。

## 第十章
FASHION BUYER
# 商品运营技巧：抓住三个阶段

资深的时尚买手都是玩转货品的高手，他们就像魔术师一样，商品在他们的手里经过几次轮转，变得越来越少，最后变成企业的现金流。这就是时尚买手所具备的玩转商品的能力。

商品运营是时尚买手在完成采购之后的重要工作内容，也是时尚买手的日常工作中不可或缺的部分。掌握商品运营技巧对时尚买手来说是充分必要条件，这跟会不会制版与能不能做设计师之间的关系不一样，这更像是在玩游戏时通过打小怪兽获得升级，要成为优秀的时尚买手，必须具备优秀的商品运营能力。

时尚买手的商品运营分三个阶段：开季、季中和季末。这三个阶段的商品管理策略和方向各有侧重点，时尚买手必须把握每一个阶段的策略，才有机会成为一个伟大的"魔术师"。这三个阶段的划分方式源于产品季的划分。

**产品季**

产品季是指服饰企业从信息收集、商品企划、设计研发到生产组织、销售推广、季末总结这样一个完整的周期。它是服饰企业的主要业务运营流程，也是本章所讲的时尚买手工作日程中最重要的时间单位。

服饰企业产品季的划分主要由该企业所经营商品的气候穿着特性和企业运营能力决定。服装产品拥有明显的气候穿着特性，中国的气候特点四季分明，因此大多数服装企业的产品季都跟随气候变化划分为春、夏、秋、冬四季。部分运营能力很强的服装企业，像快时尚品牌 ZARA、H&M 这样的品牌，已经没有严格的产品季划分，它们的时尚买手根据门店需求每周进行两次新品上市。也有部分鞋靴品牌和配饰品牌，因其产品的气候穿着特性较弱，将一年的产品季划分为两季：春夏季、秋冬季。大多数户外品牌、箱包品牌、饰品品牌都按照一年两个产品季运营。

产品季管理是企业的基础管理，每一个服饰企业都有产品季管理，了解企业对产品季的划分和表示方法可以帮助你顺利阅读服饰企业的各类报表，服饰企业常用的产品季划分及表示方法如表 10-1 所示。

时尚买手职业在行业中拥有举足轻重的地位。他们的眼睛同时盯着四季商品，既关注现在，也盯着未来和过去，这比大多数只看当下的职位来说复杂得多。

例如，在一年有四个产品季的品牌中工作的时尚买手，在 2017 年春季的时候，其工作日程包含：2017 年春季商品在销售过程中的运营管理和时时跟进，准备 2017 年冬季商品的订货计划，在准备这个计划的同时，他需要回顾和分析 2016 年冬季商品的销售结果，也就是对刚刚过去的一季中的商品进行总结和分析。同时，时尚买手还要跟进三个月后将要上市的夏季商品的生产和到货情况。时尚买手在一个季节里，同时操盘着全年的商品，可谓既掌控着现在，也把握着过去和未来。

表 10-1 常见的服饰企业产品季划分及表示方法

| 频次 | 产品季名称 | | | 别称 | 所属月份 | 示例 | |
|---|---|---|---|---|---|---|---|
| | 中文 | 英文 | 缩写 | | | 企业常用缩写 | 中文全称 |
| 四季 | 春季 | Spring | SP | Q1 (Quarter1, 即第一季) | 1~3月（部分品牌12~2月） | SP2017、SP17、17Q1 | 2017年春季 |
| | 夏季 | Summer | SU | Q2 (Quarter2, 即第二季) | 4~6月（部分品牌3~5月） | SU2017、SU17、17Q2 | 2017年夏季 |
| | 秋季 | Autumn; Fall | AU/FA | Q3 (Quarter3, 即第三季) | 7~9月（部分品牌6~8月） | FA2017、FA17、17Q3 | 2017年秋季 |
| | 冬季 | Winter; Holiday | WIN/HO | Q4 (Quarter4, 即第四季) | 10~12月（部分品牌9~11月） | HO2017、HO17、17Q4 | 2017年冬季 |
| 两季 | 春夏季 | Spring & Summer | S/S | | 1~6月 | SS2017、SS17 | 2017年春夏季 |
| | 秋冬季 | Fall & Winter | F/W | | 7~12月 | FW2017、FW17 | 2017年秋冬季 |

## 第一节　开季铺货技巧：确保店货匹配

开季是一个产品季的开始，是品牌从上一个产品季转到下一个产品季的时间。品牌在安排开季的时候，不会一次将当季所有的SKU同时送到门店，而是分批次上市。当季第一个SKU到达门店，不算作这一季的开季，开季需要有一定比例的新品到达门店，并且门店重新调整陈列，当主陈列区域都换成当季新品的时候才算是开季。大多数服饰企业都有自己的"开季时间表"，规定在某一个时间点所有门店同时换季。

开季铺货的技巧是：规划合理的上市波段、货品分级、门店分级和留仓率，确保将正确的商品在正确的时间放到正确的门店中销售。越是精准的商品分级和波段计划，越能够提高开季商品的运转效率，从而做到"有的放矢"，正确的铺货计划可以减少未来商品被调拨的概率和频次，增加这些商品在门店中的销售时间，提高销售概率。

### 一、上市波段

服饰企业将当季新品分成几个上市批次，这就是上市波段。合理的上市波段给门店营造时时更新的效果。

判断合理的上市波段是时尚买手必须修炼的基本功。时尚买手从以下几个维度判断上市波段的合理性：

（1）新品上市的频次是否合理。新品上市时间间隔太久，会降低门店的吸引力和消费者粘性。

（2）新品上市的时间点与商品销售的进度衔接是否合理。最好的波段节奏是当前一波段商品销售开始出现断码时，后一波段商品正好接上。

（3）销售规律预估是否准确。新品上市应配合各大节日的销售高峰需求，夏季商品的上市波段要考虑在劳动节前应有大批新品到店，冬季商品的上市波段要注重国庆节的黄金销售期，春季商品的上市波段不要放过春节前两周的销售旺季。

（4）新品的上市节奏是否与品牌的市场推广节奏一致。品牌的市场推广计划影响当季商品的影响力，每一次推广都会带来更好的销售机会，新品的上市波段要踏着市场推广的节奏，不要过晚也不宜过早。

（5）体育品牌的新品上市波段要考虑是否符合相关体育赛事日程。

时尚买手规划商品上市波段的方案应包含：

（1）上市频率，指春夏、秋冬两季上市，或者春、夏、秋、冬四季上市，或者每月都有新品上市。

（2）单季的上市时间，以四季上市的品牌为例，春季新品上市的时间分为三次：第一次为上一年的12月15日，第二次为当年的1月15日，第三次为当年的2月15日。

（3）单季的上货数量，比如品牌2017年春季上市的商品共150个SKU，平均每个SKU的上市深度为100件，当季共上市15 000件商品。

（4）当季上市商品的品类，比如品牌2017年春季上市的商品共包含三个品类：服装、鞋靴和配件。

（5）当季上市商品的系列和系列占比计划。

（6）当季上市商品的款式和数量明细。

某品牌的上市波段规划图如图10-1所示。

| 季节 | 上市波段 | 休闲系列 | 专业系列 | 当季流行系列 |
|---|---|---|---|---|
| 春季 | 1.5<br>1.25<br>2.15 | 50% | 20% | 30% |
| 夏季 | 3.25<br>4.25<br>5.15 | 30% | 30% | 10% 30% |
| 秋季 | 7.5<br>7.25<br>8.15 | 20% | 50% | 30% |
| 冬季 | 9.15<br>10.15<br>11.5 | 30% | 10% | 30% 30% |

图10-1 某品牌的上市波段规划图

该品牌为运动休闲品牌，规划的正好是奥运年的上市波段，可以看到在秋季产品中专业系列的占比最高，同时上市时间也更往前。

## ·案例 10-1：隐藏在餐厅的"上市波段哲学"·

在一条美食街上分布着大大小小的餐厅 20 余家，每一家都有自己的经营特色，有的在菜品上推陈出新，有的在装修上精雕细琢，有的主打麻辣小龙虾，有的引入特色歌舞表演……此时正是美食街的用餐高峰期，请跟随笔者一起去参观这条街上的四家餐厅。

餐厅 A 经营自助餐，位于美食街的街口，位置很好，招牌也很显眼，加上其亲民的价格，因此在用餐高峰期几乎座无虚席。餐厅 A 在开餐时同时提供凉菜、热菜合计 15 个菜品，用餐的顾客根据自己的喜好选择菜品，餐厅随着菜品的消耗进度及时补充，直到用餐结束。用餐的顾客根据自己的喜好在提供的菜品中选择，由于不限制数量，因此可以把喜欢吃的菜品吃到饱。吃过自助餐的人都有一种"吃一次管很久"的体会，就是因为达到了一次性把自己爱吃的菜吃到没有的充满幸福感的状态。

餐厅 B 位于美食街的中部，是一家以特色菜出名的中餐厅，吸引了很多"吃货"慕名而来。在用餐高峰期，餐厅 B 的经营团队常常显得有点应接不暇，由于后厨出菜的速度偏慢，每桌顾客都在催菜，前厅服务员除了抱歉的微笑以外，只能提供免费的饮料安抚饥饿的顾客。笔者仔细观察了餐厅的上菜节奏，以一桌 6 人用餐的顾客为例，他们点了 10 道菜，在下单后的一个小时内，餐厅 B 以每隔 20 分钟上 2 道菜的速度上了 6 道菜，之后的 10 分钟内上了剩下的 4 道菜。由于等待过程中的饥饿，前 6 道菜上菜后都在短时间内被吃光，等到上最后的 4 道菜时，顾客已无"战斗力"，结果剩下不少。在整个用餐过程中，顾客不停地在向服务员催菜和抱怨，当最后剩下一些菜的时候，整个用餐体验降到了最低点。

餐厅C位于餐厅B的对面,虽然同样经营中餐,但其经营思路完全与餐厅B相反。餐厅C的高峰时段菜单上只有15道最受欢迎的经典菜品,通过集中点单、提前备菜的方式,餐厅C的上菜速度快得惊人。同样以一桌6人用餐的顾客为例,他们点了10道菜,在下单后的20分钟内10道菜全上齐了。用餐的顾客没有抱怨上菜的速度,但是打趣地问服务员:"你们这菜是事先准备好,用微波炉热的吧?"然后带着小小的困惑用完了餐,同时餐厅因为缩减菜谱,降低了对同一顾客持续光顾的吸引力。

餐厅D是一家西餐厅,位于美食街最末端的高档写字楼中。餐厅D的客流虽不如前三家,但总能看到老顾客出现。按照西餐的就餐礼仪,餐厅D在客人点完单后,先询问甜点是餐后上还是餐前上,之后就按照客人的选择和西餐上菜的顺序上菜。餐厅D根据顾客需要和顾客用餐的进度及时上菜,在顾客用完一道菜后,撤掉盘子上下一道菜,整间餐厅即使在用餐高峰期,也仍然保持着井然有序的节奏。

以上四种餐厅在日常生活中都很常见,下面就让我们来剖析这隐藏在餐厅里的时尚商品的"上市波段哲学"。

消费者无论是去餐厅用餐还是购买时尚商品,都是在一个自由的市场环境中根据自己的需要进行选择。同时,服饰商品和食物位列"衣食住行"的前两位,都是先满足人们的基本生活需求,再朝着提升生活品质的方向不断创新。餐厅的上菜节奏是提供满足消费者需求的食物的节奏,时尚商品的上市节奏是提供满足消费者需求的服饰产品的节奏,因此两者在满足消费者需求和体验上具有相同的属性。下面将四种餐厅的上菜节奏与时尚商品的上市波段进行一一对应,如表10-2所示。

根据前文所述,上菜节奏和上市波段对消费者体验有不同的影响,进而影响消费者粘性,那么下面我们来看看不同上市波段带来的消费者体验影响(见表10-3)。

表 10-2　餐厅的上菜节奏类型与时尚商品的上市波段类型的对应关系

| 餐厅的上菜节奏类型 | | | 时尚商品的上市波段类型 |
|---|---|---|---|
| 餐厅 | 类型 | 上菜节奏 | 上市波段特点 |
| 餐厅A | 自助餐 | 在开餐前上齐所有菜品，在过程中针对消耗进度补充相应菜品 | 无上市波段 |
| 餐厅B | 中餐 | 分波段，前慢后快 | 上市波段后移 |
| 餐厅C | 中餐 | 分波段，集中在前段 | 上市波段前移 |
| 餐厅D | 西餐 | 分波段，按顾客需求贯穿整个用餐过程 | 符合市场需求的上市波段 |

表 10-3　餐厅的上菜节奏类型与时尚商品的上市波段类型对消费者的影响

| 餐厅的上菜节奏类型 | | | | 时尚商品的上市波段类型 | |
|---|---|---|---|---|---|
| 餐厅 | 类型 | 上菜节奏 | 消费者体验 | 对应的上市波段特点 | 消费者体验 |
| 餐厅A | 自助餐 | 在开餐前上齐所有菜品，在过程中针对消耗进度补充相应菜品 | 顾客被动选择菜品，一次吃够，长时间不再光顾 | 无上市波段 | 消费者随机购买，不确定是否再次光顾 |
| 餐厅B | 中餐 | 分波段，前慢后快 | 不能及时满足消费者的胃，等待太久，体验不好，容易失去忠诚度 | 上市波段后移 | 错过消费者需求期，流失消费者 |
| 餐厅C | 中餐 | 分波段，集中在前段 | 菜品单调，且新鲜度受质疑，不易建立忠诚度 | 上市波段前移 | 过早上市的非应季产品并非消费者需求，后续到应季时消费者已对其没有新鲜感 |
| 餐厅D | 西餐 | 分波段，按顾客需求贯穿整个用餐过程 | 完全根据消费者需求和时间提供菜品，体验好，容易培养忠诚度 | 符合市场需求的上市波段 | 让消费者在正确的时间选择到正确的商品，并且会不断光顾、持续购买 |

从表 10-3 可知不同的上市波段类型带来不同的消费者体验，因此带来的销售结果也有不同的特征。

无上市波段型：因为上市波段混乱，造成的结果是没有上市波段，通常会让时尚买手难以控制整个销售进度。对于计划性很强的时尚买手来说，这种"失控"状态下的商品运营结果，除了让销售业绩"失控"外，其库存管理也是无效的，往往表现为季中的时候缺货、季末的时候积压库存。

上市波段后移：通常时尚买手都不会计划上市波段后移，而出现上市波段后移的情况一般是由晚到货造成的。时尚买手只能被动地接受上市波段后移带来的结果：因为商品销售周期缩短，最终无法完成计划的售罄率，或者要依靠打折促销完成售罄率指标，但要牺牲毛利率指标。

上市波段前移：这是一部分时尚买手到现在仍然"热衷"的一种上市波段计划方式，当第一个季度的上市波段前移时，第二个上市波段就必须跟着前移，不然就无法衔接商品需求，以此类推第三个、第四个上市波段都要前移，从而形成一个违背季节规律的上市波段循环。所有选择这种上市波段计划方式的时尚买手都认为，上市波段前移可以让商品获得更多的销售时间，也就是销售周期变得更长。这一点没有错误，但错误的是，时尚买手忽略了市场的需求因素，提前上市只是让商品预热的时间变得更长而已，并没有带来更多额外的销售额。

符合市场需求的上市波段：能够准确把握消费者需求，恰到好处地在正确的时间提供给消费者需要的商品，这正是符合时尚买手"5S原则"的上市波段，其销售结果也在时尚买手的控制下进行。

## 二、商品分级

在铺货计划中将商品按照某一规律进行归类的方式就是商品分级。商品分级可以"化繁为简"，便于管理。不同的品牌根据其规模大小，每一季上新的SKU数从一两百到一千多不等，时尚买手如果不将这些SKU进行有效的归类和分级，管理起来就会杂乱无序，缺乏逻辑和重点。

商品分级的方式有以下三种。

### 1. 按照款式及流行趋势分级

按照款式和流行趋势分段是制作配货计划最常用的分级方式，将商品分为基础款、时尚款、橱窗款。

基础款，款式简单，没有过多的设计要点，价格在整个产品线中处于起步级别，适用的人群为大众消费群体。

时尚款，具备当季设计中的多个要点和元素，价格为产品线的核心价格带，适用的人群是品牌目标客群、追求时尚的消费者。

橱窗款，是当季设计理念的体现，也叫海报款，是流行趋势的传递者，适用的人群是追逐时尚潮流的顾客。

**2. 按照行销方式分级**

按照行销方式对商品进行分级可以分为：便利型商品、选购型商品、特殊商品、冲动型商品四种。

便利型商品，顾客经常需要的商品，价格合适，款式基础，实用性广，针对的人群为：潮流型顾客和折扣型顾客。

选购型商品，通常价格较高，款式时尚，使用范围有限，针对的人群为：时尚型顾客和部分潮流型顾客。

特殊商品，本季的主打商品，功能特殊、款式新颖，甚至是限量产品，针对的人群为：时尚型顾客和部分潮流型顾客。

冲动型商品，价格便宜、可以做低折扣的商品，针对的消费人群为：折扣型顾客。

**3. 按照价格分级**

按照价格对商品进行分级可以分为三种：低价位、中价位、高价位商品。

这种按照价位分级的方式不是按照某个固定的价格划分，而是根据品牌自身的价格带划分。

例 10-1：

某服装品牌的价格分级如表 10-4 所示。

表 10-4 某服装品牌的价格分级

| 大类 | SKU 号 | 价格（元） | 价格带分级 |
|---|---|---|---|
| 西装 | 350008-001 | 599 | 低价位 |
| | 350009-002 | 699 | |
| | 350010-003 | 799 | |
| | 350011-001 | 999 | 中价位 |
| | 350012-004 | 1 199 | |
| | 350013-010 | 1 299 | |
| | 350014-005 | 2 299 | 高价位 |
| 衬衣 | 450008-001 | 199 | 低价位 |
| | 450009-002 | 259 | |
| | 450010-003 | 299 | |
| | 450011-001 | 499 | 中价位 |
| | 450012-004 | 599 | |
| | 450013-010 | 699 | |
| | 450014-005 | 899 | 高价位 |
| 长裤 | 550011-001 | 359 | 低价位 |
| | 550012-004 | 399 | |
| | 550013-010 | 499 | 中价位 |
| | 550014-005 | 599 | |
| | 550015-001 | 799 | 高价位 |

表 10-4 中的价格分级是在该品牌服装大类下的价格分级，而不是品牌所有 SKU 的价格分类。

价格分级方法的延伸是按照价格带分级，比如将 SKU 分成低于 500 元价格带、500～1000 元价格带、高于 1000 元价格带等。

## 三、门店分级

在配货计划中将门店按照某种属性或规律进行分级就是门店分级。常用的门店分级方式有以下两种。

**1. 根据门店所在商圈和消费者属性分级**

某门店分级如表 10-5 所示。

表 10-5　门店分级（按照商圈及消费者）

| 门店级别定义 | 城市级别 / 商圈级别 | 目标客群特征 |
| --- | --- | --- |
| A 类 /1 类 | 一线城市 / 核心商圈 /CBD 商圈 | 时尚型、潮流型 |
| B 类 /2 类 | 二线城市 /CBD 商圈 / 社区商圈 | 潮流型 |
| C 类 /3 类 | 三线城市 / 社区商圈 / 郊区商圈 | 潮流型、折扣型 |
| D 类 /4 类 | 低级别城市 / 郊区商圈 | 折扣型 |

时尚买手用数字 1、2、3、4 或者字母 A、B、C、D 等来定义不同级别的门店。

**2. 按照门店的销售体量进行分级**

某门店分级如表 10-6 所示。

表 10-6　门店分级（按照销售体量）

| 门店级别定义 | 月单产 / 坪效 |
| --- | --- |
| A 类 /1 类 | 本品牌排名前 20% |
| B 类 /2 类 | 本品牌排名前 20%～50% |
| C 类 /3 类 | 本品牌排名后 20%～50% |
| D 类 /4 类 | 本品牌排名后 20% |

例 10-2：

某品牌按照商品分级和门店分级制订的配货计划如表 10-7 所示。

表 10-7　某品牌按照商品分级和门店分级制订的配货计划表

| 款式 | 货品级别 | A 类店 | | | B 类店 | | | C 类店 | | |
| --- | --- | --- | --- | --- | --- | --- | --- | --- | --- | --- |
| | | 门店 1 | 门店 2 | 门店 3 | 门店 4 | 门店 5 | 门店 6 | 门店 9 | 门店 10 | 门店 11 |
| 款式 1 | 橱窗 | 8 | 8 | 8 | 6 | 6 | 6 | | | |
| 款式 2 | 橱窗 | 8 | 8 | 8 | 6 | 6 | 6 | | | |
| 款式 3 | 橱窗 | 8 | 8 | 8 | | | | 8 | 8 | 8 |
| 款式 4 | 时尚 | 15 | 15 | 15 | 10 | 10 | 10 | 8 | 8 | 8 |

(续)

| 款式 | 货品级别 | A类店 | | | B类店 | | | C类店 | | |
|---|---|---|---|---|---|---|---|---|---|---|
| | | 门店1 | 门店2 | 门店3 | 门店4 | 门店5 | 门店6 | 门店9 | 门店10 | 门店11 |
| 款式5 | 时尚 | 15 | 15 | 15 | 10 | 10 | 10 | 8 | 8 | 8 |
| 款式6 | 时尚 | 15 | 15 | 15 | 10 | 10 | 10 | 8 | 8 | 8 |
| 款式7 | 时尚 | 15 | 15 | 15 | 10 | 10 | 10 | 8 | 8 | 8 |
| 款式8 | 时尚 | 15 | 15 | 15 | 10 | 10 | 10 | 8 | 8 | 8 |
| 款式9 | 时尚 | 15 | 15 | 15 | 10 | 10 | 10 | 8 | 8 | 8 |
| 款式10 | 基础 | 20 | 20 | 20 | 15 | 15 | 15 | 12 | 12 | 12 |
| 款式11 | 基础 | 20 | 20 | 20 | 15 | 15 | 15 | 12 | 12 | 12 |
| 款式12 | 基础 | 20 | 20 | 20 | 15 | 15 | 15 | 12 | 12 | 12 |
| 款式13 | 基础 | 20 | 20 | 20 | 15 | 15 | 15 | 12 | 12 | 12 |
| 款式14 | 基础 | 20 | 20 | 20 | 15 | 15 | 15 | 12 | 12 | 12 |
| 款式15 | 基础 | 20 | 20 | 20 | 15 | 15 | 15 | 12 | 12 | 12 |
| 款式16 | 基础 | 20 | 20 | 20 | 15 | 15 | 15 | 12 | 12 | 12 |
| 款式17 | 基础 | 20 | 20 | 20 | 15 | 15 | 15 | 12 | 12 | 12 |
| 款式18 | 基础 | 20 | 20 | 20 | 15 | 15 | 15 | 12 | 12 | 12 |
| 款式19 | 基础 | 20 | 20 | 20 | 15 | 15 | 15 | 12 | 12 | 12 |
| 款式20 | 基础 | 20 | 20 | 20 | 15 | 15 | 15 | 12 | 12 | 12 |

从表10-7看配货技巧如下：

（1）不同级别商品的配货深度不一样。橱窗款的配货深度仅为6件或8件，时尚款的配货深度为8～5件，基础款的配货深度为12～20件。

（2）不同级别的门店分到的商品级别和SKU数量不一样。A类店可以配到所有级别SKU的商品，B类店在橱窗款上少配了1个SKU，C类店只配了1个SKU的橱窗款。

（3）不同级别门店的配货深度不一样。A类店的橱窗款、时尚款、基础款的最低配货深度分别是8件、15件、20件；B类店的橱窗款、时尚款、基础款的最低配货深度分别是6件、10件、15件；C类店的橱窗款、时尚款、基础款的最低配货深度分别是8件、8件、12件。

例 10-3：

某运动品牌的渠道数量庞大，全国门店数量超过 5000 家，同时该品牌的产品线也很宽，每一季订货的 SKU 数超过 1000 个。该品牌最初的配货计划是：将每个 SKU 按照商品分级和门店分级相结合的方式配货，后来发现这种方式不够高效，逐渐升级配货方式，变为先将 SKU 组成各种级别的商品组合，再将门店分级，给不同级别的门店配不同的商品组合。该品牌篮球类产品的商品组合配货表如表 10-8 所示。

表 10-8　该品牌篮球类产品的商品组合配货表

| 款式 | 品牌单价 | 商品组合（小） | | 商品组合（中） | | 商品组合（大） | |
|---|---|---|---|---|---|---|---|
| | | 数量（件） | 吊牌金额（元） | 数量（件） | 吊牌金额（元） | 数量（件） | 吊牌金额（元） |
| 款式 1 | 399 | 30 | 11 970 | 40 | 15 960 | 50 | 19 950 |
| 款式 2 | 399 | 30 | 11 970 | 40 | 15 960 | 50 | 19 950 |
| 款式 3 | 399 | 30 | 11 970 | 40 | 15 960 | 50 | 19 950 |
| 款式 4 | 399 | 30 | 11 970 | 40 | 15 960 | 50 | 19 950 |
| 款式 5 | 399 | 30 | 11 970 | 40 | 15 960 | 50 | 19 950 |
| 款式 6 | 399 | 30 | 11 970 | 40 | 15 960 | 50 | 19 950 |
| 款式 7 | 399 | 30 | 11 970 | 40 | 15 960 | 50 | 19 950 |
| 款式 8 | 499 | 30 | 14 970 | 40 | 19 960 | 50 | 24 950 |
| 款式 9 | 499 | 30 | 14 970 | 40 | 19 960 | 50 | 24 950 |
| 款式 10 | 499 | 30 | 14 970 | 40 | 19 960 | 50 | 24 950 |
| 款式 11 | 499 | 30 | 14 970 | 40 | 19 960 | 50 | 24 950 |
| 款式 12 | 499 | 30 | 14 970 | 40 | 19 960 | 50 | 24 950 |
| 款式 13 | 499 | 30 | 14 970 | 40 | 19 960 | 50 | 24 950 |
| 款式 14 | 499 | 30 | 14 970 | 40 | 19 960 | 50 | 24 950 |
| 款式 15 | 499 | 30 | 14 970 | 40 | 19 960 | 50 | 24 950 |
| 款式 16 | 599 | | | 30 | 17 970 | 40 | 23 960 |
| 款式 17 | 599 | | | 30 | 17 970 | 40 | 23 960 |
| 款式 18 | 599 | | | 30 | 17 970 | 40 | 23 960 |
| 款式 19 | 599 | | | 30 | 17 970 | 40 | 23 960 |

（续）

| 款式 | 品牌单价 | 商品组合（小） | | 商品组合（中） | | 商品组合（大） | |
|---|---|---|---|---|---|---|---|
| | | 数量（件） | 吊牌金额（元） | 数量（件） | 吊牌金额（元） | 数量（件） | 吊牌金额（元） |
| 款式 20 | 599 | | | 30 | 17 970 | 40 | 23 960 |
| 款式 21 | 599 | | | 30 | 17 970 | 40 | 23 960 |
| 款式 22 | 599 | | | 30 | 17 970 | 40 | 23 960 |
| 款式 23 | 599 | | | 30 | 17 970 | 40 | 23 960 |
| 款式 24 | 599 | | | 30 | 17 970 | 40 | 23 960 |
| 款式 25 | 599 | | | 30 | 17 970 | 40 | 23 960 |
| 款式 26 | 699 | | | | | 35 | 24 465 |
| 款式 27 | 699 | | | | | 35 | 24 465 |
| 款式 28 | 699 | | | | | 35 | 24 465 |
| 款式 29 | 699 | | | | | 32 | 22 368 |
| 款式 30 | 699 | | | | | 30 | 20 970 |
| 款式 31 | 699 | | | | | 30 | 20 970 |
| 款式 32 | 699 | | | | | 30 | 20 970 |
| 款式 33 | 699 | | | | | 30 | 20 970 |
| 款式 34 | 699 | | | | | 30 | 20 970 |
| 款式 35 | 699 | | | | | 30 | 20 970 |
| 合计 | | | 203 550 | | 451 100 | | 800 433 |

表 10-8 中配货计划的要点如下：

（1）从 SKU 宽度上看，商品组合越小宽度越窄；从 SKU 的选择上看，商品组合从小到大之间的关系是包含关系。

（2）相同款式在不同商品组合中的深度不同，款式 1 在小组合中的深度为 30，在中组合中的深度为 40，在大组合中的深度为 50。

（3）每一个商品组合由不同的 SKU 及 SKU 深度组成，从而每一个商品组合都有一个固定的吊牌金额。小组合的吊牌金额约为 20 万元，中组合的吊牌金额约为 45 万元，大组合的吊牌金额约为 80 万元。

（4）这个配货计划的优点是标准化、容易操作。它先把门店按销售体量进行分级，再给不同级别的门店配备不同大小的商品组合，提高门店的配货效率，同时门店商品的宽度和深度也被标准化。

（5）这个配货计划的缺点是不够灵活，容易出现部分门店的部分 SKU 配货不精准的现象，毕竟不是纯粹的单店按每个 SKU 挑选配货的方式。

## 四、留仓率

留仓率是在新品上市过程中，完成首次铺货后的留仓商品占总库存的比率。留仓的商品是门店日常补货的首要来源，留仓率控制得当，可加速商品的周转和提高门店补货成功率。

合理的留仓率是门店从仓库中获得畅销款式补货的保障。如果留仓率为零，那么当周转得快的门店出现断码的时候，其补货来源只能是从其他门店调拨，门店间的商品调拨效率低于直接从仓库中补货的效率。延续前面对商品分级的思路，时尚买手应针对不同级别的商品计划不同的留仓率，基础款的留仓率大于时尚款，橱窗款的留仓率最低。

## 第二节　季中价格管理策略：追求利润最大化

如果说开季是商品上市的预热阶段，那么季中就是商品销售的冲刺阶段。在开季时上市的商品，处于逐渐被消费者发现和认知的时期，尤其是提前上市波段的商品，由于气候适销性的原因，开季新品往往销售不佳。因此，从季中到季末清货前的一段时间是商品销售的真正旺季，也是商品运营的关键期，在这期间销售的当季商品最多，门店最容易出现缺码断号，最需要快速补货和调拨。季中商品运营得当不仅可以提升销售额，还有利于提升销售毛利率，季中商品多以正价或者较少折扣成交，到季末的时候市场进入清货期，折扣力度加大，销售毛利率最低。聪明的时尚买手都会紧紧抓住季中销售旺季，获得销售和利润双丰收。

季中商品运营管理的策略主要是价格管理和库存管理。

价格管理的目的是追求利润最大化。在服饰行业中，大众消费品牌的销售毛利率趋势是：开季最高、季中逐渐下降、季末最低（见图10-2）。季中销售毛利率的变化趋势为：男装品牌稍平稳，女装品牌急速，运动品牌在2008年之前有严格的价格控制，之后品牌公司对价格的管理放松，运动品牌的集中毛利率变化也呈急速趋势。

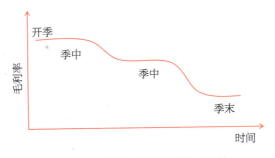

图10-2 毛利率产品季趋势（女装）

## 一、定价策略

定价是利润管理的第一步，服饰品牌的定价方法包含以下几种。

（1）成本加价法，根据成本制定零售价。

$$零售价 = 采购成本 \times 加价率$$

部分企业采用4倍加价率定价，部分企业采用5倍加价率定价。加价率是零售价除以成本价所得的倍数。

例 10-4：

某款商品的采购成本是 50 元，若采用 5 倍加价率，该款商品的零售定价应为：50×5=250（元）。

（2）毛利率目标定价法，在定价时设定基准毛利率目标，时尚买手根据毛利率目标制定每款商品的零售价格。

零售价 = 采购成本 ÷（1 - 毛利率）

例 10-5：

企业的毛利率目标是 80%，如果一款商品的采购成本为 50 元，则该商品的零售价格应为：

50 ÷（1-80%）=250（元）

再看以上两个例子，对于 50 元成本，利用 5 倍加价率目标和 80% 毛利率目标计算得到的零售价格一样，这是否意味着加价率和毛利率之间存在固定的逻辑关系？本书先把研究这两者之间复杂的数学关系放在一边，但希望各位读者记住几个常用的毛利率与加价率的对应关系（见表 10-9）。

表 10-9 常用加价率与毛利率的对应关系表

| 加价率 | 2 | 3 | 4 | 5 | 6 | 7 | 8 | 9 | 10 |
|---|---|---|---|---|---|---|---|---|---|
| 毛利率 | 50% | 67% | 75% | 80% | 83% | 86% | 88% | 89% | 90% |

表 10-9 是通过计算得来的结果，从 2 倍到 10 倍是服饰行业可能用到的倍数，对应的毛利率为从 50% 到 90%，比较有趣的是，字体加粗的 2、5、10 这三个加价率对应的毛利率不仅是整数，而且是准确数据，没

有经过四舍五入，其他加价率对应的毛利率都是经过四舍五入后不保留小数点而得来的。

记住这些加价率与毛利率的对应关系可以方便时尚买手随时切换算法。

（3）尾数定价法，将结尾的尾数统一，常用的结尾尾数是8和9。尾数定价法不是独立的定价方法，应与其他定价方式结合使用。

（4）价格带定价法，时尚买手在定价的时候要考虑价格带，通过价格带定价使所有商品的零售价格形成合理的体系。价格带定价法应充分考虑消费者心理，以消费者认同的价格形成价格带，在消费者心理上起到"物有所值"的暗示，是很好的定价方法。

在使用价格带定价法时，应先确定价格带的边缘价格，明确最高价和最低价，这两个价格是对目标消费人群的消费能力的锁定。

例10-6：

某品牌的目标消费人群是18～30岁的消费者，这类人群以学生和刚开始工作的职场新人为主。他们的消费能力不高，但是热衷追逐新鲜事物，对自己喜爱的东西愿意付出更高的成本。根据对消费者的锁定，价格带的边缘可设定为200元和1500元。

在确定了最高价和最低价后，接下来确定价格区间，即价格跨度。品牌既可采用100为一个跨度，也可采用200或者300为一个跨度，采用什么数值为价格跨度要根据品牌自身的产品线决定。

在完成以上两步后，就有了价格带框架。这就好比修房子，现在整个房子的地基、结构已经搭好，接下来就是装修和造景了，也就是确定价格尾数和各商品系列的价格分布等。

（5）全球统一定价法，对于开展全球销售业务的品牌而言，常用定价方法是全球统一定价法，一款在美国售价为 50 美元的服装，在中国的零售价可定为 349（参考人民币与美元的汇率为 7:1）。

（6）参考定价法，是以竞争品牌的价格体系为参考，制定本品牌价格的定价方法。

## 二、促销管理

无论哪种形式的促销都会影响毛利率，促销的目的是扩大营业额，以及获得更多的毛利润金额。道理很简单，商品通过促销被销售出去的数量更多，只要促销时控制的毛利率合理，带来的毛利润金额相应地会更多。

常用的促销方式有如下几种。

（1）降价促销，这是最"简单粗暴"的促销方式，直接在吊牌价格的基础上降价销售。

降价的方式有"打折""特价""减钱"等方式，降价的范围既可以是全场，也可以是某个系列，还可以是指定商品。

（2）买赠促销，以赠品的方式促销是为了吸引消费者购买。赠品既可以是单独定制的商品，也可以是正在售卖的商品。

（3）满减促销，满足某个金额或件数即可获得相应优惠的促销方式。常见的如"满1000减300""满500减100"等。满减促销常用于跨系列、跨品类、跨品牌的促销方案，满减促销带给消费者更灵活的选择。

（4）会员促销，专门为会员提供优惠的促销方式。随着消费市场的不断升级，各服饰企业都开始注重自己的会员管理，不仅品牌公司注重品牌会员的管理，零售公司也建立自己的会员管理体系。中国最大的零售公司百丽集团，除了自有百丽鞋业的品牌外，还是各大运动品牌公司的代理品牌，管理这些代理品牌的滔博运动（Top Sports）拥有自己的会员制度。

（5）代金券促销，最早的代金券促销方式由百货公司发起，消费满多少就返一定额度的代金券，代金券可用于下次消费抵扣现金，也叫"返券"促销。"返券"的鼻祖是位于北京西单商圈的中友百货（现更名为汉光百货）。

在新零售时代，代金券促销进入了全渠道的促销模式，之前传统门店做的促销，在电子商务渠道是不可以使用的。现在，在全渠道促销模式下，代金券可以在线上、线下同时使用，且代金券的送达方式多种多样，可以通过线下门店消费后发放实物代金券，也可以由市场部做活动发放，还可以从线上渠道直接发放电子代金券到会员账户中。

（6）积分促销，企业常使用积分抵现金、积分换代金券等促销方式。

（7）抽奖促销，既可让顾客在消费前抽奖，也可让顾客在消费后参与抽奖。消费前的抽奖以吸引客流、刺激消费为主，比如 GAP 在换季时在门店门口设置抽奖箱，让消费者抽取各种折扣的打折卡。消费后的抽奖则是顾客消费满多少金额可参与抽奖的促销方式，以此激励顾客消费。抽奖促销通常是在节日期间使用的促销方式，通过抽奖可以增加促销的话题性。

有人认为只要是促销就会伤害品牌力，不到万不得已不能做促销。但纵观上面的多种促销方式，有的促销不仅不会伤害消费者忠诚度，反而会增加消费者对品牌的粘性，比如代金券促销、积分促销、会员促销等方式。

即使是降价促销，只要时机选择得当，也不会让消费者质疑品牌的价格控制，在市场上大部分品牌都做促销的"打折季"进行降价促销，反而会刺激消费者的购买欲。

## ·案例 10-2：如何选择正确的促销方式·

某品牌当季采购吊牌金额为 5000 万元。在新品上市前，时尚买手做了三种促销规划，根据三种规划，时尚买手做了三种促销方式的销售预估，如下：

第一种，在第一个月不做任何折扣的情况下，售罄率可达 13%，第二个月做9折促销，月售罄率提高到15%，第三个月做8折促销，月售罄率可达20%。

第二种，在第一个月平均销售折扣率为95%的情况下，售罄率可达15%，第二个月做8折促销，月售罄率提高到20%，第三个月做7折促销，月售罄率可达25%。

第三种，在第一个月平均销售折扣率为90%的情况下，售罄率可达18%，第二个月做7折促销，月售罄率提高到25%，第三个月做5折促销，月售罄率可达30%。

请问，如何评判这三种促销方式的效率？

这三种促销方式的各项指标如表10-10至表10-12所示。

表10-10 第一种促销方式的各项指标

| KPI | 第一个月 | 第二个月 | 第三个月 | 期末 |
|---|---|---|---|---|
| 库存牌价金额（元） | 50 000 000 | 43 500 000 | 37 000 000 | 27 000 000 |
| 销售收入（元） | 6 500 000 | 6 500 000 | 10 000 000 | |
| 折扣 | 100% | 90% | 80% | 88% |
| 销售吊牌金额（元） | 6 500 000 | 7 222 222 | 12 500 000 | |
| 售罄率 | 13% | 15% | 20% | 48% |
| 采购毛利率 | 80% | 80% | 80% | |
| 销售的采购成本（元） | 1 300 000 | 1 300 000 | 2 000 000 | |
| 销售毛利（元） | 5 200 000 | 5 200 000 | 8 000 000 | 18 400 000 |

表10-11 第二种促销方式的各项指标

| KPI | 第一个月 | 第二个月 | 第三个月 | 期末 |
|---|---|---|---|---|
| 库存牌价金额（元） | 50 000 000 | 42 500 000 | 35 000 000 | 22 500 000 |
| 销售收入（元） | 7 500 000 | 7 500 000 | 12 500 000 | |
| 折扣 | 95% | 80% | 70% | 78% |
| 销售吊牌金额（元） | 7 894 737 | 9 375 000 | 17 857 143 | |
| 售罄率 | 15% | 20% | 25% | 60% |
| 采购毛利率 | 80% | 80% | 80% | |
| 销售的采购成本（元） | 1 500 000 | 1 500 000 | 2 500 000 | |
| 销售毛利（元） | 6 000 000 | 6 000 000 | 10 000 000 | 22 000 000 |

表 10-12　第三种促销方式的各项指标

| KPI | 第一个月 | 第二个月 | 第三个月 | 期末 |
|---|---|---|---|---|
| 库存牌价金额（元） | 50 000 000 | 41 000 000 | 32 000 000 | 17 000 000 |
| 销售收入（元） | 9 000 000 | 9 000 000 | 15 000 000 | |
| 折扣 | 90% | 70% | 50% | 62% |
| 销售吊牌金额（元） | 10 000 000 | 12 857 143 | 30 000 000 | |
| 售罄率 | 18% | 25% | 30% | 73% |
| 采购毛利率 | 80% | 80% | 80% | |
| 销售的采购成本（元） | 1 800 000 | 1 800 000 | 3 000 000 | |
| 销售毛利（元） | 7 200 000 | 7 200 000 | 12 000 000 | 26 400 000 |

通过以上三个表格的计算后，我们进一步分析如下：

（1）从平均销售折扣上来说第一种方式最高为88%，即第一种方式的销售毛利率是最高的。

（2）第一种方式保证了毛利润却因为高折扣使得售罄率最低，只有48%，相反，第三种方式的平均销售折扣为62%却获得了73%的售罄率，以及最多的销售利润额：2640万。

（3）第二种方式的平均销售折扣和售罄率都处于中间水平，销售利润额虽少于第三种，但是远高于第一种。

（4）如果该品牌是一个快速流转的品牌，追求的是高流转，那么第三种方式最佳。因为这种方式可以最快回款，并且降低库存，让资金和库存都转得更快。

（5）如果该品牌的定位是服务中高档消费人群，且需要培养目标客群的忠诚度，同时需要控制较好的库存水平，那么采用第二种方式更好，这样既保持良性的打折节奏，60%的季末售罄率也是一个好的售罄率结果。

## 第三节　季中库存管理技巧：抓住销售机遇

季中运营管理的第二项就是库存管理。库存管理的目标是：抓住销售机遇。

时尚买手管理库存的方式是：补货和调拨。

## 一、补货技巧

补货是指在销售过程中对门店存货进行补充的行为。门店补货的来源有两个，一是从仓库直接补货到门店，二是从其他门店调货到需要的门店，因此调拨也是补货方式的一种。

补货的策略有"销一补一"和"预判补货"两种。

"销一补一"补货是指门店卖了哪一款的哪一个尺码，就补充哪一款的哪一个尺码，补货的数量等于卖出的数量。企业在搭建补货系统的时候，直接将"销一补一"逻辑植入系统中。在日常运营过程中，仓库无须等待时尚买手的补货单，根据系统自动生成"销一补一"补货单向门店补货。

"预判补货"是指时尚买手根据对销售趋势的预判下达的补货需求，常以"手工补货单"的形式给到仓库，仓库根据"手工补货单"对门店进行补货。"预判补货"是"销一补一"的补充，在一周内时尚买手先根据"销一补一"对所有门店进行补货，然后对个别门店进行"预判补货"。

需要"预判补货"的门店有如下几种：

（1）A类门店。根据前文分类方式可知，A类门店为核心商圈中销售业绩最好的门店。这类门店的客流大、商品周转快，对畅销款的需求大，如果仅提供"销一补一"的补货，不能完全满足门店的需求。

（2）即将有大型促销的门店。已知某门店所在商场下周有店庆，该门店将参加商场的打折促销活动，预估销售额环比增长100%，则本周的补货要根据此预估增长进行"预判补货"。

（3）除"销一补一"以外的SKU补货。某些SKU在首次铺货的时候没有分给C类门店，但是在销售过程中发现这些SKU的销售速度低于预期，时尚买手决定将这些 SKU 铺到 C 类门店，因此需要手工补货单。

## 二、调拨技巧

调拨，也叫门店间调拨，是指将指定商品库存从一间门店送往另一间门店的运营方式。时尚买手下达调拨指令，物流部执行商品的流转。调拨的流程如图 10-3 所示。

图 10-3　门店间的商品调拨流程图

调拨的频次既可以每周一次，也可以两周一次，或一个月一次。影响调拨频次的因素有如下几点：

（1）品牌的特性。休闲女装品牌的 SKU 数量多，单个 SKU 的平均深度不深，销售周期不长，需要每周进行调拨。运动品牌单个 SKU 的平均深度足够深，销售周期长，每 2~4 周做一次调拨为宜。

（2）物流成本。太过频繁的调拨频次会增加零售运营的成本，时尚买手常采用季初减少调拨频次、季中增加调拨频次、季末减少调拨频次的灵活调拨方式，以此控制物流成本。

（3）机会成本。每一次调拨从门店开始打包到商品被送到收货门店期间，被调拨商品失去被销售的机会，这是调拨的机会成本。越来越多的企业开始重视这个因素，因此出现了"零调拨"的商品运营管理方式，在这种方式下，门店间不进行商品调拨，当畅销款式卖断后从仓库补货，滞销款式从季中开始就逐渐在门店做促销。

除了调拨频次的控制外，时尚买手的调拨策略还包含以下几种：

（1）畅销品（Best Seller）调拨策略。在一定时期内将所有在售 SKU 按照销售数量（或者金额）进行降序排序，排在前面的 SKU 为畅销品。畅销品调拨策略遵循"优先满足畅销门店需求"的原则，畅销品的调拨根据门店的销售数量决定，把未产生销售或销售数量较低的门店的库存，调往销售数量最靠前的门店。

（2）断码集中调拨策略。当SKU在多数店铺中都出现断码，且仓库已无存货可补的时候，将这些SKU通过调拨集中到某几个门店进行销售。

（3）滞销款调拨策略。在一定时间内没有销售的SKU，可以调拨给需要补货的门店，还可以调往首次没有铺货的门店，称为"门店下沉"。

## ·案例 10-3·

某品牌的商品存销明细如表10-13所示。

表10-13　某品牌的商品存销明细（周）

| 款式 | 尺码 | 第一周销售及库存 | | | | | | | | 大仓库存 |
|---|---|---|---|---|---|---|---|---|---|---|
| | | 店铺1 | | 店铺2 | | 店铺3 | | 店铺4 | | |
| | | 销售 | 库存 | 销售 | 库存 | 销售 | 库存 | 销售 | 库存 | |
| 周存销比 | | 3.4 | | 5.7 | | 1.7 | | 4.7 | | 4.0 |
| 款式1 | S | | 3 | | 2 | | 2 | | 2 | 5 |
| 款式1 | M | | 4 | 1 | 4 | 2 | 6 | 2 | 4 | 5 |
| 款式1 | L | 4 | | 1 | 4 | 2 | 6 | 2 | 4 | 20 |
| 款式1 | XL | | 3 | | 2 | | 2 | | 2 | 5 |
| 款式2 | S | | 3 | | 2 | | 2 | | 2 | 5 |
| 款式2 | M | 2 | 4 | | 4 | 2 | 6 | 1 | 4 | 5 |
| 款式2 | L | 2 | 4 | | 4 | 5 | 6 | 1 | 6 | |
| 款式2 | XL | | 3 | | | | | | 2 | 5 |
| 款式3 | S | | 2 | | 3 | | 3 | | 3 | |
| 款式3 | M | 1 | 5 | 1 | 4 | 4 | 4 | | 4 | 2 |
| 款式3 | L | | 5 | 1 | 4 | 6 | 2 | | 4 | 5 |
| 款式3 | XL | 2 | | | 3 | 1 | 4 | | 3 | |
| 款式4 | S | | 3 | | 2 | 1 | 5 | | 2 | 5 |
| 款式4 | M | | 5 | | 1 | | 4 | 1 | 4 | 5 |
| 款式4 | L | 2 | 5 | | 4 | 3 | 4 | 1 | 4 | 10 |

(续)

| 款式 | 尺码 | 第一周销售及库存 | | | | | | | | 大仓库存 |
|---|---|---|---|---|---|---|---|---|---|---|
| | | 店铺1 | | 店铺2 | | 店铺3 | | 店铺4 | | |
| | | 销售 | 库存 | 销售 | 库存 | 销售 | 库存 | 销售 | 库存 | |
| 款式4 | XL | 1 | 2 | | 2 | | 2 | | 2 | 5 |
| 款式5 | S | 1 | | 1 | | 4 | | 1 | | |
| 款式5 | M | | 2 | 1 | | 5 | 2 | 1 | 2 | |
| 款式5 | L | | 2 | 1 | | 4 | 2 | 1 | 2 | |
| 款式5 | XL | 1 | | | 1 | 1 | 2 | | | |

时尚买手根据商品明细进行如下调拨：

（1）计算门店的周存销比值，门店3最低，只有1.7，平均为3.9。

（2）店铺3的周存销比最低，为1.7，属于缺货，应首先看该门店的补货需求。款式2的L码有6件库存，仅能支持1周的销售，故从店铺2和店铺4分别调货给它；款式3的L码和款式4的L码都从仓库补货；款式5所有店铺都卖断码了，所以做断码集中，将该款所有商品集中到店铺3销售。

（3）店铺1的周存销比为3.4，低于平均值，应从仓库补货或调拨补货。款式1的L码，因大仓有库存20件，故直接从仓库补货；款式3的XL码卖断，仓库无货，另外三家门店有货，店铺2的存销比高于平均值，且此款商品有库存无销售，因此从店铺2调拨2件给店铺1。

（4）店铺2和店铺4的存销比均大于平均值，且除了款式5以外其他款式未断码，故调拨中只出货不入货。

## 第四节　季末库存管理技巧：果断清库存

在期货制模式下每个企业都不可能回避库存问题，时尚买手每周对所有商品的销售、库存情况进行管理。运营良性的企业，库存周转良好，积压得少；运营有问题的企业，库存积压问题突出。

长久以来，出清库存一直是服饰企业的头等大事。对时尚买手而言，库存就像蓄水池中的水，有进有出，不可能一次性全放掉，也不允许水位超过警戒线，甚至溢出，时尚买手做季中库存管理的目的是让蓄水池维持在一个最合适的水位，直到季末有下一季新品注入的时候，对本季商品开闸放水。

季末商品的特点是：畅销的款式断码，滞销的款式全码。季末库存管理考虑的不再是"情怀"，而应多考虑现实，现实就是再用赠品、返券、满减等方式已经不能激起消费者"冲动消费"的欲望，用最直接的价格优惠让消费者为剩下的库存买单才是上策。

季末商品运营管理的宗旨是清库存，清库存的方式有以下几种：

（1）促销。品牌商都会在季末时做促销，且促销的力度是本季最大的，这是本季商品最后一次的销售机会，要尽可能通过更多的优惠让商品出清。

（2）开设临时特卖场，也是季末清库存的一种方式。临时特卖场一般开设在即将或者正在进行调整装修的商场中，也有高端品牌选择在一些饭店中组织季末会员特卖会。

（3）调往工厂店。有工厂店销售渠道的品牌，在季末时会按照转季计划表上的时间节点，陆续将过季的商品调往工厂店进行打折出清。

（4）通过电商渠道清货。随着电子商务在中国的兴起和繁荣，部分电商渠道成为企业重要的清货渠道之一。

传统行业出清库存的频率为一年两次，在春夏季结束时的七八月份出清一次，在秋冬季结束时的12月到次年1月出清一次。每年的这几个月，各大品牌以大大的红色"SALE"示人，诸如"低至三折""全场五折""70%OFF"这样的促销标语随处可见，这就是零售业常说的打折季（Final Sale）。

时尚买手一定会紧紧抓住这两次打折季，提前计划和筹备好商品的布局和打折力度，以便完成全年的库存出清计划。

在电子商务行业兴起的前几年，大部分试水电子商务业务的品牌，都将电子商务视为一个全年全天候的清货渠道，也确实取得了很好的效果。之后，电子商务业务开始规范和成熟，销售的产品线从过季商品扩充到当季新品，同时，各大平台开始推出自己的"打折季"。在天猫平台上销售的品牌可参加的S级活动包括3月8日、6月18日、11月11日三次，它们还可以利用双十二或定期参加聚划算来帮助清理不健康库存。天猫的"双十一"是一年中优惠力度最大的促销期，每年的11月11日成为电子商务消费者的狂欢日，甚至已影响到线下门店的销售业绩。近年来，品牌公司在注重电子商务平台"双十一"促销的同时，也布局线下门店的促销，从而做到线上、线下共享这个"节日"的流量。6月18日的促销由京东商城创立的"618大促"而得来，"618大促"往往在年中的时候掀起一次促销的狂潮。

### ·案例10-4：没看天气预报，时尚买手错失良机·

小木是一个资深的时尚买手，近十年的从业生涯造就了她现在敏锐的性格。当笔者和她聊起她的职业成长过程时，她有很多感慨，用她的话说时尚买手都是企业"花大价钱"培养出来的，有时候付出代价的原因很莫名其妙，比如没看天气预报。

2010年，小木已从时尚买手助理岗位升职为时尚买手，开始独立负责一个女装品牌的采购和商品管理。这一年她开始进入时尚买手快节奏的工作状态中，频繁地出差、频繁地加班。就连她的父母天天催着的"个人问题"她也完全无暇顾及，就这样把自己美好的青春奉献给了这份自己热爱的职业，忙并快乐着。

在成为时尚买手后，她最大的感受是每一款商品都变得更加真实了，这样的感受是在做助理的时候感觉不到的。比如，在做助理的时候她也会帮助买手编写商品图册，在写图册的时候她最大的关注点是所有的信息不要出错，力求价格、款号、面料成分都不要有任何差错。而在做了时尚买手之后再看商品图册，她就会考虑这样编写图册是否可以帮助到一线人员学习这些商品的商品知识，是不是能够让他们和自己一样，一看图册就能知道这款商品的核心卖点。

这种转变除了因为角色的转变外，还因为每一款商品都是她自己经过试穿、评定之后才决定采购的。既然把它们采购回来了，心里就绷着一根弦，要把它们卖出去。如果卖得不好那就是自己的责任，正是出于这样的心态，她看每一款商品都和自己的亲生儿子似的，恨不得可以时时刻刻对它们嘘寒问暖。但尽管如此，她还是不能避免犯错。

在成为时尚买手后不久，公司就为她买了最大的一笔"单"。

那一年她在下冬季订单的时候，对一款中长款的羽绒服"很是看好"，所以在订货的时候下了很深的量，几乎占到她所有订单金额的10%。

在入冬后，那款羽绒服上市第一周"纹丝不动"。她一开始以为是因为天气还不够冷，消费者还没有对中长款羽绒服产生需求，所以也没有当回事儿，没做任何分析和调研，就是傻傻地在等"天冷"。

又过了三周，羽绒服的销售周期已经过去一个月了。销售报告显示，那款羽绒服在她负责的80多家门店中平均一周的销售数量不到30件，成为名副其实的"滞销款"。

由于巨大的库存压力，小木不得不立即降价促销，并且一下将价格打到了季末清仓的折扣。同时，她分析已经产生过销售的门店，多数集中在华北地区，所以她预判打折后华北门店会有更好的表现，于是立即把部分东北门店的库存调往华北的几个销售额高的门店。为了抢占销售时间，她还特意加急了这个调拨指令的执行。

结果，这是一个非常失误的决策。因为两周后整个东北开始降大雪，所有羽绒服被一扫而空，又因为这一年罕见的大雪阻断了交通，已经被调到华北的商品一时间没法再调回东北，因此错过了最后的销售机会，而华北的门店在降价后销售也不理想，最终大量的库存冷冷清清地待在华北门店的后仓中。

在季末的时候，她盘算这款羽绒服的售罄率仅仅只有20%，而这20%几乎都是由当时东北大雪时那些没有被调货的门店卖掉的。由于这款羽绒服所占的采购金额为10%，小木为自己在采购时"看走眼"，在商品运营时的错误判断和决策付出了她作为时尚买手最沉重的代价。

当时小木非常沮丧，反思自己成为时尚买手的这条路走得太顺了，错误地以为自己一上手就可以成为一个优秀的时尚买手，可以游刃有余地选款、压量，再让商品在她的手里像变魔术般全都变成公司的毛利润。她在运营过程中的错误，却是因为没有提前看天气预报造成的，第一次是在等天气变冷，第二次是错过了天气变冷的机会。

痛定思痛，有了那次的教训，小木在此后多年的时尚买手生涯中，只要是在选款的时候她的脑海里一定都会出现那款让她永远记住的羽绒服。她说那件羽绒服的样子她到今天都没有忘记，它时时刻刻提醒她在选款的时候要谨慎，并且让她之后养成了每天看天气预报的习惯。

第十一章
FASHION BUYER
## 善用科技提升商品运营效率

科技对人类生活的改变毋庸置疑，服饰行业虽然是人口密集型传统行业，但每一次进步和变革都与科技、技术的创新息息相关。在旧石器时代，人类开始使用骨针为自己做兽皮衣服；在新石器时代，纺线技术的出现让人类的穿着开始出现织物；染色技术的出现，让人类穿上了不同色彩的衣服。这些都是科技在推动人类文明的进步。在服装的历史上还曾出现过科技与科技之间互相影响、你追我赶的故事。

英国最早的织布技术原本非常落后，工人把梭织一会儿往左抛，一会儿往右抛，一天也织不了几尺布。在18世纪印度成为英国的殖民地后，印度的棉纺织品迅速打入英国市场，使英国本地的棉纺织业面临巨大的压力，因此迫使该行业迅速进行技术改革，提高劳动生产率。

1733年，有个名叫凯伊的机械师发明了飞梭，只要用绳子一拉，梭子就会很快飞过去，飞梭的发明把织布速度提高了好几倍。在之后的1765年，由哈格里夫斯发明的"珍妮纺纱机"是棉纺织业中具有里程碑意义的标志性发明。之后不断有人对"珍妮纺纱机"的技术进行革新，又大大提升了纺纱的效率和质量。由于纺纱速度的加快，纺纱与织布之间供求的平衡再一次被打破，为了配合纺纱的速度，人们对织布机又进行了新一轮革新，卡特莱特发明的水力织布机让织布的效率一下提升了十倍，一台织布机可以抵得上40个手工织布匠同时劳动。

服饰行业历经数千年发展，技术的创新一直存在于原材料、加工工艺等方面，近年来的创新多在新型面料的开发和在商品功能性开发上保持创新。伴随计算机技术的引入，这一传统行业的企业享受到了办公效率的提升。进入21世纪，尤其是近几年得益于智能手机的广泛普及、人工智能技术的推动、大数据的广泛运用等因素，一些困扰服饰行业数十年的"顽疾"，也逐渐在科技的影响下获得了解决方式的突破。

## 第一节　传统商品运营的痛点

商品运营管理的核心是价格管理和供应链管理。价格管理是时尚买手最可控的管理，从定价到促销，价格管理是时尚买手得心应手的工具。供应链管理有两个组成部分，一个是流通环节，另一个是商品制造环节。这两个环节中存在的痛点是阻碍时尚买手提升商品运营效率的重要因素。

### 一、商品调拨的效率问题

在流通环节中，时尚买手面临的问题是商品调拨效率的问题。第十章中的图10-3讲了商品调拨的流程，在这个流程中，企业平均完成一次商品调拨需要花费的时间是8～11天，加上工作日的因素，这意味着完成一次商品调拨需要两周的时间（见图11-1）。

| 时间 | 买手下达调拨指令 | 出货门店备货 | 物流到出货门店取货 | 商品回到仓库 | 仓库安排物流送货 | 商品到达收货门店 |
|---|---|---|---|---|---|---|
| 时间 | 周二 | 周三周四 | 周四周五 | 周五 | 周三到周五（次周） | |
| 天数 | 1天 | +2天 | +2天 | +1天 | +2天 | 8～11天 |

图11-1 商品调拨周期

两周对于商品的生命周期来说有多重要，可以通过计算得到答案。以一年四个产品季为例，商品的销售期为4～5个月，即17～21周，2周所占的生命周期的百分比为：

$$2 周 \div 17 周 \times 100\% = 12\%$$
$$2 周 \div 21 周 \times 100\% = 10\%$$

因此，一次商品调拨将损失掉该商品10%～12%的生命周期。而在实际运营过程中，至少80%的商品都被调拨过，至少50%的商品在当季运营中被调拨过两三次，这是一个让人绝望的数字。

痛则思变，在意识到因为调拨付出的巨大时间成本后，有的企业为了缩短调拨所用时间，不断优化其物流链，甚至将原有的自有物流部门砍掉，把调拨业务外包给专业的第三方物流公司。这样做的好处是通过专业物流公司的整合，商品从A门店可直接发往B门店，不需要先回到仓库中转，等待下一周的送货排期。物流外包的好处是调拨效率得以提升，但是调拨付出的成本远远大于自有物流部门的调拨成本。

第十章讲到，有的企业甚至在探索"零调拨"运营的方式，当商品首次铺货到门店后，在整个商品季中时尚买手都不进行调拨，取而代之的是各门店自行消化的策略。对于进入门店的商品组合，畅销且仓库有库存的款式可以得到仓库的定期补货；畅销但仓库无库存的款式卖完即下架；滞销款式不调拨、不退仓，直接在销售门店以打折的方式清货。探索"零调拨"的企业认为这样可节省大量的调拨成本和增加商品的售卖时间。"零调拨"的弊端是影响消费者体验,以及不能保持门店时时更新的新鲜度,部分款式过早打折也会影响品牌力。

除此以外,令时尚买手头疼的商品调拨问题还有以下几种:

(1)在调拨指令下达后,零售管理薄弱的门店常常不能准时执行调拨指令,它们没有按时将被调拨商品下架、打包,物流到门店取货的时候该调拨无法执行,这就打乱了整个调拨计划。对于 A 门店应该调往 B 门店的商品,由于 A 门店没有出货,而 B 门店已经按计划将应该调往 C 门店的商品交给物流了,这就会造成 B 门店商品的暂时缺失问题。

(2)时尚买手根据最近的销售趋势下达调拨指令,被调拨的商品经过两周后到达接收门店,有可能错过该商品在该门店的最佳销售时间。时尚买手常常遇到一个现象,即明明是根据销售趋势调给某门店的库存,但到了该门店后又不怎么产生销售了,反倒是被调出的门店人员说他们那儿有顾客需要该款式。

(3)由于物流部门的疏忽,有的调拨商品从 A 门店回到仓库后,本应该下周送往 B 门店,但是由于第二周仓库收到了大批期货,按照新品优先的原则,仓库下周以配送新品为主,被调回来的商品要静静地再等待一周才能被配送到 B 门店。

## 二、期货制下的库存问题

商品制造环节最突出的问题是,长久以来服饰行业实施的期货制订单模式。6~9个月的上市周期是大多数品牌的现状,每开一家门店日常的备货量至少需要是月均销售量的 3 倍以上。企业一年分四个产品季推出新品,每一件商品的尺码都在 4 个以上,这些因素累积在一起让传统服饰企业被称为"重资产行业"。所谓"重资产"既包含每开一家门店的租金、装修费用、人员工资等固定投入,也包含它们一直背负着的巨额库存包袱。

服饰行业从来都不缺乏对高库存品牌的质疑之声，这两年被提及最多的海澜之家在 2016 年有高达 170 亿元的年营业收入，但它付出的代价是高达 86.32 亿元的库存。

表 11-1 是笔者从上市公司财务年报中获取的数据，按照细分品类各选取了两三个品牌作为代表，选取的 KPI 为年度营业收入、库存和存货周转率，并计算库存占营业收入的比率。

表 11-1　部分品牌 2012 至 2016 年存销数据（上市公司财务年报数据）

| 品牌所属类别 | 品牌公司 | KPI | 2016 | 2015 | 2014 | 2013 | 2012 |
|---|---|---|---|---|---|---|---|
| 快时尚服装 | 太平鸟 | 存货周转率（次） | 1.82 | 2.10 | 2.40 | 2.29 | 1.84 |
| | | 存货（亿元） | 16.21 | 15.09 | 10.63 | 8.68 | 7.45 |
| | | 营业收入（亿元） | 63.20 | 59.03 | 49.99 | 38.31 | 25.65 |
| | | 存货/营业收入（%） | 26 | 26 | 21 | 23 | 29 |
| | 拉夏贝尔 | 存货周转率（次） | 1.77 | 1.67 | 1.65 | 1.70 | |
| | | 存货（亿元） | 17.14 | 17.56 | 13.27 | 12.93 | 8.27 |
| | | 营业收入（亿元） | 85.51 | 74.39 | 62.09 | 50.35 | 29.13 |
| | | 存货/营业收入（%） | 20 | 24 | 21 | 26 | 28 |
| | 海澜之家 | 存货周转率（次） | 1.14 | 1.21 | 1.40 | 1.54 | 2.22 |
| | | 存货（亿元） | 86.32 | 95.80 | 60.86 | 5.49 | 4.50 |
| | | 营业收入（亿元） | 170.00 | 158.30 | 123.38 | 71.50 | 13.68 |
| | | 存货/营业收入（%） | 51 | 61 | 49 | 8 | 33 |
| 时尚女装 | 日播时尚 | 存货周转率（次） | 1.67 | 1.65 | 1.86 | 2.00 | |
| | | 存货（亿元） | 2.18 | 2.65 | 2.35 | 2.35 | 1.24 |
| | | 营业收入（亿元） | 9.49 | 8.98 | 9.11 | 9.29 | 7.78 |
| | | 存货/营业收入（%） | 23 | 30 | 26 | 25 | 16 |
| | 朗姿 | 存货周转率（次） | 1.07 | 0.90 | 0.85 | 0.93 | 1.06 |
| | | 存货（亿元） | 6.63 | 4.86 | 5.58 | 5.81 | 5.48 |
| | | 营业收入（亿元） | 13.68 | 11.44 | 12.35 | 13.79 | 11.17 |
| | | 存货/营业收入（%） | 48 | 42 | 45 | 42 | 49 |
| 休闲服装 | 森马服饰 | 存货周转率（次） | 3.46 | 4.48 | 5.33 | 4.70 | 4.29 |
| | | 存货（亿元） | 22.03 | 15.96 | 10.34 | 9.22 | 10.85 |
| | | 营业收入（亿元） | 106.67 | 94.54 | 81.47 | 72.94 | 70.63 |
| | | 存货/营业收入（%） | 21 | 17 | 13 | 13 | 15 |

（续）

| 品牌所属类别 | 品牌公司 | KPI | 2016 | 2015 | 2014 | 2013 | 2012 |
|---|---|---|---|---|---|---|---|
| 休闲服装 | 美邦 | 存货周转率（次） | 1.98 | 2.13 | 2.41 | 2.44 | 2.31 |
| | | 存货（亿元） | 18.37 | 18.75 | 14.36 | 15.80 | 20.06 |
| | | 营业收入（亿元） | 65.19 | 62.95 | 66.21 | 78.90 | 95.10 |
| | | 存货/营业收入（%） | 28 | 30 | 22 | 20 | 21 |
| 户外服饰 | 三夫户外 | 存货周转率（次） | 1.26 | 1.32 | 1.24 | 1.34 | 1.24 |
| | | 存货（亿元） | 1.55 | 1.48 | 1.32 | 1.32 | 1.15 |
| | | 营业收入（亿元） | 3.53 | 3.28 | 2.92 | 2.84 | 2.36 |
| | | 存货/营业收入（%） | 44 | 45 | 45 | 46 | 49 |
| | 探路者 | 存货周转率（次） | 4.87 | 6.88 | 2.97 | 3.17 | 3.18 |
| | | 存货（亿元） | 2.93 | 5.44 | 2.99 | 1.64 | 1.78 |
| | | 营业收入（亿元） | 28.78 | 38.08 | 17.15 | 14.45 | 11.06 |
| | | 存货/营业收入（%） | 10 | 14 | 17 | 11 | 16 |
| 家纺 | 富安娜 | 存货周转率（次） | 1.96 | 1.92 | 1.74 | 1.79 | 1.92 |
| | | 存货（亿元） | 6.39 | 5.34 | 5.31 | 5.73 | 4.37 |
| | | 营业收入（亿元） | 23.12 | 20.93 | 19.70 | 18.64 | 17.77 |
| | | 存货/营业收入（%） | 28 | 26 | 27 | 31 | 25 |
| | 罗莱生活 | 存货周转率（次） | 2.46 | 2.30 | 2.31 | 2.17 | 2.77 |
| | | 存货（亿元） | 6.59 | 6.60 | 6.33 | 6.85 | 6.18 |
| | | 营业收入（亿元） | 31.52 | 29.16 | 27.61 | 25.24 | 27.25 |
| | | 存货/营业收入（%） | 21 | 23 | 23 | 27 | 23 |
| 鞋 | 星期六 | 存货周转率（次） | 0.45 | 0.54 | 0.67 | 0.86 | 0.91 |
| | | 存货（亿元） | 15.12 | 14.75 | 13.51 | 11.81 | 10.46 |
| | | 营业收入（亿元） | 14.84 | 16.42 | 17.58 | 18.44 | 15.69 |
| | | 存货/营业收入（%） | 102 | 90 | 77 | 64 | 67 |
| | 奥康国际 | 存货周转率（次） | 2.09 | 2.45 | 2.24 | 2.44 | 4.40 |
| | | 存货（亿元） | 10.37 | 9.19 | 8.77 | 8.34 | 5.42 |
| | | 营业收入（亿元） | 32.50 | 33.19 | 29.65 | 27.96 | 34.55 |
| | | 存货/营业收入（%） | 32 | 28 | 30 | 30 | 16 |
| | 红蜻蜓 | 存货周转率（次） | 2.19 | 2.84 | 3.28 | 3.40 | 3.59 |
| | | 存货（亿元） | 9.58 | 7.17 | 6.29 | 6.23 | 6.06 |
| | | 营业收入（亿元） | 28.72 | 29.67 | 31.28 | 32.22 | 30.68 |
| | | 存货/营业收入（%） | 33 | 24 | 20 | 19 | 20 |

注：以上数据为上市公司公布的财务年报，所列数据为企业整体数据，货币为人民币。

从表 11-1 可知：

（1）近年来，作为国产快时尚品牌代表的有太平鸟、拉夏贝尔和海澜之家，海澜之家的营业额高速增长，但伴随着高达 61% 的库存与营业额的比率。海澜之家的营业收入从 2013 年的 71.5 亿元上升到 2014 年的 123.38 亿元，有高达 73% 的同比增长比率，但同时库存与营业额的比率从 8% 上涨到 49%，目前对于海澜之家来说最大的问题是如何清掉近百亿元的库存。而同样向快时尚品牌转型的太平鸟和拉夏贝尔的库存与营业收入的比率为 20% 左右，拥有超过 15 亿元的库存金额。

（2）朗姿是行业内知名的时尚女装品牌，其存货周转率一直低于 1 次，只在 2016 年做到了突破性的 1.07 次，低周转率使它的存货一直居高不下，其 2016 年的营业收入为 13.68 亿元，库存却有 6.63 亿元。同样，朗姿从 2012 年以来存货周转率没有得到提升，营业额更是增长乏力，2015 年略有下跌。日播时尚经营的"播"品牌也是时尚女装，它的存货周转率虽比朗姿高，但与其他细分品类相比仍属于较低水平。

（3）2016 年鞋类品牌"星期六"的库存与营业额的比率高达 102%，存货周转率仅 0.45 次，远低于行业同类品牌。"星期六"目前面临的最大困境也是库存，库存积压影响现金流，现金流影响企业持续增长能力，形成恶性循环。从表 11-1 可以看到，从 2012 年到 2016 年"星期六"的业绩逐年下滑。

2008 年北京举办了夏季奥运会，在运动热的驱使下，之后的两年是运动品牌大发展的两年，快速扩张的门店数量和高速增长的营业额，让运动品牌在那两年着实火了一次。但好景不长，2012 年运动行业出现关店潮，各品牌积压大量库存，营业额下滑，耐克、阿迪达斯这样的国际巨头也面临同样的困境。部分运动品牌从 2008 年至 2017 年的存销数据如表 11-2 所示。

表 11-2 运动品牌从 2008 年至 2017 年的存销数据（上市公司财务年报数据）

| 品牌公司 | KPI | 2017 | 2016 | 2015 | 2014 | 2013 | 2012 | 2011 | 2010 | 2009 | 2008 |
|---|---|---|---|---|---|---|---|---|---|---|---|
| 李宁 | 存货周转率（次） | 4.54 | 4.08 | 4.97 | 6.95 | 6.89 | 5.96 | 5.24 | 5.22 | 4.26 | 3.27 |
| 李宁 | 存货（亿元） | 11.03 | 9.65 | 9.6 | 12.89 | 9.42 | 9.01 | 11.2 | 8.06 | 6.32 | 6.51 |
| 李宁 | 营业收入（亿元） | 88.74 | 80.15 | 70.89 | 60.47 | 58.24 | 66.76 | 89.29 | 94.79 | 83.87 | 66.9 |
| 李宁 | 存货／营业收入（%） | 12 | 12 | 14 | 21 | 16 | 13 | 13 | 9 | 8 | 10 |
| 安踏 | 存货周转率（次） | 4.9 | 5.96 | 6.31 | 6.29 | 6.16 | 7.25 | 9.59 | 10.24 | 9.63 | 7.24 |
| 安踏 | 存货（亿元） | 21.55 | 12.95 | 10.16 | 8.67 | 6.89 | 6.87 | 6.18 | 4.54 | 3.74 | 3.33 |
| 安踏 | 营业收入（亿元） | 166.92 | 133.46 | 111.26 | 89.23 | 72.81 | 76.23 | 89.05 | 74.08 | 58.75 | 46.26 |
| 安踏 | 存货／营业收入（%） | 13 | 10 | 9 | 10 | 9 | 9 | 7 | 6 | 6 | 7 |
| 中国动向（Kappa） | 存货周转率（次） | 2.08 | 2.69 | 3.03 | 2.98 | 2.99 | 2.53 | 4.4 | 7.16 | 6.9 | 8.61 |
| 中国动向（Kappa） | 存货（亿元） | 3.21 | 2.55 | 2.26 | 2.06 | 1.83 | 2.87 | 4.04 | 2.56 | 2.23 | 2.32 |
| 中国动向（Kappa） | 营业收入（亿元） | 13.53 | 15.01 | 14.69 | 12.62 | 14.14 | 17.72 | 27.42 | 42.62 | 39.7 | 33.22 |
| 中国动向（Kappa） | 存货／营业收入（%） | 24 | 17 | 15 | 16 | 13 | 16 | 15 | 6 | 6 | 7 |
| 宝胜国际 | 存货周转率（次） | 2.45 | 4.19 | 2.57 | 2.28 | 2.04 | 2.44 | 2.44 | 3.34 | 3.3 | 2.86 |
| 宝胜国际 | 存货（亿元） | 55.89 | 44 | 39.1 | 41.79 | 44.24 | 41.44 | 28.07 | 18.34 | 21 | 17.57 |
| 宝胜国际 | 营业收入（亿元） | 188.33 | 162.36 | 144.66 | 138.67 | 124.39 | 152.74 | 122.43 | 111.3 | 92.68 | 79.94 |
| 宝胜国际 | 存货／营业收入（%） | 30 | 27 | 27 | 30 | 36 | 27 | 23 | 16 | 23 | 22 |

注：（1）以上数据为上市公司公布的财务年报，所列数据为企业整体数据，货币为人民币。（2）宝胜国际的财年为每年的 10 月 1 日到次年的 9 月 30 日，且 2008 年到 2014 年的原财务年报货币单位为美金，笔者以 7 为汇率统一换算成人民币。

从表11-2可知，运动行业的存货周转率普遍高于表11-1中的各细分行业，包括鞋、户外品牌、时尚女装、休闲装、快时尚品牌等。表11-2所列的三个品牌为本土运动品牌的代表，宝胜国际虽不是运动品牌公司，却是各大运动品牌公司的核心分销商之一。运动品牌经营模式以"分销商为主、自营为辅"，光看品牌公司的库存和存销比率不能完全代表该品牌的状况，大部分库存其实在各分销商那里。

李宁品牌经历了2008～2011年的三年高增长后，从2012年开始处于疲软状态，曾经的国产运动品牌老大地位渐渐被它的竞争品牌安踏取代。安踏虽然在2012年业绩也有所下滑，但是它仅仅用了三年的时间就迅速调整过来，从2015年开始爆发式的增长。营业额增长的过程也是它的库存增长的过程，但其2017年166.92亿元的营业额与21.55亿元的库存对比其他男女装、休闲装企业，并没有什么风险。

中国动向是意大利品牌Kappa在中国的所有者，中国动向买断了Kappa在中国的经营权，曾经风靡一时的"背靠背"品牌，因其丰富的颜色一度成为运动时尚品牌的代表。它的下滑并没有等到2012年，而是在2011年就开始了关店潮和业绩下滑，直到2017年其营业收入已从最高时的42.62亿元跌到2017年的13.53亿元，存货与营业额逐年增加，进入恶性循环。

运动品牌公司的高存货周转率和低存销比率并不完全代表行业的状况，还要看它们的分销商。宝胜国际的存货周转率一直在2～4次之间，虽然不如运动品牌公司，但也高于表11-1中其他品类的企业。宝胜国际的存销比率却一直处于20%以上，从2012年之后逐年增长，2017年的库存已达到55.89亿元。

## 第二节 善用科技提升运营效率

迫于巨大的库存压力，服饰企业一直在探索提升运营效率、降低库存的方式，这个领域的佼佼者当属西班牙品牌 ZARA 所属的 Inditex 集团。迄今为止，ZARA 的"快速反应"模式已成为多数有实力的大型服饰公司探索和追求的方向。

ZARA 的竞争优势来自对信息与科技的灵活运用，公司的发展建立在速度、个性化、供应链管理以及信息分享的基础上。它可以做到全球门店每周补货两次，一年有 12 000 种不同的设计。

过去，模仿 ZARA 模式是提升运营效率的方式之一。而今，在互联网和电子商务技术发达的中国，在创新技术企业和传统企业的共同努力和推动下，中国的服饰企业开始探索更多提升运营效率的方式，并逐步颠覆传统的订单模式，真正做到从源头降低库存风险。

## 一、O2O 提升库存周转效率

O2O（Online to Offline）模式是指将线下的商务机会与互联网结合，让互联网成为线下交易的平台，又被称为"全渠道模式"（Omni-Channel）。走在探索 O2O 模式前列的企业既有像优衣库这样的国际品牌，也有以美特斯邦威、歌莉娅、朗姿、以纯等为代表的中国本土品牌。

优衣库的 O2O 模式是"门店＋官网＋天猫旗舰店＋手机 App"的多渠道布局，通过这个布局，企业可为消费者提供更好的购物体验。消费者在安装 App 后，既可以随时浏览上架新款，查找门店和打折信息；也可以通过 App 直接购买，坐等送货上门；还可以在门店消费时使用手机扫码付款。

绫致时装的 O2O 模式是"公众号＋门店＋平板电脑 App"，自2013 年 6 月起，以经营 ONLY、VERRO MODA、JACK ＆ JONES 和 SELECTED 四个品牌为主的绫致时尚公司，通过与腾讯微生活的战略合作开始实现私人定制的 O2O 战略。绫致利用微信的"公众号＋微购物平台"做入口，实现营销、新品宣传、门店位置查询、手机购物等功能。同时，绫致还专门开发了安装在平板电脑上的App，让门店的每个销售人员都多了一个私人导购的角色。顾客在看中某件衣服后，可以在线与自己的私人导购预约时间，被预约的私人导购会提前准备好商品和试衣间，这样不仅减少顾客到店的时间成本，同时让顾客感受到私人服务的优越性。

还有一些扎根传统多年的企业，其实并不因循守旧，而是主动出击，近年来开始主动拥抱变化，使用C2M（Customer to Manufacturer，消费者对工厂）+O2O模式。

成立于1995年的红领集团，在初创期以生产和销售高端男士西服为主，现已转型为集生产、销售、配送及售后服务于一体的男士西服"个性化定制"平台。它的转型正是使用了C2M+O2O模式，建立订单提交、设计打样、生产制造、物流交付一体化的酷特互联网平台。通过这个平台，全球的客户都可以在网上参与设计，提交个性化正装定制需求，数据立即传送到工厂形成数字模型，并完成生产。C2M+O2O模式有效地实现了消费者与制造商的直接交互，通过消除中间环节导致的信息不对称和种种代理成本，彻底颠覆了现有的商业规则和生产模式，创造了全新的商业理念。

O2O模式给时尚买手提升商品运营效率带来的好处如下：

（1）打破渠道间的界限，实现各渠道共用一盘货，可减少备货。

（2）借助各渠道优势增加销售机会，同时大大地降低门店间的调拨频次，节约物流成本和减少商品生命周期浪费。

（3）全渠道创新促销玩法提升促销效率，有效地降低销售过程中滞销款的库存。

（4）O2O发展为C2M模式后，减少期货订单量，从源头上解决库存问题。

（5）在全渠道模式下，通过进一步与企业的客户关系管理（CRM）系统对接，让时尚买手对消费者的分析和判断更准确。

（6）时尚买手可借助线上渠道实现以前线下渠道难以实现的对款式的

测试问题，进而增加买货的准确性，降低库存风险。

（7）提升时尚买手的工作效率。在传统模式下，时尚买手对产品知识的培训和分享方式为面对面加上发送邮件资料等。在全渠道模式下，时尚买手可以将产品培训资料放到企业内部 App 上供所有销售人员随时学习，无须组织面对面培训。

## 二、大数据提供消费者分析

如果说 O2O 是商品运营端的提升，那么大数据对时尚买手的帮助就是从买货源头提升准确性和效率。

时尚买手对大数据的应用如下。

（1）通过对消费者的大数据进行分析，对消费者进行精确分类，再对其购物行为进行分析，将分析结果用于时尚买手的采购行为中，可提升时尚买手对畅销款式判断的准确率。

在没有大数据前，时尚买手为目标消费群采购商品，但那个阶段的目标消费群是一个大范围的划分和描述，比如"年龄 18～35 岁的年轻消费者""热爱时尚的消费者"等。

当有了大数据的支持后，对消费者的分析被称为"消费者画像"，时尚买手通过大数据分析知道经常购买本品牌的消费者为"年龄 18～35 岁的年轻消费者，他们平常喜欢在互联网上购物，经常购买的运动品是耐克和阿迪达斯，经常购买的电子产品的品牌是苹果，他们一年花费在购物上的消费额平均为 1.5 万元"。

由此可见，大数据下的"消费者画像"，就像一张照片一样摆在时尚买手面前，时尚买手看到画像，就清楚地知道应该为他们选择什么样的商品，以及定在什么价位、选择多少等。

（2）通过大数据了解消费者的前链路及后链路购买趋势，可引导跨品牌、跨品类之间的合作。比如 A 品牌准备退出一个跨品牌产品系列以增强品牌活力。在没有大数据以前，A品牌要么如大海捞针般寻找合作品牌；要么找咨询公司做市场调研，分析A品牌的消费者除了喜欢消费A品牌外还喜欢消费哪些品牌。当有了大数据的支持后，A品牌通过大数据了解到，在购买A品牌的消费者的前链路、后链路购买趋势中以C品牌、D品牌为主。大数据不仅提升了A品牌的分析效率，更大大提高了其分析结果的准确性。

（3）利用社交媒体进行数据挖掘，获得更精准的消费者数据，实现与消费者一对一的关系。

社交媒体上的数据是最真实和最生活化的数据，那么时尚买手如何使用所挖掘的社交媒体数据呢？关于行为方面的数据让时尚买手更恰到好处地锁定细分市场，更贴近顾客，真正做到一对一的关系。对社交媒体数据的运用对于服饰企业终端零售市场营销活动有增强效果的潜力。

目前拥有最庞大用户群的社交媒体有微信、微博，同时不断涌现出一些垂直平台社交媒体，比如以花椒直播为代表的各种直播App、以知乎为代表的知识分享平台、以懂球帝为代表的足球爱好者App，各类型社交平台如雨后春笋般活跃在人们的生活中。

（4）利用天气预报数据改进买货预测，前文讲过天气对服饰企业的影响不可忽视。过去在时尚买手的买货逻辑中，默认每年相同季节的天气变化很小。但事实上，某一年的天气与第二年相似的时间只有大约三分之一，这是很多时尚买手都忽略的问题，他们没有意识到因为这个差异，会导致买货偏差。

以现在的科学和数据存储便利性，时尚买手想获得历史天气数据非常容易，可以去专门的天气网站查询。有的企业在记录门店客流的时候也记录了每天的天气数据，这些数据和销售数据一起存储在企业的ERP系统中，时尚买手随时可获得历史天气数据。

对于未来的天气数据，时尚买手可以通过气象网站获得一些预测的数据，当然，任何预测数据都不会百分之百准确。时尚买手要做的是，通过历史数据和预测数据的对比，决定当季商品销售的波段，预估商品销售周期等。另外，时尚买手还可以在预测数据的基础上做出更好的规划，以增加天气敏感产品的收益和利润。

## ·案例11-1：时尚买手商品运营的十大误区·

大多数时尚买手的职业旅程都经历过时尚买手助理的职位，在做时尚买手助理的时候他们最重要的工作内容就是协助时尚买手从事商品运营的工作。因此时尚买手们认为商品运营对他们而言早已是熟能生巧的技能，按照自己的习惯管理商品不会出什么问题。这也是在每次订货会前时尚买手做大量的分析和总结，都是针对过去的订货逻辑进行剖析，却很少对商品运营的得失进行总结，并用于下一次的采购指导的原因。

造成这种现象的原因除了时尚买手们认为商品运营只是日常事务性的工作，并不需要太多技术含量外，还因为很多时尚买手并没有意识到应该用什么标准去检查商品运营的结果。他们普遍认为，决定时尚买手是否可以完成当季考核指标的因素是采购，因为采购在先，买对了就获得事半功倍的结果，买错了几乎就等于被宣判了"死刑"，商品运营对结果产生的影响难以用KPI进行量化。

第三章所讲的时尚买手工作的黄金原则"5S原则"是检查商品运营效率的最好工具。比如在"5S原则"中影响正确地选品的因素，不仅包含在采购时选择正确的商品，也包含在分货时将正确的商品分给正确的门店，以及在日常调拨时给门店调入适合该门店销售的商品等。

以下就是用"5S原则"检验出的商品运营的十大误区。

**一、采购比运营重要**

时尚买手商品运营的第一个误区就是认为采购比运营重要，甚至有些时尚买手用"二八定律"定义他们的工作：20%靠运营，80%靠采购。这看上去是个靠谱儿的解释，因为所有人都认同"买决定了卖"，买对了就成功了一大半。

然而，被人们称为"误区"的正是看上去正确实际不正确的事情，在时尚买手的工作中"重采购轻运营"是态度上的误区。实际经验告诉我们，即使时尚买手买对了但运营没有做好，也未必能获得成功；相反，即使时尚买手买错了，如果运营得当，一样有机会获得成功。

某品牌买手在新品上市两周后，发现该季采购订单有很大的问题，订量最深的SKU在上市后并没有被市场接受，周销量没有进入前十名。反而是一个订量并不深的SKU卖得很好，排在周销售第一名。

面对这样的状况，时尚买手敏锐地意识到问题的严重性，她迅速安排了市场走访，去终端了解销售不好的真正原因。她发现其中一个SKU卖得不好是因为生产的板型与订货时的样品板型有偏差，另外两个SKU卖得不好是因为消费者普遍认为款式很喜欢，但价格太贵。

接下来时尚买手组织了与销售团队和培训团队的会议，在会议上她分析了滞销的原因和库存状况，并针对现状做了以下几个运营决策：

（1）对板型有问题的款式，策划一个"提供免费改衣"的活动，为消费者提供免费改衣的服务，让消费者购买无后顾之忧。

（2）针对几款高单价商品策划"买赠促销"，消费者购买指定商品可获得某件赠品。同时，对门店员工设定销售奖励，鼓励他们销售指定SKU，每售出一件可获得额外现金奖励。

（3）对销售最好的SKU预估其销售周期，挑选出替代款式，由培训团队向门店宣导替代款式的卖点。

当季结束，由于时尚买手的反应迅速和运营决策及时，最终弥补了采购的失误，在季末核算时三个考核KPI中有两个达标，销售额和库存都完成目标，只是毛利润的达成率只有98%，因为那几个订货最深的SKU提前进入打折期，损失了部分毛利润。

通过这个案例我们可以看到，商品运营和采购对于时尚买手的成功来说缺一不可，时尚买手在认知上应保持对两者同等程度的重视。

### 二、在分货时同一个 SKU 铺得越多门店的销售机会越大

有这样的时尚买手，他们在采购时按照单店采购的逻辑下了采购订单，有些 SKU 的订量不深，在采购时计划只为部分门店铺货。到开季前做分货的时候，时尚买手似乎一下就有了"健忘症"，面对每个 SKU，他们只有一个信念——"多铺几家门店，就多几个被展示和销售的机会"，于是，对每个 SKU 都尽可能多地分到几家门店，对订量深的 SKU 在每家门店都铺货后，尚余 30% 左右的库存留仓用作补货，对订量不深的 SKU 则全数铺到门店，无留仓库存。

这种分货方式的风险在于，当商品上市后，销售好的门店通常过一两周就会出现断码的情况，这时，如果仓库能直接对门店进行补货，则是效率最高的补货方式，不仅节省时间也节省物流成本。而如果是分货时被全数铺到门店的 SKU，则需要从其他门店调货给需要补货的门店，不仅需要更长的时间也更浪费物流成本，对于被调货的门店来说，或许那些商品才刚到门店，还没有经历试销期就被剥夺了销售的机会，一进一出浪费的不只是物流成本，也会增加该类门店的运营工作。这种分货方式还会打乱订货时的单店订货逻辑，改变支持每家门店销售的商品架构和库存情况。

这个例子中的另一个风险是商品运营改变了采购计划，最终的销售结果也因此发生改变。在下一次采购前进行数据分析时，时尚买手分析的对象是这次被改变过轨迹的采购订单的销售结果，这容易造成对某些款式的误判，影响采购决策。

"在分货时同一个 SKU 铺得越多门店的销售机会越大"的观点是商品运营的误区，时尚买手首先应遵循原本的单店订货计划进行首次分货，当商品上市销售后，及时根据销售情况进行调整即可。比如，某个 SKU 上

市两周后销售表现不佳，时尚买手可考虑将留仓的库存马上分给首批分货没有分到这个 SKU 的门店，以尝试增加销售机会。

### 三、按照采购订量铺货

近年来，部分品牌为探索提升商品运营效率的方法，开始尝试将商品按照采购订单直接配送到门店的方式。在这个运营策略中，直接使用采购订单作为分货单，减少时尚买手的分货工作，同时因为商品直接按照订单送往门店，这既可以保证完全按照订货计划进行上市，避免前文所述的误区，还能提高商品上市销售的速度，减少商品进入零售商仓库进行再次分货的时间。

这个运营策略的优点很明显，但是每一个尝试过的企业暴露出的问题都是门店频繁出现"爆仓"状况。因为大多数品牌的采购频次都是一年四次，门店的采购订单是供其销售三个月的订货量，尽管有按照上市波段发货，但仍然会出现门店的仓库容量无法完全容纳到货数量的情况。

完全按照采购订量铺货还意味着所有的库存被分配到门店，而企业仓库中没有库存，当销售过程中各门店有补货需求的时候，或者要做门店商品结构调整的时候，或者有临时新开门店的时候，时尚买手都只能依靠门店间的调拨完成这些商品需求。

合理的铺货逻辑是在确保 SKU 宽度按照采购计划分到各门店后，对 SKU 深度应按照安全库存逻辑铺货，将铺货剩下的库存留在企业仓库中，用于补货。铺货和补货库存的比率以 60%：40% 到 70%：30% 为佳。

### 四、上市要早，下架要晚

"5S 原则"之正确的进度表原则对商品运营的影响是，时尚买手应控制商品上市的节奏，应按照不同的波段持续推出新品，以此吸引消费者不断光顾。

时尚买手在下采购订单时已计划好每个 SKU 的上市日期，大多数品牌安排的上市波段都是每半个月有一次新品上市。服饰企业以期货制为主，采购订单几乎在商品上市前半年确定，供应链根据订单交期排单生产。有的企业对供应链管理强势，按照不同的上市波段安排生产和交货期；有的企业无力控制供应链，一般是整张订单中不同交货期的SKU同时到达仓库。

当不同波段的商品同时到达品牌公司或分销商仓库之后，时尚买手既可以严格按照计划的上市日期安排商品上市，也可以不按照计划一次性将已到的SKU全安排上市。

面临这样的选择，对品牌形象要求严格的品牌公司买手会按照计划安排新品以不同波段上市，而对于分销商买手来说，他们认为越早上市，商品获得的销售周期越长，可售出的数量更多，获得的销售额更大。他们会选择第一时间安排所有的新品上市。

认为商品在门店销售的时间越长就越好的时尚买手，在面对商品下架的节奏时也持有"能晚则晚"的态度。

时尚买手认为"上市要早，下架要晚"，看上去可能是站得住脚的观点，但从实际操作角度看却是一个误区。按照这个逻辑，新品只要到达仓库就安排上市，供应链交货日期集中，门店就集中在某一天上市新品，在之后一个月甚至超过一个月的时间里可能都不再有新品上市。这样做还可能出现的结果是，第二个波段的市场款在第一个波段上市后销售迅速，当品牌公司的市场活动铺天盖地地推出时，该款商品在门店中已所剩无几，这会带来不好的消费体验。另外，到该换季的时候，时尚买手舍不得让前季商品下架收仓，以为多在门店停留一段时间可以增加销售机会，但其实这些"过季"商品在季末的时候已是销售疲软期，消费者更青睐和迫切等待的是新品，这时还强留"过季"商品在店中，就有点鸡肋了。

### 五、促销就会伤害品牌力

在促销这件事情上，有的时尚买手，尤其是品牌公司买手总是表现得过于谨慎，在他们看来，促销就是打折，打折就是降价，降价就会伤害品牌形象，就会把品牌的消费者培养为不促销就不消费的消费者。有这种看法的时尚买手，在商品运营过程中往往表现为反应迟缓和运营方式单一。

笔者曾遇到过这样的品牌公司买手，当时他被多家门店投诉说没有及时安排商品促销，导致门店连续几个月完不成销售业绩。笔者根据门店的投诉深入了解后得知，当时该品牌正处于品牌转型期，品牌原本只是在电子商务网站上销售，刚刚开始开设实体门店，时尚买手的想法是想建立和线上完全不一样的品牌形象，因此控制了门店的销售折扣。

笔者在了解完情况后，给了时尚买手以下两条建议。

第一，寻找一个不伤害品牌又好玩的促销方式，尝试做一次既可以为门店引流，也可以提升门店销售转化率的促销。随着零售业的发展，以及互联网与传统零售的不断融合，促销方式早已不只降价、打折这些简单粗暴的玩法，随之而来的还有像会员营销等会增加消费者粘性的促销方式。这种促销不仅不会伤害品牌力，反而会增加消费者对品牌的忠诚度。

第二，在适当的时候要抓住可以打折的时间果断打折，或者创造可以打折的时机。对于简单粗暴的打折促销方式，若选择时机得当也不会影响品牌力半分，比如每年两次的打折季，夏秋换季的打折季和冬春换季打折季是各大品牌最佳的清货时机，在这期间加入打折的行列不仅不会伤害品牌，反而会刺激消费者的消费行为。创造打折机会是给一个合理的理由，让消费者认为这次打折是千载难逢的机会，比如一年一次的会员专场折扣。

### 六、越晚加入促销越好

关于促销还有一个常见的误区是，时尚买手认为最好做促销的跟随者，等别人先开始促销，看看效果再决定要不要加入。他们认为这既能保证促销的效果，又能比其他品牌多几天高毛利销售的机会。

认为越晚加入促销越好的时尚买手，通常都是不敢主动操盘商品运营的时尚买手，喜欢做市场的跟随者，很少主动出击做商品、市场的主导者。时尚买手要时刻盯着市场,快速反应,这要求时尚买手带领自己的品牌成为市场的主导者。

对于促销的时机,时尚买手首先应根据自己所负责品牌的销售进度、库存情况、毛利目标来计划何时促销,以哪种方式促销;然后看市场当时的竞争状况,随时结合市场调整促销计划,以获得最好的促销效果。

当时尚买手发现当季销售指标达成遇到挑战,并且有几个订货很深的SKU销售未达预期的时候,可以提前将这几个SKU纳入促销清单。当竞争品牌加入促销行列并对自己品牌产生影响的时候,时尚买手可以调整促销策略,保持与竞争品牌同等的竞争力。

**七、畅销款谁卖得快就给谁卖**

时尚买手的日常补货逻辑是先大店后小店。大店是指销售额高的门店,小店是指销售额低的门店。大店对销售额的贡献大,时尚买手在补货时优先满足大店的需求。

大店的销售特征是:SKU的动销率高、畅销款的销量高。门店SKU的动销率是指在一定时期内门店产生销售的SKU数与门店总SKU数的比值。动销率越高说明门店商品流转的效率越高。大店的SKU动销率高,意味着各种SKU在大店中都有销售。

小店的销售特征是:SKU的动销率低,大部分SKU都不产生销售,依靠小部分SKU的销售支撑门店的业绩。小店的畅销款和大店的畅销款几乎一模一样,因为畅销的款式无论在大店中还是在小店中都好卖。

商品运营的另一个误区就是关于畅销款的调货,当大店和小店都需要畅销款的时候,如果还坚持谁卖得快就给谁卖的原则,就会将畅销款从小店调入大店,这就是"舍小保大"的现象。小店的营业额低,畅销款的销售速度自然没有大店快。大店得不到畅销款的补货,可以找到替代款式重新培养畅销款,但如果小店失去了畅销款,其营业额将得不到支撑,到下一季采购的时候时尚买手参考营业额订货,小店的订货额进一步降低,能订到的畅销款的数量更低，从而陷入业绩越来越差的恶性循环中。

如果小店尚没有关店的计划，时尚买手就应在畅销款上给予小店一些扶持，帮助小店逐渐扭转业绩的颓势，而不应该做"落井下石"的事情，将畅销款调往大店。

### 八、调拨太频繁

时尚买手对门店的商品有绝对的管理权，门店从定价、促销到分货、补货、调拨，都是按照时尚买手的指令进行的。在大多数时候，时尚买手都是在办公室里根据数据完成这些指令，每周最多有一天时间去门店走访，了解终端情况。

时尚买手在调拨上的另一个误区是"调拨太频繁"。比如，某个SKU在A门店上市两周后没有产生销售，第三周在做调拨的时候时尚买手将该SKU的部分尺码调往产生过销售的B门店，到第四周的时候A门店的这个SKU也产生了销售，时尚买手又从C门店调货给A门店。同一个SKU在A门店出出进进，每一次调拨都会增加A门店员工的工作量，并且一出一进既浪费了物流资源，也浪费了这部分库存的销售机会。

类似这样的例子早已不是个例，而是常常被门店抱怨的案例。时尚买手因为各种原因让部分SKU的调拨太过频繁，不仅没有帮助门店销售，反而增加运营负担、延误销售时机。

时尚买手应避免商品运营中的这个误区，在每一次调拨时都留意上一次的调拨情况，以避免出现上周刚调出、这周又调进的情况。另外，时尚买手应加强自己对各门店销售的判断，让调拨做到"稳、准、狠"。随着科技的发展，时尚买手有机会借助系统的记忆和提示功能，事先为系统设定逻辑，当系统判断时尚买手的调拨违背某些逻辑后自动阻止或者提示，从而让时尚买手减少无效调拨。

### 九、零调拨

零调拨，即不做调拨。曾经有一个非常知名的品牌探索过零调拨的运营模式。该品牌之所以尝试零调拨，首先是因为该品牌认为自己是知名品牌，有足够的品牌力做到商品在哪家门店消费者就在哪家门店，品牌可以做到影响消费者，而无须迎合消费者；其次是因为该品牌认为调拨是在浪费时间、人力、物力和财力。

该品牌的这个零调拨计划看上去理由很充足，在运营了一段时间后却发现这只是一个"美好的愿望"，结果是"理想很丰满，现实很骨感"，只坚持了一季马上就改回到原来的调拨模式。

在实行零调拨后该品牌遇到的问题如下：

（1）大店的畅销款迅速售罄，而仓库没有补货，大店的业绩目标难以达成。守着一盘没有流动的"死货"，大店不得不提前进入折扣期，虽然保住了营业额目标，但毛利率却比同期低了很多。

（2）一开始由于每家门店根据自身情况决定促销，因此一时间同一个商圈的不同门店所做的促销不同，影响消费者体验。后来改成统一促销、统一折扣后，因不同门店的库存水平和销售目标达成进度不同，促销的效率大大降低。

（3）小店动销的SKU有限，滞销的SKU折扣降到最低仍然没有销售。而这些SKU在其他门店中却有需求。

面对这些现实，零调拨很快被证实在商品运营上是行不通的误区。

### 十、参照别的品牌设定安全库存周数

门店安全库存是指在下一次补货到达门店前，门店持有的可满足日常销售需求的库存量，一般以周为单位。该安全库存可供门店销售的周数，被称为门店的安全库存周数。

安全库存周数是时尚买手商品运营的重要参考指标，时尚买手关注整盘商品或者单个门店的安全库存周数，将其作为补货依据，而SKU的安全库存则被用作是否需要补货的参考指标。

某家门店设定的安全库存周数是4周。时尚买手用现有的库存除以

上周销售量，计算出目前每个SKU可供销售的周数，将之与4周做对比，低于4周的SKU需要进行补货，补货的目标是补足可供销售4周的库存。

安全库存的使用误区是对安全库存目标设定的误区。最常见的就是将其他品牌设定的安全库存周数作为本品牌的安全库存周数。

这种做法非常不可取，即使是非常类似的品牌也不可以直接使用对方的安全库存目标为本品牌的目标。正确设定安全库存目标的技巧如下：

（1）影响安全库存目标的因素是本品牌的运营能力和门店的送货频次。运营能力强、送货及时的企业，对门店可设定相对较小的安全库存目标。

（2）畅销款的安全库存目标应略高于其他款式的安全库存目标，畅销款的流转速度更快，需求量更大，设定更高的目标可获得更多的备货。

（3）当仓库已无货可补，需要调拨时，门店单个SKU的安全库存目标应在原有目标基础上提高。因为调拨的效率低于从仓库直接发货补给门店的效率，门店要获得补货需要等待更长的时间。

| 第三部分 |

# 不同类型时尚买手
# 的实操技巧

# 第十二章
## FASHION BUYER
# 品牌集合店买手的实操技巧

  品牌集合店是零售业态发展的产物，也是零售业进步的标志，中国零售市场上出现品牌集合店业态已有多年，虽不曾"大红大紫"，但也没有倒退消失，历经十年，存活下来的都是兢兢业业、深耕零售业的专业门店。经历了大浪淘沙，未来必将有品牌集合店的春天到来。为什么笔者会这么认为？我们先从品牌集合店的特征说起。

  （1）品牌集合店由同品类多个品牌组合而来，或者由风格相似的跨品类品牌组合而来，在同一个门店提供给消费者更多的选择，满足消费者多样化的需求特性。同时，品牌集合店让消费者感受到在一家店里"淘货"的乐趣。

  （2）品牌集合店提供的一站式购物体验，让消费者不用东奔西走也能买到自己喜欢的商品，并且随时可以对比不同品牌的商品特征，获得销售人员全方位的介绍。

（3）品牌集合店可以改进单品店产品风格、选品单一的弱点，通过不同的品牌组合、商品组合规避单个品牌创新设计乏力的风险。如果某个品牌的设计团队在某一阶段的水平不稳定，就会影响这一时期该品牌的风格稳定性和创新能力，这对于经营该品牌的单品店来说是致命打击，而多品店不会受太大影响，它们可以调整采购策略，将该品牌的 OTB 降低，投资给创新活跃的其他品牌。

（4）单一品牌的产品线都有强弱之分，单品店的经营是发挥强项、扶持弱项。而多品店经由时尚买手合理组合，不仅可以做到产品线、商品组合的强强联手，还可以实现品牌强强联手，发挥各自的功能和作用。一家新开的多品店在起步的时候名不见经传，但是因为有一个时下最火的品牌入驻，就会吸引一批忠实顾客和看客。因此，经营多品店可以不用花大笔营销费用做市场推广，正所谓"酒香不怕巷子深"，多品店是巷子，里面的品牌有没有影响力就是能不能引来客流的关键。

知道了品牌集合店的好处，再结合目前零售市场消费升级、新中产阶级兴起、购买力加强等特征，零售市场对品牌集合店的需求就应运而生。

前文讲过，品牌集合店时尚买手是所有时尚买手中对专业技能要求最高的，因为品牌集合店时尚买手面临的挑战比单品店时尚买手大很多。

（1）品牌集合店的经营面积有大有小，作为实体店，它可陈列的 SKU 宽度仍然受空间的限制。并且在同时经营多个品牌时，如何将空间合理地分配给各品牌，发挥每个品牌在门店中的效益是最大的挑战。

（2）品牌集合店的商品采购同时由多个时尚买手协同完成，每个时尚买手负责一个或者超过一个品牌的采购和商品管理。如何让多个时尚买手达到平衡，而不是互相争抢或者挤压是管理的重点。

（3）多个时尚买手同时负责商品运营，容易让品牌集合店的商品管理失去统一性。例如，同一时间 A 品牌在做促销，而 B 品牌没有做促销；A

品牌和 B 品牌转季的时间节点不一样，上新品的节奏也不一样。

（4）品牌集合店内经营的品牌有多少个，时尚买手们就要面对多少个品牌公司。每个品牌公司对作为分销商的品牌集合店有不同的要求，品牌公司的代表定期走访品牌集合店，定期和时尚买手开会。品牌公司的代表在走访品牌集合店时，如果看到他们的品牌在品牌集合店中销售的位置、经营状况不符合他们的预期，就会给时尚买手施压。作为品牌集合店的经营方而言，时尚买手既要保持与各品牌公司良好的合作关系，又要把握自己品牌集合店的经营效率和独特性的策略，这也是一种挑战。

（5）时尚买手在参加各品牌的订货会时，每个品牌都有当季战略和当季主推，如果是单品店的时尚买手，则按照品牌公司的策略进行采购被视为合理的采购策略。但品牌集合店时尚买手有时候不得不把品牌公司的话当"耳旁风"，在采购时采用"弱化品牌公司的市场战略，强化单个商品的魅力"的策略。因为品牌集合店时尚买手除了负责采购品牌商品以外，还肩负提升品牌集合店的品牌影响力的责任，他们更看中品牌集合店的品牌效应。品牌集合店时尚买手的挑战是如何应对品牌公司的各种销售策略。

（6）品牌集合店内的仓库由各品牌共享，品牌集合店时尚买手还面临后仓分配的问题。如何让后仓被合理利用，需要各时尚买手有足够的专业度和很强的商品运营能力。

（7）前文在单品店时尚买手的采购技巧里特别强调了商品组合中的搭配性，同一个品牌的风格统一，很容易做搭配。但对于品牌集合店里的多个品牌，要考虑品牌间的单品可搭配性。

（8）品牌集合店的优势是向消费者提供一站式购物服务，是不是品牌越多越好，商品越全面越好？品牌集合店时尚买手还要面临品牌组合、商品组合的边界问题，受实体门店的容量的限制，时尚买手必须确定组合的边界是什么，品牌组合或商品组合不会无限制发散，也不会过于集中。

带着这些问题，本章将从品牌集合店的品牌组合角度、商品订货角度、商品运营角度进行解惑。

## 第一节 品牌集合店的品牌组合策略

影响品牌集合店成功的关键因素是品牌组合和商品组合。品牌组合是商品组合的源头,被认为是迈向成功的第一步。

时尚买手在进行品牌组合决策前,应对各品牌有充分的了解,了解的内容包含多个方面。

(1)品牌历史及核心文化。品牌集合店的文化由店内各品牌的文化共同组成,准备引进品牌的品牌文化是品牌集合店文化的一部分。品牌集合店的边界是各品牌文化组合的边界,从品牌集合店文化共性和多品牌角度出发,两种文化互斥的品牌不宜组合在一起。合理的组合方式应是各品牌间既有交集又有差异的组合方式,如图12-1所示。

图12-1 品牌集合店中品牌文化的关系

(2)品牌的商品组合特点。商品组合是品牌对文化的呈现,各品牌的商品组合包含该品牌提供哪些品类的商品、有什么系列、有什么畅销款式,以及提供新品的频率等。

(3)商品的价格带。让各品牌的核心价格带与品牌集合店的目标消费者的购买价格带一致。

（4）对品牌核心消费者的分析，包括年龄、爱好、消费习惯、收入等。

（5）品牌合作条件：是买断还是寄卖，订单模式是期货订单还是现货订单，进货折扣和结算方式等。综合分析这些条件，便于计算所引进品牌的利润空间和风险等。

组合品牌就像搭积木，不同的策略、不同的搭法搭出来的品牌集合店有不同的气质、不同的美感。

## 一、"取长补短"的组合方式

"取长补短"，顾名思义是取各家之长补各家之短，这种组合方式可以让品牌集合店的经营更均衡。在这方面最具代表性的品牌集合店是C.P.U.。

C.P.U.的案例在前文中已经提过，它是 Cool Planet Unity 的缩写店名，C.P.U.品牌集合店的定位是国际时尚潮流精品店，目标顾客群体为18～40岁的时尚先锋，以学生、艺术家、设计师、都市白领、商务人士等热爱潮流文化、热爱生活、有个人穿衣风格的年轻人为主。

C.P.U.的品牌组合如表12-1所示。

表12-1 C.P.U.的品牌组合（核心品牌）

| 品牌名称 | 品牌风格 | 核心文化/称号 | 引入商品品类 |
| --- | --- | --- | --- |
| Birkenstock | "舒适"与"时尚"相结合的"潮人必备品" | "健康鞋王" | 鞋，且以拖鞋为主 |
| Dr. Martens | 传承朋克文化，成为街头时尚的风向标 | 酷靴 | 鞋，且以靴子为主 |
| 红翼 | 外观设计自然流畅，时尚经典，加上高品质、高耐用度等品质特征 | 鞋中之王 | 鞋，且以靴子为主 |
| Duckfeet | 品质结实耐穿且舒适透气 | 世界上每一双Duckfeet都是独一无二的 | 休闲鞋 |

(续)

| 品牌名称 | 品牌风格 | 核心文化/称号 | 引入商品品类 |
|---|---|---|---|
| Kangol | 首创贝雷帽风格 | 顶级帽品 | 配件：帽子、包 |
| Blundstone | 环保舒适，可以每天穿着的靴子 | "内柔外刚" | 童鞋 |
| Reef | 激情而时尚 | 具有深厚的海洋、沙滩文化，备受滑浪、帆船、沙滩运动爱好者的青睐 | 配件：帽子、背包 |
| Rubber Soul | 具有舒适透气、富有弹性、内置弹力鞋舌和轻巧便携的特性 | "做一个理想的休闲鞋履" | 休闲鞋 |
| Jimmy Black | 以随性与舒适的SOHO风，充分展现自信、自主、自傲和自命不凡的态度，塑造品牌自我的独特个性 | "WE DARE. 我敢" | 休闲鞋 |
| RabuRabu | 多样化的设计风格：张扬而不夸张，个性而不另类 | "摇摇鞋" | 时尚女鞋 |
| El Naturalista | 舒适环保的鞋款 | | 休闲鞋 |
| Gingerlily | 波西米亚风格 | | 时尚女鞋 |

从表 12-1 可以看出 C.P.U. 中品牌间的取长补短策略如下：

（1）每个品牌都有自己的长处，无论是商品风格方面的、文化背景方面的还是经典款式方面的。例如贝雷帽的发明者 Kangol 品牌，又如"健康鞋王"Birkenstock 不仅健康舒适，更是享誉世界的潮流品牌，受到众多潮人的追捧。

（2）商品销售季节互补：Birkenstock 和 Dr.Martens、红翼等在销售季节上互补，前者的产品线以拖鞋为主，销售季节为春夏季，后者的产品线以靴子为主，主要销售季节为秋冬季。

（3）商品品类互补：Kangol 和 Reef 品牌是专业的配件品牌，为 C.P.U. 完善了配件品类，弥补其他品牌在配件方面的缺失、

（4）文化互补：C.P.U. 品牌集合店的核心文化是舒适和潮流，在共同特性之外各品牌还提供了来自世界各国的不同文化，Dr.Martens 传承了英国的朋克文化，Jimmy Black 带来的是美国 SOHO 区的自由文化，红翼是美国品牌中品质的象征。

(5)性别互补：C.P.U.品牌集合店中的多数品牌提供的都是男女通用的中性款式，而Gingerlily以纯时尚女鞋为主的品牌特性为C.P.U.注入了女性时尚的优美。

## 二、"一站式购物"的组合方式

过去追求"一站式购物"体验一般都是购物中心的目标，每一家购物中心都力求为消费者提供最完善的服务和最全面的品牌组合，让消费者逛一家购物中心就可以满足一家老小的"衣食"问题。因此，购物中心有超市，有餐饮，有销售珠宝和首饰的楼层，有提供给各个年龄阶段的满足男性、女性、儿童消费者的服装、鞋靴、配饰品牌。

随着零售业的发展和消费升级，追求"一站式购物"体验已不只是购物中心关注的焦点，零售商充分利用他们的资源，力求为目标消费群体提供"一站式购物"体验。这种购物体验会在未来零售市场中赢得更多消费者的青睐和关注。

采用"一站式购物"组合方式的品牌集合店以PLAY LOUNGE为代表。PLAY LOUNGE也被称为一种生活方式集合店。它创立于2013年，由赛伦盖蒂国际服饰（北京）有限公司创立。PLAY LOUNGE品牌集合店是近年来市场上少有的设计师组合店模式，其组合方式是与众多国外优秀原创设计师合作，吸纳和融合多元化的设计风格，并且提出"快速更迭、每款限量"的概念。

PLAY LOUNGE品牌集合店中的品牌涵盖服装、鞋、包、饰品、美妆、香薰、家居等丰富品类，以此搭建起全品类品牌、国内外设计师与中国消费者之间的桥梁。店内还有Super Coffee咖啡厅，让消费者在享受服装、鞋子、配件购物之余，可以坐下来享受一杯独特的维他命咖啡。PLAY LOUNGE品牌集合店打破传统的单一品牌、单一品类、单一场景模式，从消费者的生活、消费场景出发，通过引进各种品牌、营造不同环境等方式为消费者提供全新的"一站式购物"体验。消费者可以在PLAY LOUNGE的"起居室"里休憩，在"客厅"里约会，在咖啡厅里小聚，这里还有女孩们梦寐以求的衣帽间，让平日的生活场景更时尚和洋气。

"一站式购物"的组合方式为门店带来更好的顾客体验和品牌组合的多样性。

## 三、"强强联合"的组合方式

"强强联合"方式是将各品牌最强的产品线组合在一起，成为一家服务某个领域消费者的专业门店，这类门店以DEAL为代表。

DEAL是一家是以售卖知名品牌球鞋为主的品牌集合鞋店。"DEAL IN CITY"由几个志同道合的热爱球鞋文化的Sneaker于2005年创立，一直以推动中国Sneaker文化发展为宗旨，将国外的潮流文化吸收并加以改进。Sneaker原指运动鞋，在中国潮流圈内Sneaker指那些热爱运动鞋、热衷收藏运动鞋的爱好者们。那些拥有一定收藏数量的Sneaker被称为Sneaker Head。

DEAL潮鞋店自创立后，先后获得耐克中国、阿迪达斯、彪马等品牌的授权，售卖其限量版球鞋，同时DEAL创始人还从世界各国买回一些全球限量的潮鞋，丰富DEAL店的商品提供。作为一家潮鞋品牌集合店，DEAL发售某个品牌限量鞋的时候常常引来上千消费者彻夜排队。

在Sneaker眼中，DEAL一直保持着限量款发售的频次，永远有市面上的最新款，永远不会丢失个性潮流风格，这就是DEAL将各运动品牌"强强联合"所带给消费者的体验。

另一个"强强联合"的代表是香港连卡佛（Lane Crawford）和大小I.T门店，它们经营的都是高端品牌集合门店，有时以品牌集合店的形式开在某个购物中心中，有时以独立百货公司的形式开设。连卡佛在香港的多家百货公司中已成为重要的购物场所。连卡佛与老佛爷百货合作开设在北京西单商圈的老佛爷百货店,也是轻奢爱好者必去的购物场所。连卡佛和 I.T 引入的品牌组合是高端、精品时尚品牌,每一个品牌都有独立的优势和底蕴,甚至都是世界知名的中高档品牌。

### 四、"代理品牌 + 自有品牌"的组合方式

以"代理品牌 + 自有品牌"的方式组合品牌集合店,是提升门店毛利率最好的选择。代理品牌的毛利润空间有限,品牌公司给代理商的折扣是吊牌价格的 5～6 折,即使代理商不做任何折扣销售,毛利润空间也只有 40%～50%,除去员工工资、门店租金(或扣点)、运营成本等,净利润空间只有 10% 左右。而自有品牌一般都有 80% 左右的毛利率,如果零售企业在品牌集合店中加入自有品牌,则可大大改善门店的毛利润。

零售商将品牌集合店运营成熟后,都会考虑加入自有品牌。借助已经稳定的客流和知名度,自有品牌在加入品牌集合店之后很快融入其中,因为提供比代理品牌更优惠的价格和更高的性价比而获得消费者的青睐。I.T 集合店内就有它们的自有品牌 Issue、b+ab 等,这些品牌正是因为 I.T 集合店的名气和销售背景,才顺利获得高质量客群和忠实消费者,省掉创新品牌应该花的一大笔市场推广费。

## 第二节 品牌集合店的订货技巧

品牌集合店被称为最挑战时尚买手功底和实力的门店,只懂一种品类、只会单一品牌订货逻辑的时尚买手,未必能做好品牌集合店的订货。品牌集合店的独特之处如下:

(1)各品牌订货频次的差异性,有的品牌一年订货两次,有的品牌一年订货四次,也有的品牌一年订货六次,因品牌的不同而不同。品牌集合店买手们根据品牌公司的订货会时间表规划自己的行程。

（2）各品牌的订货会时间各不相同，同样是参加冬季商品的订货会，有的品牌在 7 月份召开订货会，有的品牌在 8 月份召开。

（3）参加各品牌订货会的时尚买手不同，一家品牌集合店有多个时尚买手，每个时尚买手负责不同的品牌。

（4）品牌集合店中各品牌可订货的宽度，远低于该品牌提供的产品线宽度，时尚买手要有"万里挑一"的慧眼，而不能均衡地买买买。

（5）各品牌都有自己当季的品牌故事，时尚买手在订货时要做决策，即是否需要把整个故事买入，这一点非常考验时尚买手的能力。

笔者根据品牌集合店经营经验总结出以下几条品牌集合店订货原则。

## 一、合理分配 OTB 原则

无论品牌集合店买手以何种频次参加订货会，在什么时间出差，只要他们拿到确认的 OTB，就不会影响订货会之旅。品牌集合店 OTB 的制定比单品店复杂，先由各品牌采购的时尚买手计算自己负责的品牌的 OTB，报给采购部负责人，再由时尚买手经理或者总监确认各品牌最终的 OTB 分配金额。

各品牌的时尚买手计算 OTB 的方式参照第六章、第七章所述的方式，时尚买手经理或总监做 OTB 分配的技巧如下：

（1）先制定合理的门店目标，再将门店目标分配成各品牌目标，而不是先制定各品牌目标，然后加总得门店目标。因为品牌集合店始终以门店为整体经营单位，各品牌业绩只是门店业绩的一部分。

（2）建立各品牌的 KPI 考核体系，以便在分配 OTB 时有参考。

例 12-1：
在某品牌集合店中各品牌的同期销售占比如表 12-2 所示，今年业绩预估整体增长 5%，时尚买手采购 OTB 的销售目标应如何分配？

**表 12-2　品牌集合店中各品牌的同期 KPI**

| 品牌 | 同期 KPI | | |
|---|---|---|---|
| | 业绩占比 | OTB 占比 | 售罄率 |
| A | 30% | 30% | 56% |
| B | 21% | 24% | 50% |
| C | 21% | 18% | 60% |
| D | 8% | 8% | 56% |
| E | 7% | 7% | 55% |
| F | 6% | 6% | 56% |
| G | 3% | 3% | 57% |
| H | 2% | 2% | 50% |
| I | 2% | 2% | 59% |
| 合计 | 100% | 100% | 56% |

根据同期 KPI 初步判断各品牌本季采购 OTB 的占比，如表 12-3 所示。

**表 12-3　品牌集合店的 OTB 分配比例（第一版）**

| 品牌 | 同期 KPI | | | OTB 计划 | |
|---|---|---|---|---|---|
| | 业绩占比 | OTB 占比 | 售罄率 | 占比 | 备注 |
| A | 30% | 30% | 56% | 30% | |
| B | 21% | 24% | 50% | 20% | 低售罄，减少 OTB |
| C | 21% | 18% | 60% | 22% | 高售罄，高业绩占比，增加 OTB |
| D | 8% | 8% | 56% | 8% | |
| E | 7% | 7% | 55% | 7% | |
| F | 6% | 6% | 56% | 6% | |
| G | 3% | 3% | 57% | 3% | |
| H | 2% | 2% | 50% | 1% | 低售罄，减少 OTB |
| I | 2% | 2% | 59% | 3% | 高售罄，增加 OTB |
| 合计 | 100% | 100% | 56% | 100% | |

根据同期 KPI 决定是否继续投入原有比例的 OTB，品牌集合店中的各品牌面临的竞争环境比开设单品店更残酷，每一次订

货都将面临一轮"优胜劣汰"的挑选。当然，这一步得到的结果是第一版分配比例，最终OTB的分配还要继续考虑后面四个因素。

（3）无论各品牌是否有经典款、延续款，无论各品牌是否有统一的订货频次，品牌集合店的订货OTB都要使用滚动库存管理方式。将订货目标带入滚动库存计划中检验其合理性。

（4）充分了解各品牌当季给分销商的销售策略。如果通过谈判得到某些资源，则根据品牌公司提供的资源可酌情调整相关品牌OTB的占比。

（5）OTB总额制定需留有余地，这是为时尚买手在抵达订货会现场看货后留有调整的空间。如果时尚买手在看货后认为本季商品优出同期很多，则应调高OTB；反之，则可调低。

（6）全盘考虑多品店战略，例如是否有新引入的品牌，是否有品牌长期表现不好而考虑大幅削减订货，以及在什么时候彻底结束等，这些因素都会影响OTB的调整。

## 二、"1+1 > 2"原则

"1+1 > 2"原则是指在为多品店订货时时尚买手应做到共赢，使各品牌所提供产品线的效益最大化。如何做到共赢？时尚买手应在两个阶段把好选品关。

第一个阶段是看货和选款阶段。时尚买手在订货会现场看货和选款时，应充分理解品牌文化及了解品牌提供款式的市场潜力，避免其与多品店内其他品牌出现同质化款式。假如C.P.U.的时尚买手参加A品牌的订货会，该品牌推出一系列马丁靴款式，该时尚买手是否应该采购这个系列？答案非常简单，不可以。因为最正宗的马丁靴款式是由Dr.Martens

品牌提供的，C.P.U. 店中已有 Dr.Martens 品牌，A 品牌提供的马丁靴系列不仅同质化，还有模仿的嫌疑。

第二个阶段是订单调整阶段。多数品牌都会给时尚买手留出 1 个月左右的时间调整订单，单品店买手如果在订货会期间的效率够高，则后续调整的工作量不大，而多品店时尚买手则要充分利用订单调整阶段提升订单效率。时尚买手在订货会现场做的订单，是基于他们对现有品牌组合、商品组合的了解做的决策。当负责其他品牌的时尚买手也从订货会回来之后，彼此分享各品牌的当季商品，就会出现订单调整的空间，负责每一个品牌的时尚买手都懂得扬长避短的道理。

### 三、"突出核心款式"原则

"突出核心款式"原则是指以各品牌最核心，以最能代表该品牌 DNA 的款式为采购重点。

核心款式分为以下两种。

一种是品牌经典款式。这种款式既可能是延续款，也可能是经典款型推出的新颜色。这种款式的订货，首先要确保此类款式在门店中不会断货，无论是通过期货订单还是现货订单，都应保证其库存始终维持在安全库存水平。

另一种是品牌特色款式。这种款式是品牌已经获得市场认可的创新款式，时尚买手带着战略眼光选择这种款式，让特色款式成为品牌集合店中的亮点。

### 四、"优化产品线"原则

品牌集合店将各品牌最优秀的产品线集合在一个空间里进行售卖，这让品牌集合店的产品线比单品店的优化空间更大。时尚买手是优化产品线的关键人物，他们在组合品牌和订货时的决策至关重要。对于在订货会选

品时如何做到"优化产品线",时尚买手应注意以下几点:

（1）挖掘单品间的互补性，避免重复的款式，重点发现互补性的商品。

（2）根据各单品风格，挖掘品牌内产品的搭配性和不同品牌间单品的搭配组合。

（3）根据目标消费者的需求，从消费者穿搭场景的角度发现单品机会。

（4）优化单品生命周期，根据不同生命周期决定不同订单深度。

（5）充分发挥品牌集合店中自有品牌的灵活性，弥补产品线的缺失、优化产品线的利润等。

## 第三节　品牌集合店的商品运营策略

单品店时尚买手的商品运营以价格管理和库存管理为主，品牌集合店时尚买手除了对价格和库存负责外，还应关注门店空间的规划和参与更多市场营销方面的工作。从职位职能的角度看，大多数品牌集合店的时尚买手承担着品牌经理的工作。

### 一、合理的空间规划

品牌集合店的空间规划不再只是空间设计部门的工作，时尚买手的参与至关重要。因为每个品牌都有其独特性，最了解这些独特性的是负责它们的时尚买手。门店的空间规划既是为消费者服务，也是为商品服务的，是以将商品更好地陈列、展示给消费者为目的的行为。

合理规划品牌集合店的空间应包含以下几方面的内容：

（1）合理的"顾客动线"规划。"顾客动线"是消费者在进入门店后的移动轨迹，合理的"顾客动线"不仅可以避免门店出现死角区域，还可以延长顾客停留的时间，增加成交机会。拉长顾客动线，可增加商品销售机会。如果用人体比喻一家门店，那么顾客动线就像人体的血脉，血脉畅通则人体各项机能的效率达到最佳状态，如果门店某处堵上了，则影响的是附近品牌的销售结果。

（2）空间主题规划合理。每个品牌都有自己的核心文化和每季重点主题故事，这不应该被忽略。时尚买手要保持与空间设计部门和陈列部门的高效沟通，合理展现各品牌当季的主题故事，提升各品牌的空间使用效率。

（3）各品牌空间分配合理。各品牌的空间占比与时尚买手采购的商品占比呈正向变化关系。除此以外，品牌集合店在空间规划上还应保持高度灵活性，可根据季节因素、品牌产品线因素等，合理调整各品牌在门店中的陈列位置。以 C.P.U. 门店为例，在夏季陈列中将最好的位置留给以拖鞋为主的 Birkenstock 品牌家族，到了冬季这个区域就会换成以靴子为主的 Dr.Martens 和红翼品牌。

（4）充分抓住橱窗陈列和主推陈列区域，提升消费者的进店率。在开季前时尚买手与陈列部门充分沟通，确定当季陈列主题和主推品牌、主推商品等。

## 二、多样的促销策略

品牌集合店可使用多样的促销策略，各品牌既可以独立地进行单品牌促销方案，也可以充分发挥多品店的促销优势，进行联合促销、会员促销等。

联合促销，是指各品牌共同使用一个促销策略，比如全场满减、全场买赠、全场返券等方式，也可以是买 A 品牌商品享受 B 品牌促销优惠，或者同时购买 A 品牌和 B 品牌可享特殊优惠等。对时尚买手来说，做好联合促销最重要的是要清楚每个品牌对消费者的影响力，清楚在联合促销中各品牌分别担当的角色是什么。如果 A 品牌是市场知名度很高的品牌，而 B 品牌的知名度相对较低，则可以使用 A 品牌带动 B 品牌的促销策略。

会员促销，是指以多品店会员为促销对象，让其同时享受所有品牌促销待遇的促销方式，从而培养消费者对多品店的忠诚度和消费粘性。

品牌集合店的时尚买手应保持每周沟通的内部会议制度，即使是单个品牌的促销也应让其他时尚买手清楚，以确保多品店管理的统一性。时尚买手负责人对整个门店的促销策略负责，时尚买手经理要制定品牌集合店整体的促销策略，负责协调各品牌时尚买手的行为。

## 三、灵活的库存管理技巧

品牌集合店的库存管理工作内容和单品店一样，同样包含铺货、补货、调拨、清货几项，只是品牌集合店时尚买手在库存管理技巧上需要更灵活、反应更快，既不能墨守成规，也不能等到季末积压大量库存时才想到清货，而是要步步为营，有节奏地控制好库存水平。

铺货。和单品店一样铺货是决定成败的关键第一步，多品店除了在铺货时将正确的商品铺给正确的门店外，还应充分考虑店内其他品牌的上市节奏，以协调本品牌新品到店的时间和频次。品牌集合店的新品铺货计划先由负责各品牌的时尚买手制定，再汇总给时尚买手经理，由时尚买手经理综合评估和确认后才会实施。作为多品店的时尚买手负责人，时尚买手经理会平衡整个门店的新品上市波段和换季时间等。

补货。品牌集合店在销售过程中的补货除了有从仓库补货、从其他门店调拨补货、从品牌公司补货外，比单品店更灵活的是，品牌集合店不会过度依赖单个 SKU 的补货是否成功，一旦某个品牌的畅销款断货，很快就可以从店内其他品牌中找到替代款式培养成新的畅销款。

调拨。多品店之间的调拨既包含各品牌之间的补货需求调拨，也包含门店间不同品牌的调拨，这种打破门店原有品牌占比的调拨策略，一般由时尚买手负责人决策。为了避免各品牌的买手同时针对某一家门店进行产品调拨的情况，时尚买手负责人会为每个门店、每个品牌设定安全库存水平，时尚买手在安全库存数值附近完成调拨工作。

清货。品牌集合店的清货节奏和速度比单品店更快，因为品牌集合店单款的订货深度没有单品店深。快速流转是品牌集合店的核心运营策略，对上市1个月后销售表现不好的款式，可判断为滞销款，立即开始有计划地清库存，因为只有将它们清掉才能为后面上市的SKU提供陈列空间。这种快节奏的商品管理模式，可以保证品牌集合店的商品活跃度，以此提升消费者的回头率和复购率。

### 四、整合各品牌市场资源

品牌集合店中的品牌多数都是代理品牌，品牌公司有各自的市场推广方案和资源。品牌集合店的时尚买手应保持与品牌公司关于市场推广的沟通，争取更多市场资源。

来自品牌公司的资源包含以下两种：

（1）市场资源，市场营销能力强的品牌公司的市场推广资源，可提升品牌集合店的客流和知名度，比如耐克、阿迪达斯等运动品牌定期发售的限量鞋款，每次都会引来消费者的排队。这种饥饿营销策略不只是引起表面上看到的发售当天的盛况，在发售前消费者会因为发售信息前往门店询问和登记，从而增加品牌集合店的客流，让品牌集合店获得更多的销售机会。时尚买手一边向品牌公司争取更多的有市场营销价值的商品，一边争取更多的品牌公司的推广资源，比如将他们的门店信息加入到品牌公司的推广信息中，以此获得免费的门店推广机会。

（2）品牌公司的道具支持、店内海报支持、灯箱支持等资源，可以帮助多品店提升门店形象。

# 第十三章
## FASHION BUYER
# 电子商务时尚买手的实操技巧

电子商务时尚买手根据他们服务的企业性质的不同分为电子商务平台买手和电子商务品牌买手。

电子商务平台买手也被称为甲方买手,与传统行业中的百货公司买手类似。电子商务平台是提供销售平台的一方,通过直接与品牌公司合作,或者与品牌的分销商合作,在自己的网站上销售该品牌的商品。

电子商务平台买手就是为电子商务平台引进时尚品牌和采购时尚商品的时尚买手。亚马逊的自营服饰产品线采购人员,就是亚马逊平台的时尚买手。电子商务平台买手是电子商务时尚买手的先驱。早期电子商务B2C平台通过招募传统行业的时尚买手,组建电子商务平台自己的时尚买手团队,这些时尚买手与传统行业中的各大品牌谈判,将它们带到电子商务平台上开展电子商务渠道业务,这批时尚买手也是探索电子商务时尚买手工作流程的先行者。目前存活下来的电子商务平台数量有限，因此电子商务平台买手的人数也不多。

当大多数品牌开始开展电子商务业务后，电子商务品牌买手成了电子商务时尚买手的主力军。电子商务品牌买手有两个特点：第一点是他们为品牌公司或者品牌公司的分销商服务；第二点是他们采购的时尚商品在电子商务渠道中进行销售，因此他们被称为电子商务品牌买手。电子商务品牌既包含只从事电子商务业务的品牌，也包含开拓电子商务销售渠道的传统品牌。前者是从事电子商务的先驱企业，后者已成为电子商务业务的主力军。目前两者正处于互相融合、互相探索彼此的业务模式的状态。诞生于电子商务业务的电子商务品牌经过原始积累后，纷纷开启了实体门店业务的探索。这类品牌以裂帛和七格格为代表。而传统品牌在电子商务业务发展得如火如荼的时候，也不得不打开线上销售的大门。

电子商务业务与传统行业的差异性，使得电子商务时尚买手在工作流程、经营策略上都与传统行业的时尚买手有所差异，这也是本章要专门讲解电子商务时尚买手实操技巧的原因。

对时尚买手来说，电子商务作为创新渠道，与传统分销渠道之间的差异如下：

（1）商品的展示方式、展示空间不同。传统门店商品展示效果的提升可通过门店装修、灯光、道具等方式进行烘托，电子商务商品展示效果的提升则通过静物拍摄、视频拍摄方式获得。传统门店的商品展示受空间约束，容量有限制，而电子商务的商品展示无此限制。

（2）竞争环境不同。传统门店的竞争环境以同楼层的相似品牌为主，或扩大到同商场、同商圈；电子商务的竞争范围更广，整个行业的所有平台都在同一个竞争环境中。竞争环境的差异就导致两种渠道在竞争方式上的不同，传统行业以品牌影响力、商品力和终端服务等为核心竞争力；电子商务行业的核心竞争力则体现在价格、配送效率上。

（3）客流来源不同。传统门店的客流来源主要由商圈客流、商场客流和品牌核心消费人群构成；电子商务的客流来源是电子商务平台的访问量和商品的点击量。因此，两种渠道的获客方式也有很大差异。

（4）销售时间不同。传统门店的营业时间从早上10点到晚上10点，个别商场周末会延长营业时间至11点。因此传统门店一天的营业时间最多为12个小时或13个小时，与电子商务行业的24小时不打烊、全年无休相比，是非常有限的营业时间。

（5）消费者体验不同。传统门店最大的优势是可以为消费者提供面对面服务和试穿服务，以及由购物环境和销售人员服务带来的其他购物体验，电子商务虽然也在探索线上试穿服务，但至今仍未有很好的效果。

我们清楚了传统门店和电子商务的差异，接下来就看看时尚买手应如何应对这些差异。

## 第一节　电子商务平台的商品策略

电子商务平台的时尚产品线包含服装、鞋靴、配饰、箱包、珠宝等，有的平台会把运动和户外作为独立的品类划分。电子商务平台买手的职责就是负责这些品类品牌的引进、商品采购、商品运营。其中品牌引进和商品采购属于选品工作，也是本节所要讲的商品策略。

### 一、"大而全"的选品策略

"大而全"的选品策略是指时尚买手在进行时尚产品线规划的时候，遵循"四全"原则：

（1）品类齐全，提供所有细分品类的商品。比如，服装的细分品类中的大衣、短大衣、外套、背心、裙装、裤装、裙裤、衬衫、连衣裙、毛衣、羽绒服等。

（2）品牌齐全，指引进的品牌尽可能多。

（3）SKU齐全，在采购时对品牌提供的SKU尽可能多地采购。

（4）尺码齐全，在采购时对品牌提供的每个尺码都应采购，尤其针对传统门店不愿采购的极端尺码，电子商务平台也要提供。

为什么电子商务平台需要"大而全"的选品策略？

电子商务业务渠道覆盖的消费者是遍布全球任何可以上网的角落的消费者。如此广泛的消费群体对商品的偏好千差万别，不应该被圈定，电子商务平台应尽可能多提供一些选择，满足更多人的需求，因此需要不同品类的商品、不同的品牌、不同的款式，甚至不同的尺码。

再者，电子商务平台对产品的展示不受时间、空间限制，提供再多的SKU商品都可以上架销售。

## 二、"优先品牌直供"的货源

电子商务平台获取所销售品牌商品的货源渠道有以下几种：

第一种是直接与品牌公司合作，获得品牌方的授权，在电子商务平台上销售，被称为品牌直供。

第二种是和品牌公司的分销商合作，通过分销商渠道采购该品牌商品进行销售。

第三种是开放第三方平台，由第三方提供该品牌商品在电子商务平台上进行销售。

在中国电子商务业务的发展过程中，各个平台在选择商品来源方式上各有所长，这取决于平台自己所处的发展阶段。在刚开始开展电子商务业务的时候，很多品牌公司不愿意与平台合作，而平台为了业务发展的需要不得不找到品牌公司的分销商与之合作。当平台的知名度变大、流量变大后，与分销商合作的货品来源已不能满足消费者需求，同时毛利率也不如品牌直供好，因此平台会选择与品牌直供合作。

无论在哪个发展阶段，"优先品牌直供"一直是亚马逊的原则，原因有如下三点：

首先，可以避免非品牌直供引起的授权风险。虽然非品牌直供的供货商是品牌公司的分销商，但他们或许并没有获得品牌允许开展电子商务业务的授权，与他们合作存在授权风险。

其次，与品牌直供合作货源更稳定，且可能获得更好的进货折扣。当电子商务平台与品牌直接合作后，可享受与其他分销商同等的供给资源，在进货折扣和产品线上更有优势。而与分销商合作的供货是不稳定的，分销商都会在优先保证他们传统门店的销售后才把多余的库存卖给电子商务平台。同时，分销商从品牌公司处获得的进货折扣一定不是他们销售给电子商务平台的折扣，他们要加几个百分点后再卖给电子商务平台。

最后，当电子商务平台与品牌公司达成战略合作后，平台不仅成为该品牌的合法销售渠道，还可以获得品牌更多的资源。比如，通过建立品牌网络旗舰店，电子商务平台既可以为平台消费者提供更好的消费体验，还可以向品牌收取每年高达几十万元的旗舰店服务费。

## 三、"利润最大化"的合作方式

电子商务平台与供货商的合作方式有以下三种：

（1）经销。电子商务平台作为供货商的经销商之一，对所有订单商品买断经营，对销售利润和库存负责。对电子商务平台来说经销的好处是，平台可以根据自己的战略决定花多少采购金额、采购多少款式、采购哪些款式，以及采购哪些尺码等。经销的弊端是平台要承担所有买断商品的库存。

（2）代销。电子商务平台与供货商签订代销合同，供货商提供的商品送入电子商务平台的仓库，由电子商务平台负责商品的上架销售和发货等服务。电子商务平台将未销售完的库存退还给供货商，对已经销售出去的商品，电子商务平台与供货商根据合同签订的比例进行分成。对电子商务平台来说代销的好处是，不用承担库存风险；代销的弊端是无法控制供货商提供的产品线丰富度和提供商品的时间节奏。

（3）卖家模式。供货商自助在电子商务平台上进行商品上架、销售、发货等，库存也不进入电子商务平台的仓库，所有的经营行为都由卖家自行完成，平台只收取百分之几的平台使用费，这种方式被称为卖家模式。对电子商务平台来说卖家模式的好处是可以快速增加选品丰富度，符合"大而全"的选品策略。卖家模式的弊端是卖家自助经营模式让平台无法控制商品展示照片的质量，以及存在商品质量风险等不可控因素。

以上三种合作方式几乎是每个电子商务平台都同时使用的方式，时尚买手选择合作方式的依据是"利润最大化"原则。电子商务时尚买手决策合作方式的技巧有以下几种：

（1）与品牌知名度高、影响力大的品牌以经销方式合作，这类品牌拥有大量的已有消费者和潜在消费者。经销可以由平台自己控制经营的规模，平台早期需要知名品牌所带来的稳定客流，同时这类品牌也是销售的主要来源；经销可以让平台的销售不受品牌供货的限制，平台可以通过OTB规模与品牌公司谈判，获得更好的供货折扣或更长的结算账期等条件。

（2）对部分品牌可以采用经销与代销相组合的合作方式。对期货商品采用代销方式，平台不承担库存风险；对过季库存采用经销方式，平台以很低的折扣买断这些库存，即使以较低价格销售仍有可观的毛利率，品牌公司也不会介意平台的销售价格过低。这种灵活的合作方式如果运用得当，不失为一种让电子商务平台和品牌公司共赢的合作方式。电子商务平台既降低了出售新品的风险，又可通过低价采购和低价销售扩大销售规模。适合这种策略的品牌是品牌力正在下滑，但曾经很有知名度的品牌，面对这种品牌，如果采用百分之百经销模式反而有风险，采用经销与代销相组合的合作方式，既可以降低风险，也能增加电子商务平台对品牌方的谈判力。

（3）对规模不大、每季提供的商品SKU数不多的品牌，可优先选择代销模式，这样既可以保证销售运营的质量，又不用承担库存，其销售规模也不会因为代销受到影响。

（4）对于没有知名度的品牌、新创品牌、销售规模很小的品牌等，在平台时尚买手顾不过来的情况下，可以引导它们成为第三方卖家。

## 第二节  电子商务平台的运营策略

电子商务平台买手的考核指标，除了与传统行业时尚买手一样的KPI：营业额、库存、毛利润外，还包括他们的选品目标和转化率等。

亚马逊给时尚买手设定的目标中包含要引进多少个品牌，以及要提供多少个有库存的SKU（亚马逊的SKU是到尺码的最小商品单位）。

第十章所讲的传统行业时尚买手的商品运营是基于各门店商品的管理，而电子商务与传统行业的商品运营有很大的区别。电子商务平台买手既不需要花费精力在商品的调拨上，也不需要通过调拨实现商品的快速消化，他们的工作是花费大部分的精力在网站商品运营和提升消费者体验上。比如，提升客流转化率、制定合理的库存和促销管理等。

### 一、提升客流转化率

有人形容客流量（Traffic，简称客流、流量）是电子商务平台的生命，这样的比喻一点都不过分。从电子商务在中国兴起和发展的近十年时间来看，这十年无不是流量的红利期，各大电子商务平台似有"得流量者得天下"之势。电子商务平台的客流量来源主要有以下三类渠道：

（1）自主访问，多为网站回头客，或者通过其他渠道获知网站地址直接访问的流量，自主访问流量的特点是成本低且精准。尤其是回头客流量，不需要网站付任何费用，有很高的转化率。

（2）站外引流，指电子商务网站市场部通过互联网的其他渠道为网站带来的流量。站外引流的方式多种多样，大部分都是付费流量，不同的引流方式付费的成本也不同。常见的站外引流方式有：向搜索引擎购买关键词、社交网站营销（SNS 营销）、电子邮件营销（EDM 营销）、即时通讯营销（IM 营销）、软文营销等。

（3）传统媒体引流，指向传统媒体投放广告获得流量。比如投放电视广告、纸媒广告、户外广告牌广告等。

无论是在传统行业中还是在电子商务行业中，引流都是市场部的主要工作职责，但对电子商务平台买手来说，提升网站客流和提升客流转化率也是他们的工作职责。提升客流和提高客流转化率相互关联、相互影响。当时尚买手对平台客流数据进行深度分析，提升选品精准度后，可以提升平台客流转化率，以及提升消费者粘性和复购率，复购的消费者就是平台最优质的直接访问客流，所以时尚买手也增加了网站客流。

电子商务平台买手提升客流和提高客流转化率的实战技巧包含以下几个方面：

（1）选品，永远被电子商务平台买手放在第一位，包含：提供丰富的品牌、SKU、尺码等，以满足更多消费者的需求；提供优秀的商品组合，以增加网站的竞争力，比如"爆款+引流款+利润款"的组合，既可以增加网站流量，还能保证销售额和利润。

（2）关键词，时尚买手与市场部紧密合作，选择正确的关键词策略。虽然市场部可以获得关键词的搜索数据，并以此进行关键词投放为网站引流，但时尚买手是商品的主导者和流行趋势的购买者，他们可以为市场部提供更多关键词投放建议。如果时尚买手预测流苏将是下一季流行趋势，并且采购了足量的流苏商品，在开季前，市场部逐渐增加对"流苏"这个关键词的投入，就可以为网站带来精准的流量，精准的流量意味着更高的流量转化率。

（3）促销活动的策划，无论是对传统行业还是对电子商务行业而言，促销都是聚集人气的最好机会。传统门店因促销带来高客流，但往往很难做到与高客流同等水平的转化效率，经常出现越是促销，成交率越低于平常的现象。原因是传统门店的空间有限、销售人员的最大接待能力有限等。电子商务平台不受时间、空间因素的影响，也不过分依赖客服人员的接待和服务，因此并不会因为高客流而降低成交率。只要时尚买手策划的促销活动足够有吸引力，就可以在提升客流的同时，保持或者提升客流转化率。

（4）网站页面的合理分流，指对网站资源的合理分配。电子商务网站的客流包含打开网站时的主页面流量和从主页面点击进入二级页面、三级页面的流量等，就像在传统百货商场中，如果消费者要购买一件童装商品，他先到达百货商场，从百货商场入口进入商场，通过楼层指引图知道童装品牌在商场的5层，于是他乘坐电梯到达商场5层进行选购。

电子商务网站从主页面到各次级页面的客流量呈递减趋势，因此应合理分配主页面各资源位的资源投入，以提升入站客流的停留时间，从而提升次级页面的转化率。以奥运会期间为例，时尚买手策划所有运动品牌的组合页面为首页广告投入，以吸引更多体育品牌爱好者停留和点击进入二级页面，这好过只有单独某个运动品牌的推广的资源分配。

（5）详情页页面的优化，指优化展示商品属性的详情页页面。详情页做得越精细，就越能吸引消费者，也越能提升消费者静默下单的概率。电子商务的静默订单是指消费者通过浏览商品详情页，无须咨询客服人员即完成下单的订单。好的详情页无异于拥有一个优秀的导购人员，既能提升客流转化率，也能减少客服人员的投入成本。随着电子商务的发展，详情页的展示从最初的"文字+图片"模式，已提升为"文字+图片+语音+

视频"模式。详情页的优化除了展示方式的优化外，还应注重内容的优化，包含内容的丰富度、准确性、图片和视频的质量等。

（6）精准的内容营销是提升客流转化率的利器，随着电子商务网站选品的不断丰富，消费者在选择上需要更多的引导，这也是内容营销变得很重要的原因。

## 二、库存管理技巧

电子商务平台买手不需要像传统行业时尚买手那样进行门店库存管理，甚至连商品入仓、发货和仓库间商品的调拨都由其他部门负责。这是否意味着电子商务平台买手不需要对库存负责，或者认为时尚买手不需要在运营过程中进行库存管理呢？

回答当然是否定的，电子商务平台买手根据其行业运营的特性，对库存的管理比传统行业时尚买手更数字化、系统化和逻辑化。

（1）合理使用自动补货系统进行库存管理。

电子商务网站的自动补货系统与前文讲到的某些传统零售公司的自动补货系统类似，传统行业采用根据现有库存和门店已经产生销售的SKU进行"销一补一"的补货逻辑，而电子商务网站可根据现在SKU已经产生的销售数据和已经产生的商品点击量进行库存需求的预判，通过计算逻辑生成补货订单，将订单自动发送给供货商。供货商根据自动补货系统的订单进行备货和送货，真正实现了系统化采购模式。

对于使用自动补货系统补货的商品，时尚买手初次采购入仓订单时可以降到安全库存数量，这既降低了商品运营的库存风险，也节约了平台的仓库存储空间。补货逻辑中包含消费者点击量，有利于提升市场预判，从而提升备货效率。补货系统定期向供货商发送采购订单，这意味着时尚买手从传统的一年几次大批量的期货采购，变为一个月几次小批量的分散订单采购，可以降低采购风险。

自动补货系统管理库存的优点是少量多批次，降低风险。但并不是所有的供货商都愿意配合时尚买手使用该系统。因为多批次采购是将备货库存风险转嫁给了供货商，多次送货也增加了供货商的运营成本。

使用自动补货系统的实战技巧：根据供货商所提供商品的品牌知名度、供货商的谈判能力、自己所在平台的谈判能力和商品运营情况等多个因素，综合考虑选择哪些品牌使用自动补货系统，或者仅针对某个品牌的某些商品使用自动补货系统，以及在系统中设定补货参数等。

（2）预售，真正实现零库存。

预售是指将某件商品以承诺交货期的方式提前进行销售。在预售期内消费者下单和支付，预售期结束后，时尚买手汇总所有的销售订单并进行采购。在理想情况下通过预售的方式可实现该款式的零库存经营。

因为预售要延迟给消费者发货，以及预售期限有限等因素，预售并不适合大多数商品和供货商。但时尚买手仍可以灵活运用预售模式，通过不同的预售模式获得更好的库存管理效果。在某个重大的促销活动开始前，采用预售的方式刺激消费者提前下单也是不错的选择，预售能快速累积该商品的人气和提升销售业绩。

预售的另一种玩法是测试新商品的市场反应。时尚买手通过预售和预售期间消费者对该商品的点击数据分析，可判断该商品的市场反应，从而做出正确的采购决策。

### 三、促销策略

第十章所介绍的促销方式同样适用于电子商务业务模式：打折、满减、返券、买赠、积分抵现金、会员优惠、抽奖、一口价等，这些促销方式在电子商务平台的促销系统中都可以实现，是电子商务平台买手们常用的方式。

本章内容从电子商务与传统行业的不同之处着手，着重讲述了电子商务平台买手的不同策略,在促销策略上电子商务平台买手的不同之处有以下几点。

(1)使用比价系统保持价格优势。

电子商务业务与传统行业相比,具有销售价格和促销完全透明的特点,消费者足不出户就可以随时查到同一件商品在不同平台上的售卖价格和正在进行的促销方式。正因为此,很多B2C电子商务平台使用了比价系统,以保证自己平台所提供的商品销售价格具有竞争优势。

比价系统是一个自动抓取目标网站商品价格并自动匹配最低售价的系统。它的工作原理是,系统针对本网站中点击达到一定数量的商品进行自动比价,比价的目标网站由时尚买手提前在系统中设定。系统抓取目标网站商品价格后,与本网站所售相同商品的价格进行比较,如果本网站价格高于对比网站的价格,系统自动调整本网站商品售价与售价最低的网站的价格进行匹配。

通过比较系统对商品销售价格进行管理不仅可以做到及时、精准,还能提升时尚买手在价格管理上的工作效率。但这同时也给时尚买手提出了更高的要求和挑战,因为比价系统能够抓取和进行匹配的只是目标网站的销售价格,并不清楚对方以此价格销售所获得的毛利润情况。如果电子商务网站既要一直进行最低价格的匹配,又要保证合理的毛利润收益,则时尚买手就需要与供货商谈判,以获得最优的商品采购成本,这样才能保证平台的利润。

为了避免恶性竞争带来的毛利损失,有的电子商务网站为其比价系统设定了毛利率权限,当毛利率低于时尚买手设定的某个值时,系统就不能进行自动变价,而是提出警示,由时尚买手判断是否进行价格匹配。

(2)使用价格管理系统灵活调整售价。

在日常运营管理中,电子商务平台买手的工作方式与传统行业时尚买手大有不同,传统行业时尚买手每周都要花时间离开办公室,走访市场,在工作中常用的系统也不过两个，一个调取数据源或者数据报告，一个做门店促销管理。而电子商务平台买手常用的系统接近十个，他们通过各种系统完成对订单、商品、客流的分析、追踪和管理。

电子商务平台买手常用的系统中有一个价格管理系统，时尚买手通过价格管理系统灵活地管理每一个SKU的每一个尺码商品的销售价格。这是与传统行业的不同之处，传统行业的商品销售价格以SKU为最小单位，即同一个SKU以相同的价格销售。而电子商务平台可以根据每个SKU中不同尺码的销售数据、库存数据、点击量等，综合判断以什么价格销售最合适，从而形成同一个SKU的不同尺码可能销售价格不一样的状况。这种根据各种数据分析自动调整销售价格的系统就是价格管理系统，它可以帮助时尚买手减少数据分析和手动设定价格的工作量，还能保证及时性、预判性。

通过价格管理系统管理价格，让价格调整更灵活、更有逻辑，这正是数字化管理下的电子商务运营模式。

（3）使用"秒杀"既清库存又聚客流。

秒杀是一种低价促销方式，指在某个特定时间段内针对指定商品提供超低销售价格的促销方式。"秒"所包含的意思就是特定时间段很短，通常不超过一个小时，因而被称为秒杀。"杀"则形象地描述了商品销售价格仿佛被杀价杀到最低的结果。"秒杀"提供的商品库存有限，销售时间段有限，且卖完为止，所以"秒杀"被众多消费者关注，成为一种能够瞬间聚集客流的促销方式。

（4）充分发挥平台多品牌特性的联合促销方式。

上一章讲了多品店的促销优势就是联合促销，对电子商务平台而言，每一个平台都是一个超大的品牌集合店，因此时尚买手应充分发挥各品牌联合促销的优势进行促销。

## 第三节　电子商务品牌的商品策略

电子商务品牌买手与电子商务平台买手一样，都是从事电子商务业务的时尚买手，被统称为电子商务时尚买手。他们的不同之处是服务的对象不同，电子商务平台买手为电子商务平台服务，就职于网站的自营商品采购部门。而电子商务品牌买手为品牌服务，就职于品牌公司电子商务业务部门或者品牌公司采购部。

正如前文所述，从事电子商务的品牌分为两种，一种是因电子商务诞生的被称为"淘品牌"的品牌；另一种是从传统行业拓展到电子商务业务的品牌。"淘品牌"的时尚买手是品牌的核心人物，有时会决定品牌的存亡，本节内容也主要针对该类品牌买手。而对于第二种品牌，电子商务只是一个新增的销售渠道，其商品组合和价格体系已经由品牌企划或者品牌买手统一规划，因此该类品牌的电子商务买手更侧重的是商品在电子商务平台上的运营管理。随着电子商务业务的日趋成熟，以及品牌在经营过程中对线上、线下策略的调整，一部分第二种品牌开始将电子商务的商品体系和价格体系从原有统一的体系中剥离出来，独立由电子商务买手规划。对于这种品牌的电子商务买手而言，其工作职能与"淘品牌"时尚买手很接近，本节内容也适用于这类时尚买手。

### 一、产品线策略

电子商务品牌的产品线策略与传统品牌有较大差异，差异源于它们不同的销售渠道、运营方式、竞争环境等。电子商务品牌的产品线策略包含以下七个方面：

（1）主题故事和系列必不可少，但重要程度不如传统品牌。商品的主题和系列是延续品牌核心价值和风格定位的重要载体，传统品牌通过商品组合、门店陈列和市场推广等强调当季故事和系列，并通过故事和系列强化消费者对品牌的认知和识别。在电子商务业务中，品牌较少通过故事和系列强化消费者对品牌的认知，而更多地依赖于单品对消费者的影响。因为电子商务无法像传统门店那样，按照空间美学调整出一个令消费者愉悦的购物环境，而只能通过照片、文字、视频等展示每个单品的外观、细节和卖点等。主题故事和系列对于大多数电子商务品牌来说很难被强化。

（2）上市波段要求更灵活、更丰富。前文讲过传统品牌的上市波段一般为一年4个产品季，每个产品季中有4～6个上市波段。对于电子商务品牌来说，新品上市不仅有利于吸引消费者回顾，同时还会影响网站平台的流量资源竞争，所以电子商务品牌要有更多频次的新品上架规划。电子商务品牌的上市波段不拘泥于传统行业的次数，而应该尽可能多地提供上市频次，采取更灵活的上市波段。

（3）传统品牌的商品企划注重商品组合，电子商务品牌的商品企划注重单品。传统品牌的商品组合可在门店中通过陈列起到"团队作战"的作用，电子商务品牌更需要单打独斗的英雄，这些就是被称为"爆款"的商品。"爆款"可以带来更多的流量，也可以提升流量转化率，从而获得更高的销售额和更多的毛利润。电子商务品牌的"爆款"效益远高于传统行业的"畅销款"，曾经有电子商务公司濒临倒闭，却因为一两个"爆款"而起死回生。

（4）单品间的可搭配性更强，电子商务网站对商品的陈列不像传统门店那样可以通过道具做组合陈列，只能以模特穿戴展示单品为主，因此单品间的可搭配性越强，模特展示的效果越好，就越能带动商品的连带销售率。

（5）可以规划色系，但不需要过分强调色系，也不需要为了色系完整而增加额外的投入。在这一点上电子商务品牌更务实。电子商务时尚买手要抓的是流行趋势，快速、准确地抓住当季流行颜色是电子商务品牌买手在颜色上的策略。

（6）根据品牌风格和板型规划尺码。由于电子商务平台至今没有很好的方式提供消费者试穿的体验，因此长久以来占据退换货比率最高的因素是尺码不合适。时尚买手根据商品的板型规划尺码范围，可降低退换货率。波西米亚风格的服装采用均码制好过分出大、中、小等尺码。

（7）既不追求"大而全"也不强调"少即是多"的宽度策略。"大而全"是电子商务平台的商品策略，对于电子商务品牌买手来说，他们的采购订单受OTB的限制，无法做到"大而全"，同时"大而全"的策略也不适用于品牌风格定位。"少即是多"是传统品牌在传统门店销售时的策略，把有限的OTB花在有限的SKU上，减少SKU就可以增加被选中SKU的深度，这也不适用于电子商务品牌。因为过分强调"少即是多"会增加库存风险，倒不如只将有限的OTB投入给"爆款"，然后将剩下的OTB用于增加选品宽度，以满足更多消费者的需求。

## 二、定价技巧

传统行业的定价主要考虑成本和价格带两个因素，是比较系统和稳定的定价方式，与之相反，电子商务品牌定价策略则更具有灵活性，但并不是灵活就不够严谨，电子商务时尚买手的定价比传统品牌拥有更多、更及时的数据支持，反而会更严谨。

（1）高于传统品牌定价毛利率的定价策略。电子商务最重要的促销方式是价格促销，这一特点从行业诞生以来从未改变过。提高商品初始毛利率的定价方式是大多数电子商务品牌都采用的定价方式，当初始毛利率设定得足够高时，新品上市就可以为消费者提供一个有吸引力的折扣，从而提升商品成交率。

（2）通过分析消费者购买数据，确定核心价格带。电子商务平台为品牌提供大量的消费者数据，既有本品牌消费者的历史消费水平数据，也有访问本品牌的消费者的消费水平数据，还有竞争品牌的消费者大数据等。时尚买手将目标消费者核心价格带确定为本品牌核心价格带，是不错的选择。

（3）有规律的价格结尾数字。有的电子商务品牌不注重价格结尾方式，采用多种结尾的价格，这很容易弱化消费者对品牌的认知，甚至认为这是一个"不正规"的品牌。比如，某品牌在200～300元价格带中使用了238、259、288、299等几个价格，不仅结尾没有规律，价格带的跨度也没有规律，很容易让消费者联想到定价的随意性。

（4）"爆款"的定价策略，提供全网最佳性价比的定价价格。成就"爆款"的因素既包含款式中的流行趋势、明星效应，也包含该款式在消费者眼中的性价比因素。对于"爆款"的定价应充分考虑性价比，以及全网中与竞争品牌的对比。"爆款"的定价也不要因为追求性价比而放弃毛利率，打造"爆款"的目的是为了盈利，而不是"赔本赚吆喝"。

可以舍弃毛利率定价的款式是"引流款"。这种款式可以"赔本赚吆喝"，它们存在的意义就是吸引客流，其定价策略是越低越好，甚至不惜牺牲毛利润，只是为了吸引更多的客流。

## 三、备货深度技巧

影响备货深度最重要的因素是OTB，要知道电子商务品牌的备货深度技巧，需先知道电子商务品牌OTB的计算技巧。

OTB由销售目标而来这个逻辑同样适用于电子商务时尚买手，不同的是传统行业对销售目标的预估方式不完全适用于电子商务。传统行业预估销售目标对同期销售数据的参考性很大，而电子商务除了参考同期销售数据外，还要考虑当季客流趋势、当季的获客成本和当季准备投入的市场推广费用等。

电子商务销售目标计算公式为：

电子商务销售目标 = 客流 × 客流转化率 × 客单价

在这个公式中,客流转化率是品牌转化客流的能力,客单价是品牌目标消费人群的消费能力,这两个 KPI 在一定时期内相对稳定,因此在预估销售目标时可以参考历史数据取值。

唯一不稳定的是客流,这也是电子商务与传统行业最大的不同之处。传统门店客流的变化依赖于商圈、商场、楼层的客流趋势的变化和门店位置、门店自身运营状况等,这些因素都不容易在短时间内被品牌主导发生变化,因此传统门店的客流、销售业绩都相对稳定。

电子商务门店的客流组成包含门店原有客流和新增客流。原有客流是购买过的老顾客、收藏门店的客流和从网站搜索过来的免费客流,原有客流相对稳定。新增客流是指通过市场推广方式获得的新客流,衡量获得新增客流所付出成本的 KPI 是"单客获客成本"。

电子商务品牌的单客获客成本,是指电子商务品牌每获得一个新客户所需要花费的成本金额。随着竞争激烈程度的增加,单客获客成本已从最初的几元涨到几十元,并且呈现越来越贵的趋势。

在上面计算销售目标的公式中,客流的计算公式为:

客流 = 原有客流 + 市场推广费 ÷ 单客获客成本

综上所述,电子商务品牌的销售目标计算公式为:

销售目标 = (原有客流 + 市场推广费 ÷ 单客获客成本) × 客流转化率 × 客单价

其中:市场推广费 ÷ 单客获客成本 = 新增客流;原有客流 + 新增客流 = 客流;(原有客流 + 市场推广费 ÷ 单客获客成本) × 客流转化率 = 成交笔数

当有了合理的销售目标规划后,电子商务时尚买手与传统行业时尚买手一样都先计算 OTB,再拆分 OTB,根据 OTB 拆分计算订单深度,也就是时尚买手们常说的备货深度。电子商务在备货深度上与传统行业也有不同,正如前文所述,传统行业时尚买手在判断畅销款式深度的时候会选取同期畅销款式的销售数据作为参考，而电子商务的备货深度却不能直接参考同期销售数据，尤其是对"爆款"的深度预估，应以客流预估值作为判断依据。

电子商务备货深度的技巧是选准"爆款"、下准"爆款"深度的技巧。对于其他款式的备货深度原则是由生命周期规划安全备货深度。"爆款"的深度要结合市场推广资源，同时还可以用预售的方式预测市场需求，以此增加"爆款"深度的准确性。

## 第四节　电子商务品牌的运营策略

电子商务品牌因所属电子商务行业的特性和品牌属性，其运营策略既要有电子商务平台买手的运营策略，又要兼顾传统品牌公司时尚买手的运营策略。

基于这样的特征，电子商务品牌买手的运营重点为：客流、体验、价格、库存。客流是电子商务业务的命脉；体验是品牌的根基；价格是调节利润和库存的杠杆，也是品牌的基础属性之一；库存是品牌经营永远无法回避的"双刃剑"。

前面已经分别讲解了传统品牌时尚买手的运营策略和电子商务平台买手的运营策略，本节不再重复有共性的内容，只针对电子商务品牌买手独特的策略进行分享。

### 一、全渠道运营策略

关于全渠道的概念第十一章已有过介绍，电子商务品牌买手的全渠道运营策略的核心是：促进线上、线下渠道的互动，通过资源共享让利润最大化，以及取长补短，建立共赢生态圈。

全渠道运营首先要面对电子商务渠道在全渠道中所扮演的角色正在发

生转变的问题。

在电子商务业务刚开始的时候,部分先试水的传统品牌把电子商务渠道作为一个纯粹的清货渠道,以极低折扣销售传统渠道积压的库存,当时传统品牌对电子商务业务也是遮遮掩掩的态度,害怕被分销商投诉。伴随着电子商务行业的发展,现在大多数品牌公司已经将电子商务列为与其他线下渠道同样重要的销售渠道,新品、旧品同时供货,实行统一的价格体系和订货体系。

另一类以电子商务起家的"淘品牌",最初也是以激烈的价格战冲出一片天地,在完成了原始资本的积累后,"淘品牌"开始布局传统门店,成为全渠道销售模式的品牌公司。转变后的"淘品牌"将由原来的价格战策略转向品牌经营策略,其原有的线上业务也将面临调整:一方面要摆脱价格战,建立品牌形象;另一方面还要靠电子商务的销售额和利润支持线下门店业务拓展所需的资金来源。

面对这两种品牌在线上业务的角色转变,时尚买手的运营决策将起到至关重要的作用。首先,在价格策略上应实现全渠道统一零售价,这是作为品牌的基本因素,并在运营过程中巧妙地选择促销时机,抓住每一次电子商务平台大促的机遇进行促销。

其次,电子商务渠道对于品牌而言不仅是一个重要的销售渠道,还可以成为比线下渠道更容易操控的品牌宣传渠道,尤其是运动品牌,通过手机 App 功能的开发,将销售与社群关联,形成非常强大的品牌力。品牌的主题活动在线下门店中进行推广的同时,也放在线上门店中进行推广,这样可以获得更大的影响力。

全渠道运营还可以取长补短,达到共赢的效果。线下渠道的优势是可以为消费者提供试穿服务,线上渠道的优势是品牌、商品可触达的消费人群不受地域、时间的限制,对客流的获得更精准和更可控等。两个渠道应保持互动,线上渠道为线下渠道引导客流,线下渠道为线上渠道提供试穿体验。

## 二、促销时间表

电子商务品牌除了要抓住电子商务网站的市场营销时间表以外,还应结合传统商业的市场营销时间表,充分利用资源,最大化地提升销售业绩和进行"稳准狠"的清库存行动。

电子商务网站的市场营销时间包含以下两种:

(1)年度大型促销,比如天猫的"双十一""双十二"、京东的"618"、亚马逊的"Prime Day"等,都是汇聚高客流的最佳时机。

(2)阶段性的促销,除了年终大促以外,每个月每个平台都在变着花样推出各种阶段性的促销。这些促销可以被认为是常规促销,虽然流量远不如年度大促,但也是提升客流和成交率的好机会。

传统行业的市场营销时间包含以下两种:

(1)节日促销,春节、元旦节、情人节、妇女节、儿童节、国庆节、中秋节等,有节日就有假期,有假期的消费者就有时间逛街购物,消费者逛街购物,商家就会想尽招数吸引他们。

(2)换季促销,随着季节的更替,产品季也随之更替,在季节更替的时候进行低折扣促销。一年中有两次力度最大的换季促销,被称为"Final Sale":春夏季结束的换季促销在七八月份,秋冬季结束的换季促销在12月至1月。

市场营销时间表对两种电子商务时尚买手而言都很重要,因此他们可以使用相同的促销时间表。表13-1是某电子商务平台的鞋类买手规划的2011年促销时间表,以此作为该平台鞋类品牌的全年促销指南,电子商务品牌买手根据自己的产品线选择各类活动参与促销。

从表13-1中可以看出,电子商务时尚买手的促销时间表既包含全渠道的营销事件,也包含行业热点事件,比如2011年的足球亚洲杯、田径世锦赛等赛事都进入了时尚买手的促销时间表。

表13-1 某电子商务平台鞋类买手规划的促销时间表（2011年）

| 2011 | 一月 | 二月 | 三月 | 四月 | 五月 | 六月 | 七月 | 八月 | 九月 | 十月 | 十一月 | 十二月 |
|---|---|---|---|---|---|---|---|---|---|---|---|---|
| 赛事 | 2011年足球亚洲杯 | 全明星赛 | 2011年欧洲-亚洲明星乒乓球对抗赛 |  | 2011年苏迪曼杯羽毛球赛 |  |  | 2011年田径世锦赛 | 2011年田径世锦赛 | 2011年田径世锦赛 |  |  |
| 促销 | 足球鞋特卖 | 全明星款篮球鞋热卖 | 训练鞋热卖 |  | 羽毛球鞋热卖 |  |  | 跑步鞋热卖 |  | 训练鞋热卖 |  | 冬季保暖鞋必备 |
| 常规促销 | 冬靴大集清仓 | 又到单鞋扮美时 | 行走户外，爱上你的呼吸 | 单鞋甩卖 | 新款篮球鞋特卖 | 至IN美鞋"潮"我足尖看-凉鞋专场 | 暑热季！用花样鞋点亮搭配 | 凉鞋热卖 | 户外出游必备 | 时尚女靴，冬季里的焦点 | 女鞋集结号 |  |
|  |  | 春季款运动鞋到店 |  | 春季运动必备跑步鞋 |  | 海边游-拖鞋专场 | 板鞋潮我看 |  |  | 时尚运动鞋大秀台 | 精英男鞋首选-让行走成为快乐 | 圣诞狂欢社交女王搭巧高跟鞋 |
| 传统节日 | 春节 | 情人节 | 女王节 | 清明节 | 劳动节 | 儿童节 | 七夕节 | 返校季 | 中秋节 | 国庆节 | 感恩节 | 圣诞节 |
| 促销 | 春节全场特卖集结号 | 呵护你爱的双脚 | 送给女王的礼物 | 选一双好鞋踏青去 | 劳动出游鞋相宜 | 童鞋热卖低至59元 | 燃情中国情人节 | 穿着舒适鞋回学校 | 中秋送礼鞋靴惊爆价 | 十一长假鞋靴热卖 | 感恩节送礼回馈 | 圣诞、新年大促 |
| 新品上市 | 冬款新品 |  |  | 春款新品 |  |  | 夏款新品 |  |  | 秋款新品 |  |  |
| 清货 | 冬靴、保暖鞋清货 |  |  |  | 单鞋清仓 |  |  | 凉鞋清仓 |  |  | 秋鞋清仓 |  |

## 三、电子商务营销新趋势

电子商务的营销新趋势就像长江里的浪花，一直保持着后浪推前浪的态势，一旦热点过去，前浪很快被拍死在沙滩上。作为时尚买手，不能因为这些趋势早晚会过时而不去研究它们，反而应及时尝鲜，将它们运用到商品运营管理中去，每一项新科技从推出到成熟，都是流量的红利期，电子商务的命脉就是流量，时尚买手怎么舍得不闻不问？

截止到本书书写时的电子商务营销新趋势已有：内容营销、直播、VR、IP 营销、OTO、移动端购物、抖音等。

内容营销，也被称为"可见即可买"，包含：软文营销，以及精准定位消费者的微博、微信、自媒体营销等。经营内容营销的网站有蘑菇街、美丽说、淘宝的"有好货""必买清单"等。

直播是一种"一对多的视频聊天"方式，直播的火热程度先是为做直播的主播们带去了丰厚的收益，渐渐直播也成为品牌营销的渠道，借助直播平台强大的客流和主播的粉丝群体进行营销也是不错的营销策略。

VR，虚拟现实技术，可以提升电子商务的现实体验感。

IP 营销，仅凭自身的吸引力，挣脱单一平台的束缚，在多个平台上获得流量的营销方式。

OTO，前文讲过，这是让线上、线下融合的营销方式。

移动端购物，手机 App 的开发加上智能手机的普及，让消费者随时随地都可以购物。

抖音，2016 年 9 月上线的一款音乐创意短视频社交软件，其上线后迅速蹿红，成为老少皆宜的 App。

**华章书院成立于2005年,专注于科技·商业·人文三大领域**

通过举办高端论坛、新书分享会、读书沙龙等线上、线下活动为企业及个人成长提供阅读解决方案。秉着以书会友,聚友兴业的宗旨,十余年来服务了数十万商界人士、创业者、高科技人员以及近千家企业。

华章书院拥有强大的嘉宾资源以及会员平台,嘉宾汇集了柳传志、陈春花、时寒冰、李开复、杨澜、稻盛和夫、拉姆·查兰、吉姆·罗杰斯、菲利普·科特勒、艾·里斯、杰克·特劳特、安东尼·波顿、威廉·罗兹、雷·库兹韦尔等行业内领军人物。

我们的合作伙伴在其领域内也堪称翘楚,有Intel、IBM、微软、阿里巴巴、腾讯、百度、华为、滴滴、德鲁克管理学院、盛和塾、正和岛等。

华章书院每年举办近百场线下活动,经过多年沉淀,在业界享有盛誉。书院会员遍布全国,聚焦了一大批企业家、创业者、管理者以及喜爱读书学习的进取人士。华章书院还拥有海量社群资源,商业学习线上分享平台华章微课堂自创建以来,开启了海内外知名大咖与用户零距离沟通的一扇窗,让您随时随地都能聆听大师的智慧与新知,一度成为行业的学习标杆。

现在就加入华章书院,让您在变化的时代中始终领先一步!

关注华章书院公众号,了解最新活动详情!